43115

L'USURE

SA DÉFINITION

Permis de traduire, si bon semble, et d'imprimer en langue étrangère, à la condition d'envoyer deux exemplaires de la traduction à l'auteur, à l'adresse du libraire-éditeur.

(C.)

PARIS. — IMP. SIMON RAÇON ET COMP., RUE D'ERFURTH, 1.

L'USURE

SA DÉFINITION

PAR

G. E. MARIN-DARBEL

Vérité, loyauté, équité.

PARIS
GUILLAUMIN ET CIE, LIBRAIRES-ÉDITEURS
RUE DE RICHELIEU, 14
—
1859

INTRODUCTION

Avant d'entreprendre le sujet que nous nous proposons de traiter, il ne sera peut-être pas sans utilité d'expliquer par quelques développements l'épigraphe que nous avons mise en tête de ce livre.

Toutes les discussions demandent une étendue, une allure, des limites différentes suivant leur nature et leur importance; mais toutes aussi sont soumises à certaines règles, quel que soit l'objet à discuter.

Au premier rang de ces règles, doivent être placées pour ne jamais être perdues de vue la *vérité*, la *loyauté*, l'*équité*. Ce sont comme autant de fanaux destinés à servir de guides, sur lesquels l'attention reste fixée, et qui ramèneraient dans la bonne voie, si une circonstance quelconque l'avait fait un instant abandonner. Sans elles, toute discussion demeure sans résultats ; avec leur secours, la discussion, éclairée d'une lumière toujours certaine, devient fructueuse.

La *vérité* est le but vers lequel tendent les efforts de persuasion. *La loyauté* est le désintéressement, l'abnégation personnelle, par principe, dans la production de la vérité. L'*équité* préside à l'application des conséquences de la vérité.

La vérité n'est-elle pas invoquée de tous ?
Quel écrivain, quel orateur sérieux, usant de la parole écrite ou parlée, oserait laisser entrevoir qu'il parle ou qu'il écrit dans une autre intention que celle de rechercher, de découvrir la vérité, de la faire apparaître aux yeux aussi entière, aussi pure qu'il la distingue lui-même.

Si la vérité considérée dans son essence est une et absolue, elle ne s'offre pas toujours dans l'exercice sous la figure de cette simplicité native. Elle revêt des formes plus compliquées,

Elle résulte le plus souvent du rapprochement et du rapport des choses. Observer ces rapprochements, saisir ces rapports est l'effet de l'intelligence ; les exposer sans les altérer, les faire servir dans leur intégrité virginale à dégager la vérité, est l'œuvre de la loyauté.

La loyauté est nécessaire à la contemplation de la vérité. Elle commande à celui qui veut la vérité, l'abstention de sa personnalité, l'oubli de ses goûts, de ses penchants, de ses opinions, de ses systèmes. Elle commande l'abnégation entière des intérêts, pour ne voir et ne laisser régner que le vrai, le vrai seul. La loyauté n'a jamais de parti pris.

L'intelligence de l'homme est un miroir, où toutes les choses qu'embrasse la nature viennent se réfléchir. Ce miroir les reproduirait toujours fidèlement, s'il n'était souvent obscurci des ombres que projettent les passions, et que tout poursuivant de la vérité doit s'efforcer d'écarter, en conservant à la loyauté son empire.

Quel plus bel éloge d'une vie privée que celui d'homme loyal! quelle confiance n'inspire-t-il pas autour de lui dans ses actes! et, s'il porte et conserve cette loyauté dans ses paroles, quelle force n'en reçoit pas son argumentation, comparée aux arguties du langage, aux appuis de tous les subterfuges de l'égoïsme ou de la prévention.

Ainsi la loyauté est l'âme dont le souffle anime la recherche de la vérité. Si ce souffle est absent, il est de la sagesse de renfermer sa pensée et d'abandonner toute discussion, plutôt que d'épuiser ses forces en efforts annihilés d'avance, qui devront rester vains et infructueux, à toujours.

Quelquefois des habitudes de naissance, d'éducation ou de position dans le monde, des préoccupations, un esprit de corps et de secte, des préjugés de toutes provenances, opposent des obstacles au cours de la loyauté.

Un cœur généreux sait se soustraire à la suggestion opérée sur le vulgaire et les surmonter. Il prend soin de s'isoler de leur contact, de garantir ses facultés de toute velléité capable d'altérer son jugement ; il se dévoue sans réserve au noble culte de la vérité. Mais, quand, au contraire, l'esprit se laisse borner par l'étroit horizon qu'il est impuissant à dépasser, quand il se laisse, même involontairement, influencer par les mobiles particuliers de sa propre nature au lieu de n'écouter que la voix toujours véridique et impartiale des choses et des faits existants, les penchants de loyauté s'affaiblissent; ils s'oblitèrent et finissent par s'effacer dans une éternelle opposition systématique, méticuleuse et aveugle......., si même elle n'est calculée : car on voit aussi le calcul et la mauvaise foi se déceler dans les assertions contradictoires. Une discussion astucieuse dégénère en fourberie, lorsque l'opinion prétend s'imposer d'autorité; fourberie plus hypocrite encore quand se révèlent des tentatives de contrainte. A pareille argumentation, le silence est la seule réponse.

La loyauté élève au-dessus de toutes les considérations mesquines ou vicieuses de l'amour-propre et de l'intérêt. Elle place l'examen dans des régions à l'abri des influences pernicieuses, où la vérité peut naître et s'épanouir en liberté, et se manifester à tous les regards.

Mais son apparition n'est pas tout ce qu'on attend d'elle. La vérité ne doit pas rester stérile comme une plante de luxe, créée pour le seul plaisir des yeux. Elle a une mission plus grande et plus utile. Quand elle a franchi l'obscurité et pris place à la lumière, c'est pour répandre les enseignements de sa présence, pour modifier d'une influence active et salutaire la conduite et le sort des hommes, suivant les principes qu'elle est venue révéler.

L'application de la vérité est œuvre sainte. Elle s'accomplit sous une loi obligatoire et universelle trop souvent méconnue : la loi de l'équité.

L'équité reconnaît l'égalité des droits naturels appartenant à tous les hommes de quelques rangs qu'ils soient, et pèse les droits particuliers dans une balance égale, avec une attention scrupuleuse, qui ne se laisse distraire par aucun motif étranger; elle répartit entre tous, sans distinction, les bienfaits de la vérité. Elle déduit de chaque fait, avec une exactitude impassible, ses conséquences normales. Elle attribue, elle rend, avec une intégrité qu'aucune influence, aucun émoi ne saurait affaiblir, à César comme à tout homme, ce qui revient à chacun selon ses œuvres.

L'équité comme la loyauté commande l'abnégation des intérêts personnels. Elle veut une élévation d'âme au-dessus de toutes les passions humaines, afin d'émettre ses jugements suivant les seules révélations de la conscience, qui ne font jamais défaut à personne.

L'équité doit présider à toutes les transactions, depuis la plus simple et la plus journalière, jusqu'à la plus solennelle et la plus compliquée. Elle est le véritable lien des sociétés : et c'est parce que l'équité a été faussée ou méconnue par l'erreur, l'astuce ou la violence des hommes, que tant de disputes se sont élevées, que tant de guerres et de massacres ont ensanglanté la terre, que tant de révolutions ont bouleversé les empires, et que les forts et les puissants se sont rués les uns sur les autres, au préjudice constant de la foule inoffensive. Mais vienne un jour où les peuples et leurs chefs, arborant l'équité sur leur bannière la plus haute, la proclament résolûment le seul mobile, la règle unique de leurs actions et en assurent loyalement la pratique et le triomphe, alors la paix du monde, la stabilité des pouvoirs et le bonheur des peuples sont à jamais assurés.

La pratique de l'équité, tempérée dans ses

rigueurs par la charité, est la première, la plus importante des vertus sociales. Elle est le fondement de l'honnêteté qui reconnaît et respecte tous les droits soutenus de vérité. L'application de l'équité est le dernier terme à la suite de la vérité et de la loyauté.

Cette profession de principes, parfois tacite, peut rester sous-entendue dans une discussion ordinaire. Elle nous a semblé convenablement placée ici, à demeure, comme un préliminaire obligé d'investigations sérieuses portées sur le domaine de la science de l'économie politique une première fois abordé.

Nous gardant avec soin de tout système, c'est la *vérité* seule que nous avons en vue; nous la rechercherons avec *loyauté*, pour elle-même; et nous croyons du devoir d'en appliquer les conséquences avec la plus consciencieuse *équité*.

L'USURE

SA DÉFINITION

PREMIÈRE PARTIE

CHAPITRE PREMIER

EXPOSITION DE LA QUESTION

L'usure a de tous temps existé sur la terre comme une des plaies les plus cruelles inhérentes à la nature humaine. Tous les peuples ont élevé contre elle un cri lamentable, toutes les législations anciennes et nouvelles, sacrées et profanes, l'ont signalée comme le dernier fléau du malheureux et portent contre elle une condamnation sévère, dans des termes énergiques et avec le mépris profond réservé aux actions les plus honteuses.

Cette condamnation reçoit la sanction du langage même, cette autre voix de Dieu. Il flétrit l'usure jusque dans son appellation : l'usure est une infamie, l'usurier est un homme honni ; l'assentiment à ces jugements est unanime, et l'écho des âges les plus éloignés retentit encore jusqu'à nous pour faire vibrer la même fibre de réprobation.

D'où vient cependant qu'aujourd'hui une opinion s'élève en désaccord avec le sentiment universel, en opposition avec toutes les législations ? Depuis environ un siècle, la cause de l'usure a été plaidée par des hommes éminents, et si son nom l'usure ne pouvait être réhabilité, du moins la chose elle-même a été présentée et est presque admise aujourd'hui dans la discussion comme une idée imaginaire, comme un vain fantôme que la vindicte publique ne devait pas et ne saurait atteindre.

L'école actuelle de l'économie politique prétend que l'usure n'existe pas, qu'elle n'est qu'un délit plus ou moins imaginaire, qu'elle n'est, en un mot, autre chose que le prêt d'argent à intérêt avec lequel elle se confond. Elle professe que le prêt d'argent étant le résultat d'une action libre, les conditions formulées sous l'empire de cette liberté ne peuvent être limitées dans leurs évolutions par aucune prescription de la loi.

A laquelle de ces deux appréciations de l'usure faut-il se ranger? La première, solennelle par l'ancienneté et l'unanimité; la seconde, imposante par le sérieux, la bonne foi de la discussion et de l'enseignement? Elles sont évidemment contraires l'une à l'autre. Ce qui est absous, permis, au nom de la science, est défendu, puni, au nom de la loi que soutient l'assentiment de l'opinion générale; mais aussi que réprouvent et s'efforcent de renverser les arguments de l'École.

Une dissidence aussi marquée, de part et d'autre, aussi nette, aussi positive dans ses conséquences, n'a pu manquer de jeter dans la surprise et l'indécision les esprits les plus honnêtes. Ils ont dû se demander avec une sorte d'anxiété de quel côté se trouve la vérité.

L'usure existe-t-elle? est-elle un des vices de l'humanité que l'honnête homme doit réprouver et dont il doit se garder, comme d'une souillure, ou bien n'est-ce qu'un préjugé banal au service de l'infortune, une chimère créée par les hallucinations de la souffrance dont il ne faut tenir aucun compte ? Ce mal rongeur que nous voyons s'attacher fatalement au malheureux, qui en suce la substance et le réduit pour ainsi dire à l'état de cadavre, ne serait-il qu'un vain fantôme, un des vampires fabuleux, et la réprobation universelle dont l'usure est l'objet ne serait-elle, comme le mouvement apparent du soleil autour de la terre, qu'un effet de ces illusions dont l'esprit humain aurait été longtemps le jouet ?

Si l'opinion nouvelle n'eût amené qu'un vain tournoi de paroles, une discussion oiseuse ou spécieuse, le mal n'était pas grand ; mais, tandis que le désaccord entre les antiques croyances à l'usure, à ses pernicieuses conséquences et les nouveaux enseignements de la science laissait les uns dans le doute et la perplexité, d'autres s'emparaient de cette opinion nouvelle, et, forts de ses conséquences, se fondaient sur elles pour défendre la légitimité de leurs actes et se rassurer, se réhabiliter même devant leur propre conscience.

On voit en effet aujourd'hui des gens, faisant habitude de prêter à gros intérêts et que l'opinion entend flétrir du nom d'usuriers, braver l'insulte de cette dénomination et invoquer pour leur quiétude l'assentiment protecteur de l'école actuelle des économistes. Sans méconnaître la position douteuse de leur honorabilité devant la rumeur publique, ils arguent de la liberté consacrée des transactions pour exercer ouvertement l'usure et attribuer à une ignorance arriérée la sévérité dont s'arme parfois la loi contre eux, et le jugement erroné, disent-ils, de la foule sur leur personne.

Ce qui a beaucoup prêté à la confusion des idées dans la question de l'usure, c'est que pendant longtemps elle a été une question religieuse, à laquelle il était dangereux de toucher. L'Église, pendant des siècles, a condamné comme usuraires toutes transactions relatives à des intérêts, et la défense d'en former de semblables était absolue ; elle a même passé un instant dans les lois.

Pourtant cette erreur était trop grossière, trop opposée à la nature des choses pour que la force de la vérité ne se fît pas jour, et la loi, voulant faire droit, d'une part, aux exigences de l'Église, de l'autre, aux nécessités des transactions, a prétendu poser des limites précises de démarcation entre ce qui était licite et ce qui était usuraire.

Sous l'empire d'une semblable législation, la question de fait était, il est vrai, définie ; mais la question de principe était réservée ; ou plutôt elle s'échappait en toute occasion du cercle étroit où l'on prétendait l'avoir enfermée.

Montesquieu semble n'avoir pas osé l'aborder de front dans son immortel ouvrage, il se contente de l'effleurer. Il se défend de n'avoir parlé du prêt à intérêt que dans le rapport qu'il peut avoir avec le commerce des divers peuples : « S'il avait parlé « de la religion chrétienne, dit-il, il aurait distin- « gué avec les théologiens les cas divers, il aurait « posé toutes les limitations que les principes de la « religion chrétienne laissent à cette loi générale *qu'il « ne faut jamais, dans aucun cas et dans aucune cir- « constance, recevoir d'intérêt pour de l'argent.* » Cet aveu, qui se trouve dans sa *Défense de l'Esprit des lois*, est remarquable et caractérise tristement la tyrannie de l'opinion de son temps sur cette matière.

Turgot le premier eut le courage de s'élever contre la rigueur des limites légales ou religieuses assignées aux intérêts. Il avait été indigné, dans l'exercice des fonctions d'intendant de la généralité de Limoges, d'engagements méconnus, de dénonciations déloyales qualifiées d'usures, incriminés à l'aide de la loi. Apôtre du laisser-faire et laisser-passer, Turgot, dans un mémoire bien connu sur les prêts d'argent, revendique, avant tout, la liberté des transactions. Par contraste avec les entraves du jour, il la veut illimitée. Esprit droit et juste, il a reconnu que les lois qui régissent les matières d'intérêts sont mauvaises, suivant son expression, aussi simple que modérée. Pour lui, le mot d'usure n'a rien de choquant. Les usuriers qui font métier de prêter aux enfants de famille dérangés sont les seuls qui soient vraiment nuisibles à la société, assure-t-il, et il ajoute que leur véritable crime n'est pas d'être usuriers. Ainsi l'usure est mise par lui hors de cause.

Bentham est allé beaucoup plus loin. Le titre seul de son livre, *Défense de l'usure*, était une provocation adressée à l'opinion unanime qui la condamne. Mais il faut avouer que la verve entraînante de son plaidoyer, la vivacité de ses arguments, sa dialectique serrée en faveur de la liberté illimitée du prêt, liberté qui semble exclure l'existence de l'usure, étaient bien propres à lui assurer l'éclatant succès dont il jouit et qu'il méritait sous ces rapports.

Adam Smith n'avait pas traité spécialement la question de l'usure. Il en cite seulement trois ou quatre fois le nom dans le cours de son ouvrage sur les causes de la richesse des nations. Il désigne la chose comme un mal, comme un fléau. Il semble au moins en reconnaître l'existence.

Puis vint J. B. Say, sinon le fondateur, du moins le glorieux architecte de l'édifice de l'économie politique, tel qu'il est construit aujourd'hui. Arrivant, dans son *Traité d'économie politique* à parler du prêt à intérêt, il s'exprime ainsi dès le début : « L'in-« térêt des capitaux prêtés, mal à propos nommé « *intérêt de l'argent*, s'appelait autrefois *usure*, et « c'était le mot propre. » Dans sa pensée, l'une et l'autre acception sont prises identiquement et peuvent être remplacées l'une par l'autre.

Plus loin il établit qu'il ne doit pas y avoir d'intérêt illégal, c'est-à-dire d'usure illégale, d'où il suit qu'aucun fait d'usure ne doit être réputé illégal, ou que toute usure est permise.

Beaucoup d'autres écrivains ont marché sur les traces des Turgot, des Bentham, des Say, adoptant, étendant leurs idées dans le même sens : toutefois, ceux-ci ont été les promoteurs et sont restés les représentants de l'opinion régnante aujourd'hui dans l'École sur la légitimité de tout intérêt et le manque de signification du mot usure dans un sens blâmable. Le jugement de ces maîtres sur la matière a prévalu.

Mais le nom de Bentham dépasse tous les autres en autorité. C'est lui que les usuriers tant soit peu lettrés invoquent comme l'oracle suprême, l'argument sans réplique : c'est par lui qu'ils jurent, qu'ils se gouvernent, c'est le dieu qui apaise leur conscience et innocente leur conduite.

A l'époque où Turgot tentait de réhabiliter l'usure, il fallait un grand courage moral pour braver l'opinion dominée par l'idée religieuse et chercher à l'éclairer. Il fallait la conviction profonde d'un homme de bien pour ne pas craindre de démontrer l'injustice des rigueurs de la loi, d'en demander le redressement. Ses efforts n'eurent pas tout le succès désirable.

Rarement la vérité a le privilége d'être reconnue, même aperçue de prime abord dans sa plénitude. On dirait qu'avant de se poser sur sa base, elle doive osciller d'un côté, puis de l'autre, poussée, ballottée par la contradiction, par les passions diverses, jusqu'à ce qu'elle ait enfin trouvé son centre de gravité et s'établisse dans la ligne d'aplomb dont elle ne doit plus sortir. Il faut l'aide du temps pour que l'essence de sa nature intime émane pour ainsi dire d'elle-même avec lenteur, qu'elle rayonne peu à peu aux yeux de tous, pénètre les intelligences et devienne sensible pour les moins attentionnés. Jusque-là l'opinion est indécise.

Ainsi un préjugé aveugle sur les prêts à intérêts et l'usure a donné naissance à des lois monstrueuses d'injustice, lesquelles ont engendré d'intolérables abus. Le jour où ils ont été signalés et mis en discussion, l'opinion s'est portée aux extrêmes, et il en est résulté une sorte de réhabilitation de l'usure. L'idée nouvelle n'est pas entrée dans la conviction de tous, mais ceux qu'on nomme encore les usuriers s'en sont emparés avec empressement pour légitimer leurs actes ; ils se sont autorisés de l'opinion des maîtres de la science pour percevoir des intérêts élevés, et, bien plus encore, pour prétendre à une considération égale à celle que méritent les industries les plus honnêtes. Enfin la doctrine nouvelle, émise sans correctifs, nous ne voulons constater ici que le fait, a donné un semblant de consécration à toutes les exigences de gains par les intérêts et ouvert une libre carrière à tous les appétits de lucre.

Nul doute cependant qu'aucun de ceux qui ont travaillé à établir cette doctrine, qui l'ont propagée par leur enseignement verbal ou dans leurs ouvrages, ne voudrait assumer la responsabilité de pareilles conséquences ; pas plus qu'ils ne consentiraient à participer à des opérations réputées usuraires devant entraîner pour leurs auteurs, ne fût-ce que dans l'opinion mondaine, la réputation d'usuriers. Ils rougiraient de cette qualification, malgré l'absolution théorique dont ils pourraient se couvrir, et l'on conviendra que cet argument *ad hominem* a quelque valeur pour démontrer que l'usure n'est pas chose aussi vaine et aussi imaginaire qu'ils le professent. Ils se trouvent dans la position périlleuse indiquée par saint Thomas, au treizième siècle, à propos de l'usure même, « *diversa sentiri et opinari,* » ils sentent d'une manière et opinent d'une autre. Quoi qu'ils disent et qu'ils écrivent, tout ce qui sent l'usure leur répugne, à eux comme aux autres; et l'on en peut hardiment conclure que la question n'est pas aussi résolue qu'ils le prétendent! qu'elle est au contraire encore indécise : car si elle était résolue suivant leurs errements, *le reproche d'usure serait aujourd'hui sans portée pour personne.*

L'usure est si peu jugée qu'elle n'a pas même été définie. Ouvrez en effet les ouvrages des économistes, vous y chercherez en vain une définition de l'usure. Ils assurent même qu'elle n'est pas susceptible d'en recevoir une; vous y trouverez préconisée la doctrine de la liberté sans limites des transactions relatives aux intérêts et la condamnation péremptoire de toutes les lois restrictives de ces intérêts; l'usure, scientifiquement parlant, y est mise hors de cause pour elle-même, car elle n'est, suivant eux, qu'un intérêt plus élevé; elle se confond avec l'intérêt lui-même. Ce sont deux mots, à les entendre, qui expriment une seule et même chose : comme si deux mots différents n'avaient pas toujours été spontanément créés par deux besoins différents pour représenter deux idées différentes !

Ne leur demandez pas compte de la répulsion naturelle, instinctive de la multitude pour tout ce qui porte le nom d'usure; du sentiment universel, le leur y compris, qui la réprouve; ils n'ont pas l'air de les connaître; et, s'ils sont parfois forcés de s'en apercevoir, ils négligent ou ne prennent pas la peine de les faire entrer dans la discussion. Le blâme le plus fort qu'elle leur ait inspiré est ainsi exprimé : « Le capitaliste qui spécule sur la détresse « de l'emprunteur est tout uniment un misérable [1]. » Après cela tout est dit, l'action de ce misérable n'infirme en rien la théorie de l'École, et la théorie passe triomphante.

Toutefois nous recueillerons ces paroles, quelque vagues qu'elles soient, comme un accent de vérité surpris à la nature; et nous constaterons ici que ce sont les seules paroles, depuis que l'économie politique est devenue une science, qui aient été pronon-

---

[1] Léon Faucher.

cées en faveur des emprunteurs trop confiants. Ce sont eux jusque-là qui avaient eu tous les torts en subissant les conditions onéreuses des capitalistes. S'ils s'en sont mal trouvés, ma foi, tant pis pour eux, ils n'avaient qu'à ne pas les accepter, et la doctrine devait rester intacte.

Le capitaliste qui spécule sur la détresse de l'emprunteur est un misérable ! mais c'est une accusation positive formulée contre cette opération du spéculateur capitaliste abusant de sa position : « C'est un fait que la science n'entend nullement abriter sous son manteau, » ajoute Léon Faucher. Dieu merci, nous commençons à nous entendre, à respirer plus librement. Voilà un jugement qui répond enfin au malaise intérieur que nous fait éprouver le nom d'usure; nous ne sommes plus seuls, la multitude et nous, à le ressentir, l'homme de la science y prend part. Non-seulement il ne commettra pas une action entachée d'usure, mais il a émis un cri de réprobation contre ce qui y ressemble.

Il est fâcheux seulement qu'il n'ait pas jugé à propos d'étendre sa pensée un peu davantage ; il n'eût pas manqué d'éclairer notre conscience en nous disant en quoi consiste la spéculation qui motive son indignation. La détresse complète est facile à reconnaître ; mais la ligne de démarcation de la détresse, celle où commence la spéculation sur la détresse, nous semble si fugitive que nous ne savons où la tracer. Un instant nous avions cru apercevoir une lumière qui allait nous guider. Après un examen plus attentif, nous ne trouvons plus qu'une lueur mobile et insaisissable. Notre indécision en est peut-être augmentée : d'un côté, liberté entière des transactions relatives aux intérêts; de l'autre, défense de spéculer sur la détresse; mais la détresse c'est le manque de quelque chose, d'argent dans ce cas-ci; spéculer, c'est opérer une transaction en vue d'un résultat. Il y a donc un point où cette liberté m'est refusée sous peine d'encourir un reproche d'infamie. Hélas! toujours même difficulté! c'est que le nœud de la question n'est pas dénoué; il l'eût été cependant si l'on eût pris soin de définir l'usure.

Nous chercherions en vain une définition satisfaisante, précise, scientifique de l'usure. Elle est encore à trouver. Bentham, il est vrai, en a donné deux, mais elles sont applicables à deux cas différents, et aucune ne peut être acceptée.

Il faut dire que Bentham n'a guère considéré l'usure qu'au point de vue du droit, qui ne dérive pas toujours de l'équité, et s'éloigne fort souvent de celle-ci. Sa morale, basée sur l'utilité, n'en provient pas davantage. Aussi son esprit, d'ailleurs si subtil, ne peut-il imaginer comme définitions possibles de l'usure que les deux suivantes : 1° stipulation d'un intérêt plus élevé que celui permis par la loi. Cette définition, suivant lui, peut être appelée politique ou légale ; 2° stipulation d'un intérêt plus élevé que celui que l'usage a consacré dans les transactions pécuniaires : celle-ci, dit-il, peut être appelée morale.

Chacun est en état de juger que ces deux définitions ne répondent pas au sens intime que nous attachons à l'usure, et si Léon Faucher, en conséquence des paroles ci-dessus rapportées, avait donné comme définition : L'usure est la spéculation du capitaliste sur la détresse d'autrui, ce qu'il s'est gardé de faire, sa définition, tout imparfaite qu'elle fût, mériterait certainement la préférence sur celles de Bentham ; elle tiendrait du moins compte de l'opinion universelle qui flétrit l'usure. Ainsi une définition qui convienne à tous les cas, qui fasse reconnaître l'usure partout où elle se montre, n'existe pas, et l'incertitude que nous avons signalée n'est pas dissipée. Elle subsiste toujours. Il n'est pas possible de distinguer ce qui est usure de ce qui ne l'est pas : alternative pleine d'anxiété pour tout homme qui appelle sur ses actes le témoignage de sa conscience. L'occasion de ces indécisions se renouvelle fréquemment de nos jours, où les stipulations d'intérêts, qu'on les reçoive ou qu'on les paye, sont mêlées à presque toutes les déterminations de la vie. Ce sont elles en partie qui assurent nos besoins et nos satisfactions. Elles ont une immense influence sur notre existence. On peut dire qu'elles la gouvernent pour en déterminer le repos ou nous contraindre à en prolonger les travaux. Or, pour quiconque obéit à des intérêts plus élevés que les principes vulgaires, la divergence des opinions sur l'usure, l'indécision sur la réalité de son existence ou sur ses limites est bien faite pour émouvoir et provoquer une recherche à laquelle une conscience d'honnête homme est elle-même intéressée.

Dans une pareille occurrence d'incertitude, un recours naturel existait encore, celui de consulter l'opinion religieuse, organe présumé de toute vérité morale, fanal vers lequel se tourne la multitude de tous les pays pour se guider dans les voies de l'honnêteté. Après investigations, l'espoir de recevoir une solution à la difficulté qui nous occupe se trouve également déçu. Toutes les églises toutes les religions, d'accord avec le sentiment universel, condamnent, il est vrai, l'usure, lui prodiguent même le blâme et la flétrissure avec un luxe d'expressions qui satisfont le sentiment d'aversion générale qu'elle inspire. Mais elles ne la définissent pas davantage, et dès lors, à la limite de ce qui est permis ou ne l'est pas, apparaît de nouveau l'incertitude : ou, si elles tentent de donner une définition, comme l'a fait l'Église catholique dans un temps, cette définition est empreinte d'une exagération manifeste, dont beaucoup de ses membres eux-mêmes ont été frappés, et qui ne laisse dans l'esprit qu'un étonnement sans conviction. *Usura est ubi amplius requiritur quam datur; usura est omne incrementum supra sortem; omne lucrum quod sortem superet illicitum et usurarium est.* L'usure consiste à redemander plus qu'on n'a donné; l'usure est *tout accroissement du capital*, ont professé un grand nombre de théologiens; il n'y a pas d'exceptions; quelque chose que ce soit payé au delà du capital est usure, usure toujours condamnée, toujours maudite au même degré; et cette sévérité sans bornes a soulevé dans l'Église catholique une controverse très-vive qui, aujourd'hui même, n'est pas encore entièrement apaisée.

Nous avons dit que l'Église catholique avait défini l'usure d'une certaine manière *dans un temps*;

c'est qu'en effet aujourd'hui elle semble revenir sur la rigueur de son appréciation. Jusqu'à nos jours elle avait toujours confondu dans une même malédiction l'usure et le prêt à intérêt. Mais la force des choses, de sa nature plus puissante que tous les systèmes et que toutes les opinions, l'a contrainte de modifier la définition première, qui d'ailleurs n'a jamais eu, il faut le dire, de sanction canonique : et si aujourd'hui le saint-siége, revenu à une appréciation plus modérée des principes d'usure, n'a pas encore promulgué une définition nouvelle, adoptée par lui, en termes clairs et positifs, il faut l'attribuer d'abord à la lenteur calculée de toutes ses décisions, lenteur qui permet à la lumière de se faire dans les esprits par le calme et la réflexion, et ensuite à la difficulté, plus grande peut-être ici que partout ailleurs, on a pu le pressentir, de tracer une limite certaine entre l'erreur et la vérité.

Ainsi, l'assentiment universel atteste l'existence de l'usure; la législation lui pose des bornes arbitraires, et, par suite, méconnues ; la science de l'économie politique nie la réalité de l'usure; la doctrine religieuse enseigne avec moins d'assurance aujourd'hui et quelques modifications que tout accroissement de capital est usure, d'où il résulte confusion plus que jamais. En attestant l'usure, l'accusation publique ne la signale qu'au hasard et quelquefois selon le caprice de sa passion. Les bornes assignées par la législation à l'usure peuvent être franchies sans atteinte sérieuse aux sentiments d'honnêteté ; les économistes, en niant l'usure, se placent à un point de vue tout exceptionnel ; le rigorisme de la doctrine religieuse chancelle, ébranlé devant la controverse opiniâtre de ses propres théologiens, et par l'autorité des faits ; enfin toutes ces opinions, manquant d'aucune force persuasive, s'affaiblissent jusqu'à la débilité, devant l'impuissance d'indiquer un signe caractéristique de l'usure assez évident pour être distingué de ceux qui reconnaissent son existence aussi bien que de ceux qui la repoussent.

Une définition claire et précise aurait seule le pouvoir de faire cesser la divergence des opinions, et de faire naître l'accord sur cette question si ardue et pourtant si importante dans la destinée humaine. Mais, loin de là : la difficulté n'est résolue pour personne. L'opinion publique n'a qu'une idée confuse de la nature du mal dont elle gémit ; la loi tolère les infractions à la lettre de son texte ; l'économiste désavoue dans sa conduite privée les conséquences extrêmes de la théorie qu'il expose; l'Église, comme l'opinion, s'élève et tonne contre l'usure, mais elle est partagée dans son sein sur ce qu'elle doit appeler de ce nom.

Concluons donc que la question est indécise encore et couverte d'obscurités que le but de nos efforts tend à dissiper.

CHAPITRE II

DE L'OPINION RELIGIEUSE

Nous avons interrogé jusqu'ici les différents témoignages sur l'usure : celui de l'opinion publique, celui de l'opinion religieuse, celui de la législation et de l'économie politique. Ils nous ont présenté des conséquences diverses.

Nous remarquerons cependant que la cause de l'opinion publique est identique avec celle de l'opinion religieuse. Celle-ci est l'écho de la première. Elle la sert de tout son pouvoir, aveuglément quelquefois, et on peut dire à outrance; mais le triomphe est commun.

D'un autre côté, la cause de la législation est

comprise tout entière dans celle de l'économie politique, dont les principes, s'ils sont tenus pour avérés, doivent former le point de départ des règles de la législation.

Il nous suffira donc d'avoir examiné les deux opinions extrêmes, celle de l'Église catholique et celle de l'économie politique, pour avoir traité le sujet de nos recherches dans toute son étendue, et nous commencerons par l'examen de l'opinion religieuse qui se rallie à l'opinion publique, comme la plus ancienne.

Nous remarquerons encore que la question se présente sous deux aspects très-distincts. Sous l'un de ces aspects, elle se rattache à la morale, dépositaire de tous les sentiments honnêtes inscrits au cœur de l'homme. Sous l'autre, elle se montre plus matérielle, elle fait partie de la science appelée économie politique, souvent définie, à tort ou à raison, la science des richesses, celle de les procréer et de les répartir.

C'est principalement sous le premier de ces deux aspects, celui qui la rattache à la morale, que l'Église, dépositaire de ses enseignements, a toujours considéré l'usure, s'inquiétant peu de ses rapports avec la prospérité matérielle, et surtout avec les richesses, dont elle enseigne au contraire le mépris et le délaissement.

Aux premières époques de son existence, l'Église ne connut point de controverses sur l'usure et le prêt à intérêt ; — quiétude naturelle, si l'on se reporte par la pensée aux circonstances de son établissement.

L'humanité avait longtemps gémi, enchaînée qu'elle était dans les liens de l'esclavage, opprimée de tous les maux imaginables sous les violences des puissants de la terre. Sa voix comprimée resta pendant une longue durée d'années muette et silencieuse jusqu'à ce qu'elle pût enfin se faire entendre par l'organe du christianisme, non pour élever des prétentions extraordinaires ou insolites, mais pour demander simplement l'exercice du droit de vivre, la cessation des cruautés et des sévices qu'elle subissait journellement, et elle s'adressait, pour obtenir cette justice, à la conscience commune ; elle se contentait de rappeler le monde perverti aux sentiments méconnus de la nature et de la morale. Au nom de cette équité native qui ne fait défaut à aucune créature humaine, dans quelque condition basse ou élevée qu'elle se trouve, et qui est gravée au plus profond des cœurs par l'intelligence et la bonté divine, elle appelait condamnation sur toutes ces iniquités dont une partie de l'espèce humaine était victime par l'injustice volontaire et la corruption de l'autre.

Au nombre des calamités dont elle était affligée apparaissait l'usure, maudite de l'antiquité entière. L'Église avait recueilli et répétait cette malédiction instinctivement prononcée par la sagesse des nations, et elle lui avait donné une sanction nouvelle.

Quelle était cette usure prise en horreur par tous ? Qu'est-ce qui la constituait ? A coup sûr elle ne ressemblait point à ce que l'on a compris de nos jours sous le nom de prêt à intérêt.

L'Église, ignorante des raffinements du prêt, n'avait en vue que l'usure grossière, la seule qui pût exister alors ; une usure exorbitante, rapace, rongeuse, suscitant l'effroi à l'égal de la peste, apportant la ruine aux infortunés qui avaient le malheur d'en être atteints. A défaut de définition, elle était facile à distinguer par ses effets. Impossible de s'y méprendre. L'Église, en proscrivant l'usure, était unanimement comprise, et n'avait nul besoin d'en donner le signalement ; pas plus que celui du vol ou du meurtre, qu'elle poursuivait également de sa réprobation.

Pendant douze siècles elle tonna contre l'usure, sans qu'aucun des fidèles se méprît sur la nature de ce vice, sans qu'aucun d'eux demandât qu'elle était cette nature, ni quelle sorte d'usure était l'objet de ses censures. Les idées étaient simples alors.

L'Église, par cette conduite, ne faisait que continuer la pratique des prescriptions de l'Ancien Testament. Quoi de plus compréhensible en effet par l'expression et de plus saisissant que le sens de ces belles paroles du *Pentateuque* examinées sans prévention. Dans l'*Exode*, chap. XXII, vers. 25 : *Si pecuniam mutuam dederis populo meo pauperi* QUI HABITAT TECUM, *non urgebis eum quasi exactor, nec usuris opprimes.* « Si tu prêtes de l'argent à ceux de mon peuple, au pauvre qui habite avec toi, tu ne le pressureras pas comme un exacteur, tu ne l'opprimeras pas d'usures. »

Dans le *Lévitique*, chap. XXV, vers. 35, 36, 37 : *Si attenuatus fuerit frater tuus, et infirmus manu, et susceperis eum quasi advenam et peregrinum, et vixerit tecum ;*

Ne accipias usuras ab eo, nec amplius quam dedisti : time Deum tuum ut vivere possit frater tuus apud te.

Pecuniam tuam non dabis ei ad usuram et frugum superabundantiam non exiges.

« Si ton frère est devenu pauvre et infirme, hors d'état de travailler, et que tu l'aies reçu dans ta maison comme un étranger et un voyageur, et qu'il ait vécu avec toi;

« Tu ne recevras pas d'usures de lui, ni rien au-dessus de ce que tu lui auras donné. Crains ton Dieu, afin que ton frère puisse vivre auprès de toi.

« Tu ne prêteras pas ton argent à intérêt et tu n'exigeras pas un surplus des fruits dont tu l'auras nourri. »

Dans le *Deutéronome*, chap. XXIII, vers. 19 et 20 : *Non fenerabis fratri tuo ad usuram pecuniam, nec fruges nec quamlibet aliam rem;*

Sed alieno. Fratri autem tuo absque usura id quod indiget commodabis.

« Tu ne prêteras à intérêt à ton frère ni de l'argent, ni des fruits, ni autre chose que ce soit;

Mais seulement aux étrangers. Tu prêteras à ton frère ce dont il aura besoin sans en tirer aucun intérêt. »

Il est question de l'usure ici pour recommander de ne pas l'exercer dans certains cas, et la permettre dans certains autres; mais de ce qu'elle est, en quoi elle consiste, il n'en est nullement question; toujours par la même raison qu'elle s'entendait d'elle-même, comme il arrive à l'origine de toutes les législations où les idées et les mots sont pris dans leur acception la plus simple et la plus générale.

Nous ne trouvons donc dans l'Ancien Testament aucune donnée sur la spécification de l'usure ni sur ce qui peut la rendre oppressive ou non. Ce qui ressort avec le plus d'évidence de ses préceptes, c'est l'injonction de ne pas exercer cette usure, quelle qu'elle soit, sur le pauvre peuple, sur le frère, le concitoyen habitant le même lieu, celui *qui habitat tecum, qui vixit tecum*. N'est-ce pas en effet un des sentiments les plus naturels de la conscience de ne pas profiter de la détresse de celui avec lequel nous avons des habitudes de vie, à quelque titre que ce soit, comme un frère, un ami, un concitoyen ; de ne pas bénéficier sur ses infortunes ?

Le christianisme continuait la loi ancienne : il n'était pas venu établir de nouveaux rapports entre les hommes, mais compléter ceux qui existaient déjà : *Non veni solvere legem sed adimplere.* (S. Matth., v, 17.) « Je ne suis pas venu détruire la loi, mais l'accomplir, » dit Jésus-Christ. Il fouillait au fond des entrailles de l'humanité et ramenait à l'air et à la lumière des germes de moralité existant déjà, mais oubliés et enfouis sous les immondices de la corruption générale, comme ces admirables peintures restées obscurcies sous l'indifférence et la poussière des siècles jusqu'au jour où une recherche plus soucieuse et plus habile en révèle le génie. L'Église chrétienne, en se constituant, comme on dirait de nos jours, acceptait, adoptait les préceptes de l'Ancien Testament dans leur conformité avec les prescriptions de la loi naturelle, et se faisait un devoir d'en continuer l'enseignement. Telle était sa position vis-à-vis de l'usure, dont la condamnation était dans toutes les bouches. L'Église n'avait qu'à la maintenir, rien de plus, sans besoin de se préoccuper d'un examen nouveau; seulement elle annonçait la parole nouvelle au nom du Dieu puissant et unique dont l'autorité pouvait bien fortifier d'une sanction plus grande la loi primitive, mais n'ajoutait rien à une perception déjà complète.

Les vérités évangéliques qui se révélaient au monde et devaient bientôt le remplir avaient un but plus élevé et plus sublime que de répéter seulement celles qui étaient déjà reconnues et acceptées de tous. Elles allaient réveiller au cœur de l'homme des sentiments jusque-là endormis; elles les tiraient des ténèbres et les rendaient à l'existence. C'est pourquoi l'on chercherait en vain dans le Nouveau Testament un texte direct concernant le vice de l'usure proprement dite. Il fait aussi bien défaut que d'autres concernant des vices dont l'énormité avait de tout temps excité l'horreur et reçu leur condamnation de la conscience universelle.

Dans tout le cours des évangiles il ne se trouve que deux passages où l'action de recueillir un intérêt, une usure soit nominalement exprimé, σὺν τόκου, *cum usurâ*, avec usure; év. de S. Matth., ch. xxv, vers. 27, év. de S. Luc, chap. xix, vers. 23. Ce passage, dans les deux évangélistes, se rapporte à la même parabole racontée presque dans les mêmes termes.

Il y a bien encore un autre passage de S. Luc, chap. vi, vers. 35 ; c'est le fameux *mutuum date, nil inde sperantes*. « Prêtez sans en rien espérer, » qui répond identiquement au vers. 42 du chap. v de S. Matth. ; mais ils ne rappellent l'un et l'autre ni le prêt ni l'usure. L'expression δανείζομαι n'a rien de commun avec l'usure, non plus que l'expression latine *mutuum dare, mutuare*, prêter.

Il est donc certain qu'aucun texte des évangiles ne mentionne spécialement l'usure, et qu'elle ne se trouve comprise que dans le nombre des vices généraux.

Les premières prédications des apôtres furent toutes verbales. C'étaient des discours, des exhortations, des enseignements à heures imprévues, suivant l'inspiration. Ils étaient l'effet de l'enthousiasme excité par la contemplation du bien absolu en effervescence dans le cœur des fidèles et considéré comme condition de l'existence sur la terre, des rapports avec l'auteur de toutes choses. Ces premiers temps étaient ceux de la tradition ; les hommes qui avaient été frappés de l'excellence de ces doctrines se les répétaient les uns aux autres, et la vérité dont elles étaient empreintes suffisait à en assurer la propagation.

Si, dans ces premiers enseignements, il eût été question de l'usure autrement que d'une manière générale, les évangiles en eussent assurément fait mention ; mais aucun des apôtres n'a laissé trace de paroles touchant la défense générale de l'usure.

Aux temps de la prédication évangélique, qui furent ceux de la tradition, succéda l'enseignement des premiers Pères de l'Église, tels que saint Clément, pape ; saint Ignace, évêque d'Éphèse, vers la fin du premier siècle ; de saint Polycarpe, évêque de Smyrne ; saint Irénée, évêque de Lyon, et tant d'autres. Par leur savoir, leur conduite et leurs lumières, ils étaient le flambeau de la foi nouvelle ; ils dirigeaient la foule qui n'avait que des instincts vers le bien, que des aspirations de la vérité, mais à laquelle il fallait des guides. Ceux de leurs rares écrits qui nous sont parvenus ne font pas mention de l'usure, par la même raison qu'il n'en était pas parlé dans les évangiles ni dans les Actes des apôtres. Les idées étaient fixées à l'égard de la chose, qui était l'objet d'une exécration générale.

Cependant la religion chrétienne s'étendait sur la terre ; la confusion dans les idées de morale, qui avait sa source dans les croyances et les notions païennes, commençait à disparaître, la parole divine pénétrait au fond des intelligences, ravivait les notions du bien innées dans la nature humaine. On se racontait les vérités éternelles ; mais la tradition, en s'adressant à un plus grand nombre, devenait insuffisante à cause de la diversité des entendements ; et de la nécessité de former un accord dut naître l'idée d'assembler des conciles.

Ce n'était autre chose que des assemblées où se réunissaient les chefs des différentes Églises pour s'entendre l'un l'autre, se communiquer leurs opinions, les expliquer, les réformer au besoin ; ou au moins convenir, d'après l'autorité du nombre, de ce qui devait former la base de l'enseignement, afin d'assurer l'unité de la doctrine.

Les conciles généraux surtout, désignés sous la belle expression de conciles *œcuméniques*[1], convoqués avec la plus grande solennité, formés du concours de tous les personnages éminents, réputés les plus éclairés parmi les fidèles, étaient faits pour atteindre ce but.

[1] Rassemblés de toute la terre habitable.

Les questions qui leur étaient soumises embrassaient les besoins universels ; elles donnent la mesure en quelque sorte des besoins moraux de chaque époque. Leur énoncé seul indique souvent la cause et représente la physionomie de toutes les incertitudes qui se sont élevées dans les esprits et leurs solutions, étudiées dans leurs détails et leurs éléments, répandent un jour instructif sur l'état des croyances à des temps différents.

Le premier concile œcuménique fut celui qui se tint à Nicée[1], ville de Bithynie, en Asie. Il fut convoqué par Constantin en l'année 325. Il était composé de plus de trois cents évêques, venus de tous les points de la terre. On a peine à comprendre un pareil rassemblement, à travers les obstacles et les lenteurs des communications à cette époque, aux extrémités, pour ainsi dire, du monde chrétien. Mais l'appel de l'empereur était pressant, le but solennel. Il s'agissait principalement de porter un jugement définitif sur la grande hérésie qui partageait les croyances chrétiennes au quatrième siècle, celle d'Arius. Le fils de Dieu avait-il été créé de toute éternité, en même temps que son père et était-il la même substance que lui? C'est ce que

[1] Aujourd'hui Isnick, près Brousse.

niaient Arius et ses nombreux partisans, impliquant ainsi d'une manière détournée la négation de la divinité de Jésus-Christ; ce que décida au contraire le concile, à la presque unanimité. Il assura les fondements de ce dogme et en imposa la croyance sous peine d'être déclaré anathème.

Le concile, utilisant la présence momentanée de tant d'évêques, s'occupa de fixer, d'une manière uniforme, le jour de Pâques dans toutes les églises chrétiennes, et de régler différents sujets de discipline ecclésiastique. Leurs résolutions furent consignés dans un certain nombre de canons qui nous sont parvenus. Le dix-septième a rapport à l'usure; mais il ne regarde que ceux qui exerçaient les fonctions ecclésiastiques. Voici ce qui fut dit :
« Parce que beaucoup de ceux qui sont engagés
« dans les ordres s'adonnent à l'avarice et à des gains
« honteux, oublieux de la divine Écriture disant :
« *Celui qui n'a point donné son argent à usure*, etc.;
« donnent en prêt et exigent la centésime[1], le saint
« et grand synode a justement ordonné que si
« après ce règlement quelqu'un était trouvé rece-
« vant des usures, ou faisant le négoce de quelque
« manière que ce soit, *vel quolibet modo negotium*

---

[1] Intérêt de 12 pour 100.

« *transigens*, exigeant la moitié en sus, ce qui
« transforme le capital en une fois et demie, ou
« imaginant quelque chose de semblable pour faire
« des gains honteux; que celui-là soit chassé du
« nombre des clercs et reste désormais étranger
« à l'ordre : *dejiciatur à clero et elianus existat à*
« *regulâ*[1]. »

On peut se rendre facilement compte de la nécessité de cette admonestation. Aux premiers temps du christianisme, l'abstention de tout commerce par les clercs était naturelle. Il était incompatible avec les devoirs du saint ministère; ceux qui les exerçaient, ces devoirs, étaient les successeurs des apôtres à qui Jésus-Christ avait dit, en les envoyant prêcher la parole de Dieu par toute la terre : « Ne
« portez rien pour le chemin, ni bâton, ni sac, ni argent, n'ayez pas deux habits[2] : » la nature de leur enseignement et les soins qu'il entraînait de leur part s'opposaient à toute idée mercantile. Quoi de plus simple et de plus digne en effet, pour ceux qui

---

[1] Quoniam multi sub *regulâ* constituti avaritiam et turpia lucra sectantur, oblitique divinæ Scripturæ dicentis : *Qui pecuniam suam non dedit ad usuram*, etc. : mutuum dantes, centesimas exigunt : juste censuit sancta et magna synodus, ut si quis inventus fuerit post hanc definitionem usuras accipiens, aut ex adinventione aliquâ vel quolibet modo negotium transigens, aut hemiolem, id est sextupla, exigens vel aliquid tale prorsus excogitans turpis lucri gratiâ; *dejiciatur à clero* et alienus existat à regulâ.

[2] S. Luc. ch. ix, v. 3, 5.

prêchaient les perfections de la morale la plus pure et la plus sublime, que de s'abstenir de toutes les subtilités, souvent douteuses en honnêteté, que tolère ou semble nécessiter la pratique du commerce. Ils vivaient au jour le jour, sans souci des besoins de l'avenir, confiants dans la Providence, représentée sans doute par l'assistance des fidèles qui ne pouvait faire défaut à leur zèle. Quel chrétien d'alors eût laissé manquer du nécessaire celui qui l'initiait aux vérités éternelles dans lesquelles son existence entière venait s'absorber ; quand, d'ailleurs, l'abnégation des successeurs des apôtres réduisait à de si minimes sacrifices l'obligation de pourvoir aux plus pressants besoins de la vie ! L'ecclésiastique, voué aux privations volontaires, n'avait d'autre but de ses pensées et de sa conduite que la gloire du sacerdoce par la propagation des vérités éternelles.

Il en fut ainsi tant que la ferveur des premiers élans resta vierge dans le cœur des disciples aussi bien que des maîtres. Lorsque, par suite de la faiblesse humaine, peu propre à une contemplation prolongée de la lumière, cette ferveur vint à se relâcher, les idées de sacrifice perdirent de leur force, la vertu d'abnégation qui avait paru si naturelle eut besoin de l'encouragement de l'autorité :

la réglementation vint en aide à une coutume si bien motivée. On fut obligé de défendre aux clercs, c'est à-dire aux ministres des choses saintes, de se livrer aux opérations commerciales, comme incompatibles avec leurs devoirs, et cette défense subsiste encore aujourd'hui avec autant de raison et avec la même force.

Mais les règlements et les lois n'ont pas le pouvoir de dompter les penchants de la nature. S'il en fut parmi les prêtres qui ne perdirent pas de vue la sainteté de leur mission, et sacrifièrent, comme de pieux missionnaires le font encore de nos jours, leur bien-être à la propagation des vérités saintes, il en était d'autres que le calcul des avantages de la position, plutôt qu'un véritable zèle, avait engagés dans les ordres. Ceux-là, plus soucieux de leurs intérêts, écoutèrent les inspirations qui pouvaient les servir. Le commerce leur étant nommément défendu, ils ne pouvaient s'y livrer ouvertement; ils prêtèrent à intérêt, composant ainsi, peut-être, avec leur conscience, dans l'idée que l'usure n'était pas un commerce proprement dit.

Si l'on en juge par la sévérité des paroles du concile, il fallait que le mal fût grand. Beaucoup d'ecclésiastiques s'adonnaient à ce genre de lucre, exigeant des usures excessives, d'autant plus révoltantes qu'elles étaient exercées par ceux-là dont le devoir était de donner l'exemple de la pratique de l'abnégation pour eux-mêmes et de la charité envers les nécessiteux et les pauvres.

La condamnation du concile de Nicée est expresse, et, pendant longtemps, tous les conciles qui se succèdent répètent le même langage, l'appliquant toujours aux seuls clercs : ce qui laisse supposer que, l'usure permise, celle qui n'était pas excessive pouvait être exercée par les laïques.

Cependant, vers le huitième siècle, soit que les maux causés par l'usure fussent devenus plus intolérables et d'une réprobation plus universelle, la prohibition de l'usure fut étendue à tous les chrétiens, aux laïques comme aux clercs. Nul doute que la cause qui la faisait défendre aux laïques n'était pas la même que celle qui l'avait fait défendre aux clercs. Il y avait incompatibilité d'occupation pour ceux-ci, tandis que pour ceux-là, c'était l'usure excessive qui leur était défendue.

Il fallait que dans ces malheureux temps les exactions des usuriers fussent bien grandes pour provoquer des mesures aussi rigoureuses. Il fallait aussi que les tentations de réaliser des bénéfices usuraires fussent bien fortes et que les défenses fussent souvent éludées, pour qu'on crût devoir les renouveler en toute occasion, avec un accord et une persistance qui ne se démentent plus.

Il n'y a pas de concile rassemblé dans les premiers temps de l'Église jusqu'à la fin du huitième siècle qui ne formule la défense expresse aux ecclésiastiques de se livrer à aucune espèce d'usure aussi bien qu'au commerce ou à toute occupation lucrative, avec menace d'interdiction contre ceux qui enfreindraient ces règles de discipline.

Après cette époque, la défense de l'usure, étendue aux laïques, continuait d'être formulée dans les termes généraux qui ne permettaient pas d'en saisir toute la portée. Seulement l'idée que l'usure était un crime défendu pour tous, par toutes les lois divines et humaines, s'étendait, prenait tous les jours plus de force; et elle finit par devenir la règle de l'opinion universelle.

Il dut aussi y avoir un changement dans l'idée générale attachée à l'usure. Dans les premiers siècles, c'était plus simplement le prix de l'usage, naturel dans ces sortes de transactions, qui étaient licites quand le prix ne dépassait pas un certain taux, qui devenaient illicites quand elles atteignaient une exigence insupportable. Mais alors les abus de l'usure étaient devenus si monstrueux au milieu de l'ignorance universelle, que les représentants de la morale chrétienne, frappés, comme le public, des excès qui rendaient l'usure odieuse, crurent devoir en prescrire l'interdiction d'une manière générale. La transition fut peut-être insensible : les chrétiens pliaient volontiers sous l'autorité ecclésiastique, la plus éclairée, la plus réelle et la plus acceptable qui existât dans ces temps de misère, et la prohibition de l'usure passa pendant quelque temps incontestée, autant de temps surtout qu'on put ne la croire applicable qu'à l'usure excessive.

Mais, lorsque les rigueurs de la doctrine s'attaquèrent aux actes eux-mêmes et à leurs conséquences dans la vie privée, les oppositions commencèrent. Les besoins du commerce et les nécessités de la vie active sont en tous temps les mêmes. Ceux qui prêtaient à intérêt aussi bien que ceux qui recevaient, entravés dans leurs transactions, élevèrent des réclamations contre l'application d'une défense érigée en loi mal définie, interprétée quelquefois du haut de la chaire avec un rigorisme passionné.

Les récriminations furent nombreuses jusqu'au

douzième siècle, où une nouvelle circonstance aggravante vint se révéler.

Jusque-là, l'interdiction de l'usure, imposée d'abord aux clercs, appliquée ensuite aux laïques dans ses excès, était généralement approuvée ; mais elle n'avait pas d'autres sanctions pénales que les censures et les pénitences ecclésiastiques : tandis qu'au milieu du douzième siècle, Gratien[1], d'après l'ouvrage connu sous le nom de *Decretum Gratiani*, introduisit le premier dans la discipline le principe de la restitution des intérêts usuraires, principe qui fut adopté sur la fin du même siècle par le pape Alexandre III, dans plusieurs de ses décrétales.

Enfin le premier concile qui prescrivit clairement et ouvertement aux usuriers la restitution des intérêts est celui de Château-Gontier, tenu en l'année 1231, et cette prescription, renouvelée dans les conciles postérieurs, devint la règle commune. Alors les peines contre l'usure et les usuriers s'aggravèrent ; il fut interdit à tous juges ecclésiastiques ou séculiers d'adjuger des intérêts usuraires, aux avocats d'en prendre la défense, et

---

[1] Card. de la Luzerne.

même aux tabellions ou à tout autre agent d'affaire d'en passer les contrats et d'y apposer leur sceau.

Donc, vers la fin du douzième siècle et le commencement du treizième, la question de l'usure prend un autre aspect. Elle avait eu la simplicité des premières notions de la conscience commune et universelle; alors elle change de nature, elle se complique, elle se pose désormais en question controversée. Elle a bientôt le triste privilége de former des partis, de soulever des discussions véhémentes, d'exciter les passions, de provoquer la haine, et elle est arrivée jusqu'à nos jours mêmes sans que les ardeurs d'une controverse acharnée, parfois haineuse encore, se soient calmées, sans que les arguments d'une polémique interminable se soient épuisés.

A cette époque, la théologie scolastique tenait le sceptre de l'enseignement. Elle avait pris naissance vers la fin du neuvième siècle, avec la régénération des études due au génie de Charlemagne. La doctrine scolastique avait substitué l'examen et l'emploi de la dialectique aux traditions primitives adoptées jusque-là sans contrôle et sans discussion. Elle était un progrès. Elle s'était formée lentement, soumettant les idées et les choses à ses investigations;

rassemblant peu à peu les matériaux épars de l'intelligence humaine, dispersés depuis l'irruption des barbares. Cependant, dans les temps dont nous nous occupons, le souffle dominant du *réalisme*[1] était peu propre à lui faire tenir une route sûre. Si elle parvenait à tirer de l'oubli ou de l'obscurité et à remettre en honneur quelques vérités, c'était comme autant de diamants d'un vif éclat dont elle se parait quelquefois sans trop de choix ni de goût. L'autorité de la tradition des saints Pères ou des conciles n'était plus seule suffisante, toute question devait encore passer au creuset de l'argumentation ; celle de l'usure ne devait pas y échapper.

Pour les théologiens scolastiques, l'idée et la définition de l'usure ne dérivent plus du simple bon sens, du sentiment de la chose. Elles se façonnent sur des vérités d'école, c'est-à-dire sur les vérités, souvent de convention, posées en principes, et ne conduisant qu'à des déductions fausses. L'usure n'est bientôt plus telle qu'on l'avait conçue jusque-

---

[1] Opinion qui individualisait les idées générales et en faisait des êtres existants, ayant une réalité hors de notre esprit. Saint Thomas fut l'un des chefs des réalistes, en opposition avec les nominaux, qui niaient que les idées générales fussent autre chose que la conception de notre esprit. Abeilard fut un des partisans de ceux-ci.

là : ils appelleront désormais usure tout ce qui dépasse le principal : *Omnia quod supra sortem, usura est.*

Partant de cette définition et de la réprobation générale inspirée par l'usure, les étayant l'une de l'autre, ils en arrivent à dire que toute usure et par conséquent tout intérêt provenant d'un prêt est défendu.

Ainsi, à travers des phases diverses, une opinion nouvelle a surgi dans l'Église et s'y est impatronisée.

A un certain moment, ce n'est plus sur l'usure elle-même que l'on argumente. Ce mot est tombé dans le vague, en désuétude. On ne se préoccupe plus de la doctrine de l'Église sur l'usure. L'usure est condamnée, c'est chose entendue : les subtilités du raisonnement se portent sur ce qu'il faut regarder comme usure, sur ce qui doit lui être assimilé, et conduisent à une doctrine nouvelle de l'Église sur le prêt à intérêt, appelé aussi prêt de commerce.

Le prêt à intérêt ou de commerce est-il permis ou ne l'est-il pas, d'après la loi religieuse? Est-il ou non différent de l'usure? Telle est la question et l'incertitude qui agitent les esprits depuis le treizième siècle.

Les uns, suivant les indications de la loi naturelle, acceptée pendant les premiers siècles du christianisme, répondent qu'il n'y a de condamnable que l'usure oppressive, qu'elle seule mérite d'être flétrie. Les autres, confondant dans une même acception l'usure et le prêt à intérêt, s'appuient sur des traditions dont le point de départ échappe aux recherches les plus minutieuses, sur des textes ou des autorités interprétés à leur sens, pour frapper d'une condamnation absolue toute usure et tout prêt à intérêt. Suivant eux, aucun prêt quelconque rapportant un intérêt n'est licite. Cette opinion, sans avoir jamais été reconnue comme article de foi, parvient cependant peu à peu à dominer dans l'Église comme doctrine prépondérante.

Depuis lors, elle règne comme doctrine officielle; elle n'est pas seulement la règle permanente du clergé catholique, elle est aussi imposée à tous les fidèles catholiques.

Ce n'est plus aux seuls ecclésiastiques que toute usure, tout prêt rapportant un intérêt, est défendu, comme nous l'avons vu dans les premiers siècles de l'Église; c'est à tous les laïques en général, et cette défense devient désormais la règle du confessionnal.

Celui qui combat la rigueur de cette observance est désigné comme un mauvais croyant; il n'y a plus d'absolution ni de salut que pour ceux qui l'ont adoptée.

L'usure est tout prêt produisant un intérêt quelconque, même mental, c'est-à-dire tout prêt fait en vue, en prévision, en espérance d'un intérêt, d'un avantage quelconque, même probable : cette définition est regardée comme la seule vraie par le clergé catholique, et il ne tient pas à lui qu'elle ne passe entière dans toutes les législations.

Mais un pareil système d'interprétation de ce qui est usure, s'appliquant à tous les actes de la vie active et commerciale, eut bientôt pour conséquence de rompre ou au moins d'entraver toutes les affaires.

Si tout profit d'une chose prêtée, et surtout en matière d'argent, devenait usure, il n'y avait plus d'autre moyen, pour rester dans les étroites limites de la définition nouvelle, que de s'interdire presque toute transaction. Or cette abstention était incompatible avec les besoins journaliers du commerce.

C'est ce que comprirent les rois et les princes. Ils adoptèrent la définition théorique imposée au monde chrétien au nom de la loi religieuse; mais en même temps ils durent céder aux exigences de la nécessité et ils cherchèrent un moyen terme.

Le principe fut admis; le prêt à intérêt, confondu

avec l'usure, fut regardé comme une action réprouvée ; mais, *eu égard à la faiblesse humaine*, l'intérêt perçu en raison du prêt d'argent fut toléré dans certains cas et dans certaines limites ; et, afin que chacun sût jusqu'où allait la tolérance, la proportion de l'intérêt permis fut déterminé par la loi.

Cette solution éclectique, tout empreinte de modération qu'elle fût, n'eut pas le privilége de rallier tous les esprits. Le dissentiment et la confusion n'en devinrent peut-être que plus grands parmi les fidèles clercs ou laïques, les uns appelant cette condescendance une violation de la loi divine qui défendait absolument toute usure, les autres la regardant comme une juste intervention de l'intelligence et de la conscience humaine dans une question obscure.

Ainsi la controverse continuait ses évolutions. Certains théologiens faisaient naître des scrupules dans l'esprit de leurs pénitents qui suivaient la loi du prince en leur refusant l'absolution, tandis que d'autres les absolvaient au nom de cette même loi du prince, inspirée par la sagesse divine.

Pendant de longs siècles, l'indécision resta la même. On hésitait sur le guide à suivre. Chacun se déterminait au gré de ses penchants, toujours dans l'appréhension ou d'être inculpé au tribunal de la pénitence s'il adoptait les conséquences de la loi du prince, ou d'endurer un dommage s'il en rejetait les avantages. De toutes parts on demandait à être éclairé, et la preuve de la généralité de cette incertitude prolongée, c'est que le savant Muratori écrivait, vers le commencement du dix-huitième siècle, qu' « il serait bien à souhaiter que l'on fît « quelque règlement fixe sur une matière aussi « embrouillée que l'usure, sur laquelle les opinions « sont si différentes parmi les théologiens et les ju- « risconsultes. »

Les plaintes sur la confusion en matière d'usure étaient universelles. On ne savait au juste ce qui était permis par l'Église ou ne l'était pas; et dans un temps où les prescriptions religieuses avaient un grand empire sur la conduite et la vie, cette incertitude jetait le trouble dans les consciences.

Il n'y avait pas eu d'assemblées, de conciles, où il ne se fût élevé quelque voix pour demander la condamnation de l'usure; mais la ligne de démarcation n'en avait jamais été tracée. Dès le concile général de Constance, en 1414, Gerson, de pieuse mémoire, évêque de Paris, s'écriait, à la proposition de condamner la simonie et l'usure, qu'il fallait d'abord *définir en quoi consistait la simonie et l'usure*, afin que le juste ne fût pas condamné avec le coupable et qu'on n'appliquât pas le nom d'usure à des contrats justes et nécessaires[1].

Un grand pénitencier[2] de Paris, au milieu du dix-septième siècle, Louis Bail, dont l'office était de s'occuper des cas de conscience, dans un ouvrage fort connu, *De triplici examini* (du triple examen), se plaint de ce que le sujet de l'usure soit toujours resté en discussion, et que le vœu de Gerson n'ait point été rempli.

Le P. Maignan, provincial des minimes; le P. Amort, chanoine régulier; Abelly, évêque de Rodez; Maffei et une foule d'autres, tentèrent de réglementer la matière de l'usure, parce qu'il se présentait journellement des cas nombreux d'emprunts ou de prêts d'argent avec stipulation d'intérêts, et que la légitimité de ces actes mise en doute jetait l'émotion dans les consciences. Il arriva même que des controverses s'élevèrent sur des contrats dont le but était d'utilité publique, et elles nuisirent à leur exécution.

---

[1] Sed primities declarandum sub quibus casibus et qualibus intentionibus propriè dicta simonia vel usura commitatur, ne damnetur justus cum iniquo... aut ne similiter *detur usuræ titulus justis et necessariis contractibus.*

[2] Le grand pénitencier avait pouvoir de l'évêque d'absoudre des cas réservés.

La nécessité d'une réglementation supérieure était devenue tous les jours plus urgente. Le pape Benoist XIV crut qu'il était du devoir de son ministère apostolique de préciser les idées sur l'usure, et il donna la fameuse lettre encyclique *Vix pervenit*, qui devint dès lors le point de départ de la discussion sur la doctrine religieuse de l'usure.

Cette lettre encyclique est d'une haute importance. Trop longue pour être placée ici, nous la donnons à la fin du volume (note n° 1).

Cette lettre fut loin de satisfaire les esprits ; car, si d'un côté elle tente de définir en quoi consiste l'usure suivant l'Église, et si elle assure qu'il peut se rencontrer *par hasard* avec le contrat de mentionner certains titres en vertu desquels on a une raison très-juste et très-légitime d'exiger quelque chose au delà du capital ; d'un autre côté, elle laisse l'esprit dans une indécision complète relativement à ces cas de légitimité, et qui ne se présentent, dit-elle, que *par hasard*.

Par le vague de son expression et sa tendance évidente à favoriser l'opinion la plus sévère en même temps qu'elle ne pouvait pas méconnaître la légitimité, dans certains cas, du prêt à intérêt, elle ouvrit la porte à des contestations plus véhémentes encore que celles qui avaient eu lieu jusque-là.

Les partisans de la légitimité des intérêts perçus en vertu du prêt furent accusés de philosophie, c'est-à-dire d'impiété ou au moins d'inimitié contre la religion et l'Église, et la discipline qui défendait de prêter à un intérêt quelconque, fort ou faible, aux riches comme aux pauvres, prévalut encore au confessionnal.

Cependant les gouvernements chargés de veiller aux intérêts des peuples ne pouvaient admettre les exagérations d'une doctrine capable d'entraver presque toutes les opérations commerciales, qui sont l'une des sources de la prospérité des empires. Ils adoptèrent le moyen terme dont il a été fait mention. Ils ne prohibèrent pas, comme le faisait l'Église, toute espèce d'intérêt en vertu du prêt ; mais ils le permirent dans une certaine limite, et cette limite, fixée par la loi, constitua ce qui fut appelé le taux légal de l'intérêt.

Cette solution eut aussi ses partisans dans l'ordre ecclésiastique. Elle fut acceptée par ceux d'abord qui professaient l'opinion que le prêt à intérêt n'avait jamais été défendu d'une manière absolue, ni dans l'Ancien ni dans le Nouveau Testament ; puis par les esprits moins sévères que les rigoristes qui, tout en admettant la prohibition absolue du prêt à intérêt, d'après leur propre interprétation du texte des Écritures, accueillirent cependant, au nom de la faiblesse humaine, le compromis de l'intérêt légal.

Les rigoristes repoussèrent une semblable concession au nom de la loi divine, dont ils se prétendaient les véritables et les seuls interprètes, et continuèrent de proscrire tout prêt rapportant intérêt comme une œuvre du démon. Telle fut pendant plusieurs siècles la situation des opinions. A la prohibition complète avait succédé la permission de stipuler un intérêt légal toujours condamné par les uns et concédé par les autres comme la limite du possible.

Mais ce n'était point assez. Les besoins du commerce n'étaient pas remplis. La possibilité légale de demander ou de recevoir un certain intérêt était conquise au commerce, il est vrai; mais il lui manquait le pouvoir de les stipuler selon la convenance et la nécessité de ses opérations, et la loi du prince méconnaissait cette nécessité en imposant d'autorité à toute transaction un taux uniforme d'intérêts basé sur une moyenne plus ou moins douteuse.

La force des choses, comme une marée montante, déborde par-dessus tous les obstacles. La loi du prince fut éludée, au plus grand scandale des rigoristes fulminant leurs anathèmes contre cette faiblesse du pouvoir et contre cette impiété de vouloir régler ce qui était, prétendaient-ils, du domaine de la foi. C'était aussi un nouveau motif de dissentiment entre eux et ceux de leur opinion qui acceptaient la loi du prince, non pas comme un droit basé sur la vérité, mais comme une simple tolérance accordée aux exigences des choses humaines, puisque cette condescendance n'obtenait pas même le résultat qu'ils en attendaient, de régler définitivement l'intérêt.

En effet, cette limitation de l'intérêt n'était pas une concession suffisante. Elle était bien par elle-même d'un immense avantage, parce qu'elle était une reconnaissance implicite de la légitimité du principe; mais le peu d'espace où elle permettait de se mouvoir et la rigidité de ses bornes étaient toujours une entrave fatale à la liberté des transactions.

Aussi le commerce fut-il obligé de ne pas en tenir compte, et la transgression de la loi du prince, de la loi de l'intérêt légal, devint, de force majeure, la coutume générale. Il n'y avait que la mauvaise foi au service de passions serviles et intéressées qui pût incriminer sous l'accusation d'usure, et en profitant de la lettre inerte de la loi, des négociations d'argent conclues, volontairement d'abord, et ensuite avec l'assentiment général.

C'est ce qui arriva dans la ville d'Angoulême, du temps que Turgot était intendant de la généralité de Limoges. Quelques négociants avaient trouvé bon et avantageux pendant plusieurs années de faire escompter des effets de commerce chez des banquiers de cette ville. Ayant ensuite fait de mauvaises affaires, ils ne reculèrent pas de chercher dans une action malhonnête un remède à leur détresse. Le taux convenu de l'intérêt entre commerçants, dans cette ville, était de 8 à 9 pour 100, tandis que le taux légal n'était que de 5 pour 100. Ils conçurent l'infâme dessein de demander la restitution du surplus de l'intérêt légal qu'ils avaient payé pendant toutes les années précédentes, sous menace de dénonciation d'usure, si l'on n'obtempérait pas à leur exigence. Une conduite aussi déloyale obtint malheureusement dès le principe quelque succès. Elle eut aussitôt des imitateurs. L'intimidation agit sur plusieurs commerçants que cette menace pouvait atteindre, l'inquiétude d'avoir à subir un procès criminel jeta le trouble dans toutes les affaires. Une stagnation générale s'ensuivit. Cela se passait vers l'année 1763.

Turgot venait d'être nommé, en 1761, intendant de Limoges, poste qui répondait, en partie, à celui de préfet de nos jours. Il était de l'école des physiocrates, qui ont jeté les premiers fondements de la science de l'économie politique. Il avait reconnu les vices des lois existantes en matière d'intérêts de l'argent, leur rigidité hors nature, l'impossibilité de les appliquer avec exactitude, et les inconvénients de la tolérance arbitraire à laquelle on était forcé d'obéir dans la pratique, aussi bien que l'injustice profonde de la contrainte à les observer avec rigueur.

A cette occasion, il souleva la discussion de la question de la légitimité des intérêts ; elle avait été réservée jusqu'alors dans le domaine des questions religieuses. Il l'en détacha, pour ainsi dire, et la fit entrer dans celui de l'économie politique, dont elle n'est plus sortie depuis.

Non pas que la question religieuse ait été entièrement vidée, ni qu'elle ait reçu une solution complète et acceptée de tous. En 1830, on disputait encore, avec l'aigreur trop ordinaire dans les controverses, sur le sens de la lettre encyclique. C'est la congrégation du saint-office de Rome qui l'atteste elle-même. *De sensu Epistolæ encyclicæ*, Vix pervenit, *acriter disputatur*[1].

Cette lettre aurait dû mettre fin au débat; et il se trouvait des esprits opiniâtres, peu éclairés d'ailleurs, qui se tenaient cramponnés aux anciens errements, et qui, forcés dans leurs derniers retranchements, semblaient n'avoir plus d'autres moyens de défense que de jeter à leurs adversaires l'expression acrimonieuse de leur conviction devenue ridicule. Hâtons-nous de le dire, le saint-siège est bientôt venu interposer son autorité et calmer cette véhémence, sans toutefois émettre un jugement qui termine la discussion. Le tribunal de la Sacrée Pénitencerie tolère l'intérêt légal, et enjoint aux ecclésiastiques de suivre son exemple jusqu'à ce que le saint-siége ait donné une décision définitive. *Non esse inquietandos quousque Sancta Sedes definitivam decisionem emiserit.*

Ainsi, au point de vue de l'opinion religieuse, la question attend et attendra probablement long-

---

[1] Decreta supremæ congregationis.

temps encore une solution définitive ; mais, dans la pratique, la cour de Rome, usant de l'indulgence qui lui est familière et se pliant aux nécessités imposées par la raison, ordonne aux ministres de la religion, dispensateurs du blâme et de l'approbation au pied de l'autel, de ne pas inquiéter ceux qui reçoivent quelque chose au-dessus du capital prêté, pourvu toutefois que ce ne soit pas en vertu du prêt[1] qu'ils perçoivent ce bénéfice : autrement dit, il est acquis dès lors, même au sein du confessionnal, que ce que l'on nomme communément prêt à intérêt est toléré par l'autorité spirituelle suprême, et n'est plus entaché d'usure dans le mauvais sens du mot. C'est une reconnaissance implicite de la légitimité de la loi du prince sur la réglementation des intérêts à un taux modéré comme ne pouvant donner lieu à l'inculpation d'usure, et cette tolérance de l'intérêt légal équivaut à son adoption.

---

[1] On veut évidemment dire le prêt simple, qui n'est pas le prêt à intérêt.

CHAPITRE III

OPINION DE L'ÉCONOMIE POLITIQUE

La tolérance avouée de l'autorité ecclésiastique imprima un pas considérable à la question du prêt à intérêt, désormais placé aux yeux du monde catholique dans un jour plus favorable. Si le principe n'est pas encore canoniquement reconnu, il est au moins admis dans la pratique, sans esprit de retour vers le système contraire.

Mais l'économie politique ne pouvait se contenter de si peu. Elle ne pouvait s'en tenir à une simple tolérance, laissant toujours une issue à l'arbitraire. Aussi, dès que les obstacles à la liberté de discussion eurent disparu, son attention se porta sur la question de l'usure et de l'intérêt, pour l'examiner sous ses faces diverses. Et, de prime abord, elle crut être conduite par la logique des faits à réclamer, au nom du libre arbitre, la liberté entière des transactions sans distinction d'usure et d'intérêts.

Telle est la tendance du mémoire de Turgot sur les prêts d'argent, présenté par lui au conseil d'État en l'année 1769. Il eut lieu, comme nous l'avons dit, à l'occasion d'une dénonciation faite au sénéchal d'Angoulême contre un particulier accusé par son débiteur d'avoir exigé de lui des intérêts usuraires, bien qu'ils eussent été convenus et qu'ils fussent conformes à l'usage. La loi se trouvait ainsi protectrice de la déloyauté, elle venait en aide aux banqueroutiers, qui se multiplièrent dans la même ville au point de jeter tout le commerce dans le trouble et d'arrêter toutes les affaires reposant sur le crédit.

Turgot, alors intendant de Limoges, osa soulever la discussion et eut le courage de dire que les lois qui avaient eu cours en matière d'intérêt de l'argent étaient mauvaises. Il accusa la législation de s'être conformée aux *préjugés* rigoureux sur l'usure introduits dans des siècles d'ignorance, lorsqu'elle avait interdit toute stipulation d'intérêts sans aliénation du capital, et avait défendu comme usuraire et abominable tout intérêt stipulé au delà du taux fixé par les ordonnances. Il démontra que la rigidité de ces lois avait dû céder à la force des choses, et demanda le changement de leur texte, d'autant mieux, démontrait-il, que l'obligation s'était imposée d'elle-même de tolérer ouvertement entre commerçants le prêt par billet, l'escompte et toute espèce de négociations d'argent.

L'effet de ses paroles fut très-grand. L'opinion générale touchant la convenance et l'opportunité de la limitation de l'intérêt par la loi en fut fortement ébranlée ; mais ce fut le seul résultat. La loi ne fut pas changée. Le pouvoir croyait alors que l'immobilité était un des plus fermes soutiens de sa puissance ; il était loin de chercher son véritable appui où il se trouve réellement, dans l'exercice de l'équité et de l'intelligence.

Il ne s'ensuivit qu'une tolérance plus grande peut-être, mais toujours arbitraire, des infractions à la lettre de cette même loi, infractions déjà passées en habitude à la suite de la nécessité toujours plus puissante que ces conventions, mais qui faisait aux créanciers une situation intolérable, parce qu'elle les laissait toujours en prise aux suggestions de la mauvaise foi.

Ce ne fut qu'une vingtaine d'années après le Mémoire de Turgot que Bentham publia le volume de lettres auquel il donna le titre assez extraordinaire de : *Défense de l'usure* (Defence of usury). Il s'établissait le champion du crime ou du délit, comme on voudra l'appeler, qu'on appelle usure. Il jetait résolûment le gant à l'opinion publique, et semblait s'adresser surtout à ceux qui au seul nom d'usure sentent venir la rougeur au front et le mépris au cœur.

Ceux qui ont connaissance du caractère de J. Bentham comprennent combien ces émotions lui étaient étrangères, à lui pour qui les conséquences du principe d'utilité furent toujours le premier mobile. Il eut le courage assez rare de son opinion ; aussi sa vie intime atteste-t-elle une longue originalité, fruit de ces mêmes opinions. Il s'inquiétait peu d'ailleurs d'arriver à une conclusion en opposition avec l'opinion générale, fût-elle l'expression de la conscience publique; il avait une confiance entière dans les déductions de son raisonnement. Quand on vit un philosophe, comme on disait alors; un légiste, un publiciste, comme on dirait plus volontiers aujourd'hui; mais certainement et pour tous les temps un esprit supérieur malgré ses erreurs, déclarer hautement qu'il ne connaissait aucun acte auquel on pût attacher le nom, réputé jusque-là infamant, d'usure; la foi, souvent aveugle de sa nature, s'empara de certaines intelligences, et suivit l'impulsion nouvelle. L'impression que produisit dans le monde des idées l'apparition de la *Défense de l'usure*, de Bentham, fut prodigieuse, et d'autant plus vive peut-être, qu'elle s'adressait directement à des passions intéressées qui entrevoyaient désormais le dégagement de toute entrave à leur exercice.

L'économie politique se croyait déjà éclairée par le Mémoire de Turgot. Elle en avait approuvé les conséquences générales, d'où découlaient la légitimité des intérêts du prêt de commerce et l'inconvenance de la loi à s'immiscer dans des transactions qui doivent être laissées à la libre volonté des parties.

Elle adopta dans leur plénitude les principes posés par Bentham, principes d'ailleurs conformes à ceux de Turgot, et qui n'en diffèrent que par une affirmation plus nette et plus tranchée de la déraison évidente qu'il y aurait à considérer l'usure comme un fait passible d'incrimination et de répression ou même simplement digne de blâme. Suivant elle, le raisonnement de Bentham, basé sur des arguments sérieux, bien qu'entremêlés d'ironies dont l'effet n'est peut-être pas ce qu'il y a de moins persuasif, est sans réplique, et elle se croit autorisée à proclamer de science certaine que l'usure est un non-sens, un délit plus ou moins imaginaire ; et ce jugement certain, toujours suivant elle, semble désormais sans appel.

Blanqui, dans son *Histoire de l'économie politique*, à propos de la *Défense de l'usure*, dit : « C'est le « chef-d'œuvre de Bentham ; jamais plus d'esprit « ne fut mis au service de la raison. Ce qui doit ce- « pendant nous étonner, c'est que nos absurdes « lois sur l'usure aient survécu à ce coup. » L'article *Bentham* du *Dictionnaire d'économie politique*, après avoir rappelé ces mots de Blanqui, cite sir Francis Barring, disant que cet ouvrage est *parfaitement irréfutable*, jugement, ajoute-t-il, qui est généralement sanctionné par l'opinion en Angleterre.

Léon Faucher, à l'article *Intérêt*, du même dictionnaire, demande : « Qu'est-ce que l'usure ? » et ajoute : « Bentham a dit avec raison qu'elle n'*était pas susceptible de définition.* »

Léon Faucher fait tort à Bentham. Celui-ci a dit bien plus ; mais rétablissons le texte : « L'usure, con- « sidérée sous un point de vue moral, n'est point « susceptible de définition. » Et il ajoute : « *Elle n'est* « *même pas concevable*, et la définition que la loi pren-

« drait sur elle de donner de ce délit dans une pa-
« reille supposition serait entièrement arbitraire. »
Ce qui n'empêche pas l'article *Usure*, du même
Dictionnaire de l'économie politique, de commencer
en donnant une définition de l'usure, dont on chercherait, il est vrai, en vain à saisir la partie sérieuse.
Voici cette définition : « *L'usure est un délit plus ou
« moins imaginaire* qui consiste, selon certains ju-
« risconsultes et certains théologiens, dans la per-
« ception d'un taux d'intérêt supérieur au taux spé-
« cifié par la loi; selon d'autres jurisconsultes et
« théologiens, auxquels viennent maintenant s'ad-
« joindre des socialistes, dans la perception d'un
« taux d'intérêt quelconque. » Il ajoute, comme explication : « Un usurier, selon les premiers, c'est
« un capitaliste qui prête au-dessus du taux légal ;
« selon les seconds, c'est un capitaliste qui exige
« un intérêt gros ou même qui refuse, en un
« mot, de prêter gratis. » Autrement dit, ces lignes
donnent pour définition de l'usure ce que l'économie politique refuse d'appeler usure.

En vérité, si c'était là tout ce que nous enseigne
l'économie politique sur l'usure, pour répondre au
sentiment si naturel de répulsion qu'elle inspire, ce
serait à fermer le livre de la science.

On verra plus loin, quand nous discuterons la

question de l'usure, ce qu'il faut penser de cette impossibilité de trouver une définition à l'usure, suivant les uns, et de la définition que nous venons de citer.

Mais toujours est-il que l'opinion régnante, dans l'école de l'économie politique, ne reconnaît pas l'existence de l'usure, et traite avec une espèce de mépris tout avis différent du sien.

Peut-être serait-ce ici la place d'une remarque assez délicate. La question de l'usure n'est pas la seule que l'économie politique résolve d'une manière aussi magistrale. Il en est quelques autres encore qu'il n'est pas permis d'aborder avec un sentiment contraire au sien sans encourir la sévérité de ses admonestations et souvent l'ironie de ses sarcasmes. Pauvre manière de convaincre et encore moins d'exercer l'empire légitime que l'économie politique est appelée à exercer sur les sociétés. Elle est si jeune encore! Ne semble-t-elle pas quelquefois avoir gardé les présomptions du jeune âge? Elle devrait se rappeler qu'il n'y a de vérités hors de discussion que celles qui sont universellement reconnues et qui ont acquis la sanction du temps. Là où il y a partage des opinions existe un doute que les hauteurs de langage ne sauraient résoudre. Ces hauteurs de langage sont aussi antipathiques que la violence de fait ; l'une et l'autre sont incompatibles avec la vérité, et, lorsqu'elles apparaissent, elles feraient déjà préjuger que la vérité n'est pas là.

Les grandes vérités, les vérités morales surtout, ne sont pas nombreuses, et elles sont toutes un des attributs de l'existence. Elles n'ont pas besoin de l'appui d'une école ou d'un système pour se faire reconnaître. Elles ont été pressenties par l'instinct des masses avant d'être comprises par l'intelligence ; mais, une fois dégagées des erreurs qui les ont enveloppées, erreurs de préjugés ou de raisonnements, elles sortent des nuages de l'obscurité et apparaissent à toujours dans leur simplicité native.

La haine de l'usure a toujours été aussi naturelle que la haine du vol et de l'homicide ; mais l'usure est un fait complexe, d'une définition difficile, tandis que le vol et l'homicide sont des faits simples compris à première vue ; ils saisissent immédiatement l'entendement.

Voilà pourquoi l'usure, source d'un mal réel, laisse pour ainsi dire ignorer ce qui a causé la blessure : mais la nier nous paraît aussi impossible que de nier l'existence du vol et de l'homicide.

Nous avons fait jusqu'ici l'historique de la question. Nous avons vu quelles étaient les opinions à différents temps, quelle est celle qui domine aujourd'hui. Il nous reste maintenant à nous rendre compte de ces opinions et à dégager l'usure des suppositions erronées sur son compte, toujours prises pour des réalités.

CHAPITRE IV

RECHERCHE SUR LA NATURE DE L'USURE.

Il est, dans la nature morale aussi bien que dans la nature physique, certains phénomènes qui nous sont familiers, dont nous avons été journellement témoins pendant de longues années, et dont nous ne nous sommes jamais rendu compte. S'il nous arrive une fois d'y arrêter notre attention, grande est notre surprise de ne les avoir jamais compris. De ce nombre est l'usure, que l'on apprend à détester en même temps que l'on apprend son nom; et, le jour où l'on vient à se demander en quoi consiste cette infraction aux lois de la conscience humaine, on est étonné de ne trouver aucune réponse prête. La réflexion, d'où semblerait venir la lumière, ne conduit qu'à une incertitude plus grande; et le fait que l'on croyait bien connaître échappe même à toute définition.

Dans cette perplexité, on ouvre le premier dictionnaire venu, avec l'idée d'y rencontrer celle que nous cherchons. Vain espoir, un second est consulté sans plus de succès. On ne recueille de ce travail que des définitions incohérentes qui n'ont souvent aucun rapport entre elles.

Un dictionnaire appelle usure le profit qu'on tire d'une chose prêtée, — un gain illicite, — l'intérêt d'une somme dont on n'abandonne pas le fond. Pour un autre, l'usure est un intérêt trop fort. La plupart s'en tirent en disant qu'elle est un intérêt illégal. Souvent ces définitions, sans portée, sont copiées les unes sur les autres, et se ressentent des occupations particulières de l'auteur. En définitive, elles ne nous apprennent rien de cette usure, l'objet de nos malédictions.

Dans la persistance à s'éclairer, où recourir plus naturellement qu'aux livres de l'économie politique? Vous ne doutez pas de trouver dans leurs enseignements les lumières inaperçues ailleurs. Vous êtes bientôt détrompés. Vous y trouvez bien la condamnation absolue en théorie des lois restrictives de l'intérêt et de l'usure au nom de la liberté réciproque des transactions, inhérente sans aucun doute aux actions humaines ; mais, si vous désirez remonter aux causes, découvrir un principe fixe et constant sur lequel repose la théorie qui exclut jusqu'à l'existence de l'usure, la déception continue : car de l'usure véritable, de celle qui ronge ceux qu'elle atteint, de son essence, il n'en est pas question ; et, malgré les argumentations de l'école en faveur de l'usure, malgré ses dédains de ceux qui n'adoptent pas son opinion, l'usure apparaît toujours comme une infamie, et le nom d'usurier, à quelque titre qu'il soit prononcé, comme une désignation à bon droit méprisante.

Vous pouvez alors vous tourner vers l'Église, qui fit toujours retentir les chaires d'imprécations contre l'usure. La doctrine religieuse touche à la morale par ses confins. A l'encontre de l'économie politique, l'Église chrétienne reconnaît l'existence de l'usure. De tout temps elle l'a condamnée au contraire d'une manière absolue, et les malédictions dont elle a poursuivi cette affreuse torture du malheureux répondaient du moins aux cris de plainte universelle. Vous avez satisfaction sous ce rapport ; mais vous n'en êtes pas plus avancé sous celui de l'intelligence de la chose. L'Église ne vous apprend pas davantage ce que c'est que l'usure. Dans l'ardeur de son zèle, elle a dépassé toutes les mesures du blâme, et elle l'a proféré jusqu'à l'exagération pendant un laps de temps mesuré par des siècles. Pendant ces longues périodes, elle a confondu dans le même anathème et l'usure et l'intérêt, même l'intérêt légal. « Tout bénéfice au-dessus du capital est illicite et usuraire, » a-t-elle dit. *Omne lucrum quod sortem superet illicitum et usurarium est.* Autre excès de doctrine qui, au témoignage du sens commun, n'apporte pas plus de conviction que la doctrine absolue de l'économie politique.

Pour celle-ci rien n'est usure, pour celle-là tout est usure, au moins jusqu'à ces dernières années : car, il faut le reconnaître, l'absolutisme de l'Église catholique en matière de condamnation de tout ce qui est intérêt, *supra sortem*, comme elle dit, a faibli. Il s'est modéré dans l'usage depuis quelque temps, obéissant en cela à la logique naturelle des choses, ainsi que nous le verrons dans la suite; tandis que le rigorisme de l'école actuelle d'économie politique semble être devenu au contraire plus doctoral et plus absolu.

Dans ces deux extrêmes, où chercher la lumière, où puiser la certitude? Ces deux opinions sont diamétralement opposées l'une à l'autre, et toutes deux sont en désaccord avec l'opinion générale, celle du bon sens, qui proclame l'existence de l'usure et porte sa condamnation, aussi bien qu'elle reconnaît la légitimité de l'intérêt.

D'une part, l'école de l'économie politique ne peut avoir adopté cette opinion, sans se fonder sur des raisons qui lui ont paru plausibles, et, d'une autre part, l'Église s'est cru des motifs suffisants pour établir et professer sa doctrine sur l'usure. De l'examen de ces deux manières de voir, de leur discussion, semblerait devoir ressortir ce qu'il peut y avoir de vrai dans l'une et dans l'autre opinion, et, par suite, une idée plus exacte de l'usure.

Les intelligences éminentes qui ont embrassé et dirigé ces deux opinions, dans les deux partis, ont dû y être amenées par quelques motifs, fussent-ils spécieux ou mal interprétés.

Mais, au fond, la question n'est résolue pour personne. Si la conviction des économistes semble plus ferme et plus arrêtée en théorie, leur conduite privée désavouerait au besoin les conséquences de la théorie ; ils repousseraient personnellement la dénomination d'usuriers comme une injure, preuve assurée que les actes qui la feraient mériter ne sont ni louables ni indifférents, ainsi que l'enseigne l'école.

L'Église, sans changer le texte de sa doctrine, en est venue, par une interprétation plus en rapport avec les besoins et les nécessités de la vie réelle, à tempérer dans l'usage les rigueurs de la discipline : autre preuve de l'insuffisance de cette doctrine.

En sorte que chercher l'enseignement sur la question de l'usure aux sources actuelles de l'économie politique, ou bien à celles de la doctrine de l'Église, ce serait risquer de s'égarer dans la confusion des mots et des choses. Plus l'attention s'arrête et se fixe, plus l'esprit est frappé de l'opposition entre la force des faits et l'insuffisance, soit de la théorie de l'école, soit de la doctrine de l'Église ; et, pour échapper à l'absence de convictions qui en résulte, la pensée n'a plus qu'à se replier sur elle-même, à se réfugier dans la voie de l'étude lente, de l'examen attentif des éléments primitifs de la question, en se gardant avec soin de l'influence souvent perturbatrice des livres, des opinions et des systèmes. Devant la majesté des choses telles que l'intelligence suprême les a créées, l'autorité des noms, des systèmes et des écoles doit s'évanouir et faire place à l'esprit de vérité.

S'il est indubitable que l'usure excite dans tout

cœur honnête un sentiment légitime de répulsion, il faut aussi convenir qu'il y a dans la véhémence de la haine dont l'usure et les usuriers sont l'objet quelque chose de peu compréhensible au premier abord, et que cette haine semble quelquefois en disproportion avec le méfait. En général, nous condamnons l'usure par une sorte d'instinct, sans nous rendre compte de sa véritable nature. Nous la jugeons dans ses effets, d'après la détresse de celui qu'elle atteint, plutôt que dans sa propre essence.

Le langage lui-même prête à l'obscurité. L'expression d'usure emporte si bien une idée peu définie, que cette idée n'a pas été rendue par le même mot dans toutes les langues, et qu'elle avait même dans certains idiomes plusieurs représentants. Montesquieu remarque que les mots *fœnus* et *usura*, intérêt et usure, signifiaient la même chose chez les Romains [1]. Assurément il se trompe, il n'y a pas de véritables synonymes. Les deux expressions ont dû correspondre à deux sentiments différents. Elles ont pu, avec le temps, être prises l'une pour l'autre, mais à coup sûr elles avaient des origines et des significations différentes.

[1] Liv. XXII, ch. xvi, 5.

CHAPITRE V

TERMES QUI ONT SERVI A DÉSIGNER L'USURE

LEURS DIVERSES ACCEPTIONS.

Avant d'aborder la discussion de ce qui constitue l'usure, il ne sera pas inutile de passer en revue les termes qui ont servi à la désigner dans quelques une des principales langues, dans celles surtout qui sont regardées comme mères de la nôtre, de nos idées premières et des premiers essais de civilisation dans le monde. Si nous comprenons mieux la signification particulière attachée aux expressions, nous devrons par suite distinguer plus clairement les idées qu'elles représentent, et de l'examen de ces mots seuls nous pourrons peut-être tirer des inductions instructives sur le sens véritable que nous devons attacher aujourd'hui au mot usure.

Les Hébreux avaient deux expressions pour désigner l'usure : *tarbit* et *neschech* [1].

Tarbit a pour racine un mot qui signifie accroissement, *incrementum*. *Neschech* signifie morsure, échancrure, et, par suite, diminution ; c'est la signification particulière de notre mot usure, dans le sens du dépérissement de la chose par l'emploi.

Le terme de *tarbit* (*incrementum*), l'accroissement, se dit par rapport à celui qui perçoit l'usure, celui dont le capital augmente. Le terme de *neschech* se dit par rapport à l'emprunteur, dont le bien décroît en payant l'usure.

Les langues chaldéenne et arabe ont des locutions équivalentes.

Les Grecs disaient τόκος, δάνειον, πλεονασμός.

τόκος, de τίκτω, enfanter, produire, accroître.

δάνεισμα, δάνειον, de δίδωμι, donner le don.

πλεονασμός, surabondance, multiplication.

Dans la langue latine on trouve *usura*, *fœnus*.

Fœnus dérivé de *fœtus*, venant lui-même de *fio*, produire, engendrer.

Usura, de *uti*, se servir, l'usage ; d'où, par métalepse, le prix de l'usage.

Dans la langue allemande, *wucher*, accroissement, de *wuchs*, crue.

[1] Saumaise.

En slavon, *licoïstvo*, *roste*, surplus, accroissement.

Dans la langue française, *usure*, *intérêt*.

Usure, du latin *usura*, même étymologie.

Intérêt, du latin *inter*, *esse*, être intéressé dans.

De toutes ces expressions, celles d'usure et d'intérêt sont assurément les plus judicieuses, et témoignent de la supériorité de précision inhérente à la langue française.

En effet, usure et intérêt sont deux choses distinctes, très-bien caractérisées par ces deux mots, qui représentent chacun une idée différente, tandis que dans toutes les autres langues ces deux idées sont représentées par une expression unique ayant constamment dans chaque langue la signification d'accroissement ou une signification analogue.

La langue française est la seule qui fasse la distinction entre usure et intérêt. La langue latine avait aussi deux mots, *usura* et *fœnus*. Mais elle n'établissait pas une différence très-marquée entre ces deux expressions. Les Romains n'avaient aucune idée du mot tout français intérêt.

Si l'on demandait au premier venu ce que c'est que l'usure, il ferait une réponse équivalente à celle-ci : L'usure est le prélèvement d'un intérêt trop élevé par rapport à un prêt, à une somme prêtée.

Il n'est personne qui ne comprenne ce langage. Dans cette réponse, cependant, se trouvent trois mots, usure, intérêt et prêt, qui ont souvent été pris l'un pour l'autre, bien qu'ils aient chacun un sens propre.

Le mot intérêt a aussi un sens moral : l'intérêt que l'on porte à une personne, à une chose, voulant dire le soin, le souci que l'on prend de cette personne et de cette chose. Il a un sens positif, l'intérêt que rapporte un capital, c'est-à-dire la somme de revenu que produit ce capital.

L'étymologie du mot intérêt explique ces deux significations. C'est toujours prendre part, être parmi ; c'est comme si l'on disait : prendre part à ce qui intéresse, être parmi ceux qui font une opération quelconque et en partagent le bénéfice.

On dit bien : j'ai reçu l'intérêt de mon argent ; il ne serait pas correct de dire : j'ai reçu mon intérêt, mais bien mes intérêts. Dès que l'intérêt se rapporte aux personnes, la substance du mot même indique le partage entre un certain nombre. Une somme employée par un seul lui rapporte un profit et non un intérêt. Le mot intérêt au singulier a toujours un sens abstrait dérivant d'une action en participation entre plusieurs.

Ce mot n'est pas très-ancien dans la langue française, bien qu'il ait une étymologie latine. Son usage ne remonte pas plus loin que le quinzième siècle. Il est employé pour la première fois dans un sermon de saint Bernardin[1] intitulé : *De interesse*, à propos de la question, discutée alors, de la légitimité du prêt à intérêt, que l'on confondait avec l'usure. Saint Bernardin entendait désigner, par cette expression nouvelle, des bénéfices qu'il regardait comme permis. Elle rendait très-bien l'idée de partage des profits légitimes d'une association entre plusieurs.

Les Latins n'employaient pas et ne connaissaient pas le mot intérêt. Ils étaient trop étrangers aux habitudes de mettre des efforts en commun, à ce que nous appelons l'association, pour en partager les fruits.

Ce que rapportait le prêt individuel, ils l'appelaient *fœnus*, équivalent de *fœtus*, dont la racine est *fio*, devenir, produire, accroître. Ainsi, *fœnus*, c'est l'accroissement que prend le capital par l'enfantement pour ainsi dire du bénéfice. Cette expression est aussi naturelle que juste; mais elle ne préjuge en rien la légitimité ou l'illégitimité des intérêts : elle ne marque qu'un fait, l'augmentation du principal.

---

[1] S. Bernardinus, *Sermo* XLII.

Le mot *usura*, usure, a pour racine le verbe latin *uti*, se servir, *usus*, usage. Sa signification primitive est simple : il signifie proprement l'usage, l'emploi, la jouissance, la faculté d'user d'une chose. Loin d'avoir toujours été pris en mauvaise part, il avait une signification moralement indifférente[1]. *Non adeo hasce emi mihi nec usuræ meæ.* Plaut.; *usura corporis.* Plaut. *Natura dedit usuram vitæ,* Cic. C'est postérieurement, par une figure de rhétorique appelée métalepse, que ce mot a été pris pour la conséquence de l'action, et qu'il a signifié *le prix de l'usage* d'une chose, ce que nous nommons l'usure. Mais on dit aussi bien *usura vitæ, usura lucis, usura rerum,* l'usage de la vie, de la lumière, de toutes choses, que *usura pecuniæ,* l'usage de l'argent, et ce n'est que dans la suite que le mot *usura,* pris seul, n'a plus signifié que le prix de l'usage.

Et quand il a signifié le prix de l'usage, le mot *usura* s'entendait de toute espèce d'intérêts, et il n'était pas toujours pris en mauvaise part ; employé seul, il ne comportait pas parmi les Romains l'odieux dont le mot usure est toujours accompagné parmi nous. Domat le dit formellement ; il pouvait être, comme l'intérêt parmi nous, très-légitime.

[1] Saumaise, p. 82.

On lit dans Papinien : *Majus legitimâ usurâ fœnus non debebitur.* Il ne sera pas dû un accroissement (un intérêt) plus grand qu'une légitime usure (*un légitime prix de l'usage*).

Le mot usure a toujours eu une valeur moins fortement prononcée que *fœnus*. — *Pecunias* LEVIORIBUS *usuris mutuatas* GRAVIORE *fœnore collocare*, dit Suétone : prêter à plus gros accroissement (à grosse usure) un argent emprunté à un léger intérêt.

Il résulte de ces remarques que le mot *fœnus* est celui qui traduit l'idée générale conçue par la race humaine sur l'accroissement d'un capital par un prix rémunérateur. Il est l'équivalent du mot grec τόκος, qui indique production, accroissement; δάνεισμα n'est que le prêt simple, ce qu'on donne.

Des deux expressions de la langue hébraïque, *tarbit* et *neschech*, employées dans le Deutéronome, la première a la même signification que *fœnus*, *incrementum*, accroissement ; la seconde, *neschech*, signifie morsure. Dans un certain temps, on a beaucoup argué de ce terme pour en induire la condamnation absolue de l'usure ou du prêt à intérêt. On prétendait que l'idée de morsure rappelait celle du tigre ou du serpent, et cet argument paraissait alors sans réplique. Cependant Saumaise a démontré surabondamment que la signification mordre n'était pas aussi absolue qu'on le prétendait, que le mot signifiait aussi *detrahere*, détacher, dans ce sens que l'usure détachait quelque chose de celui qui la payait. En sorte que *tarbit* est l'accroissement par rapport à celui qui perçoit l'usure, et *neschech* la diminution qu'éprouve celui qui la paye[1].

Les langues chaldéenne et arabe ont des manières de dire tout à fait semblables[2]. La langue latine elle-même et toutes les autres langues offrent des métaphores analogues.

Ainsi l'on peut dire que toutes les langues des peuples qui ont contribué à notre civilisation, sans exception, ont représenté le bénéfice du prêt par l'idée d'enfantement, d'accroissement, d'augmentation.

La langue latine est la seule qui ne se soit pas contentée de cette expression *fœnus*, qui soit sortie de l'idée généralement adoptée d'accroissement et ait formé une autre expression dont la signification

---

[1] Qua igitur incrementum est pecuniæ creditoris usura, *Tarbit* nomen habet; qua decrementum est debitoris, appellatur *Neschech*..... omnis enim usura *Tarbit* est creditori, et Neschech, debitori. (Saumaise, *de Usuris*.)

[2] Saumaise.

est prise d'une autre phase de l'acte, cependant toujours le même, qu'il est appelé à représenter. Elle a créé le mot *usura*, semblable à *fœnus* par la signification, mais différent par la racine, et ce mot, passé dans la langue française dès son origine, y a encore acquis une force distinctive plus grande. Car la langue latine, dans sa pureté, n'offrait pas de termes dérivés de *usura*, comme les mots usuriers, usuraires dans la langue française, qui ont une acception toute particulière : *usurarius* est de la basse latinité, c'est-à-dire du temps contemporain de la formation du parler français. Les Latins disaient *fœneratores* de *fœnus*, celui qui fait, qui tire intérêt ; ce serait presque le rentier. Les Grecs disaient δανειστὴς le prêteur, de δῶρον ; les Slavons disent *licoïmets* celui qui prend le surplus.

La singularité de la formation d'un mot, par une origine autre que celle généralement suivie par l'esprit humain pour exprimer une idée semblable est frappante, et donne à penser qu'il a dû exister une cause à cette création d'une expression nouvelle. Elle ne peut être un effet du hasard, elle ne peut être non plus accidentelle. La portée du mot usure sur les esprits a été trop grande pour ne pas révéler une cause réelle et profonde. Ce n'est pas une simple combinaison grammaticale qui lui a donné naissance. On s'occupait peu de grammaire alors. C'est dans l'histoire et les mœurs de ceux qui l'ont créée que nous devons chercher l'origine et la signification première de cette expression nouvelle, usure. Il doit nécessairement y avoir dans les faits quelque chose qui s'y rapporte et en révèle la nécessité. Nous essayerons de le rechercher à travers les temps, et en suivant les changements d'acception de cette expression, nous arriverons à celle qui lui est spécialement attribuée de nos jours.

L'histoire de l'origine du peuple qui devint le peuple romain est un peu confuse : cependant il est certains points sur lesquels on s'accorde assez généralement, pour convenir qu'elle est différente de celle des autres peuples.

Ce n'était point un peuple autochthone, issu avec le temps des premiers habitants du pays. Il n'était pas formé non plus d'une de ces migrations lointaines, où chaque chef marche accompagné de sa famille, femmes et enfants, et d'un certain entourage. Enfin les premiers ancêtres des Romains n'étaient pas des conquérants venus de contrées plus ou moins civilisées, déjà régies elles-mêmes par des lois et des coutumes qu'ils importaient avec eux et qu'ils imposaient aux peuples conquis.

SA DÉFINITION.

L'histoire nous donne comme un fait incontesté, qu'une bande de fugitifs réfugiés de divers pays s'était rassemblée et établie dans le Latium pour y chercher des moyens d'existence; ils s'étaient emparés, par le droit du plus fort, des lieux qu'ils occupaient. Liés tous par le même intérêt de conservation, ils unissaient leurs forces pour résister aux nombreux ennemis, leurs voisins, qui les entouraient. Ceux-ci, non moins désireux d'expulser, s'il était possible, des gens qui s'étaient emparés de vive force de leur territoire, ou au moins de se soustraire à leurs attaques incessantes, les pressaient et les harcelaient de toutes parts. De là pour les nouveaux venus, placés dans une position aussi critique, la nécessité d'une union compacte, afin de concentrer leurs efforts contre l'ennemi commun : leur existence dépendait donc de leur union; et cette union, dans les circonstances présentes, commandait une communauté entière de toutes les choses nécessaires à la vie : communauté d'autant plus urgente, que cette société qui devint dans la suite une nation si puissante et si complète, formée alors de l'agglomération d'individus étrangers l'un à l'autre, ne contenait pas de centres distincts comme en offrent les familles. L'histoire nous les montre à leur origine manquant de femmes, ce lien naturel des intérêts privés. Bientôt la tristesse de cette situation et l'insuffisance de leur solitude font naître parmi eux la résolution de recourir à la violence pour se procurer les compagnes dont ils sentaient la privation. Ils ne formèrent donc pendant longtemps qu'une seule et grande famille où toutes les choses de la vie étaient en commun. C'était une communauté dans toute l'acception la plus étendue, un idéal du communisme, possible seulement dans des circonstances exceptionnelles. Le produit des excursions sur l'ennemi, de la chasse, de la culture s'il s'en trouvait, aussi bien que les terres, les instruments de labour et les ustensiles, était en commun, à l'usage de tous.

Cette communauté dut exister à un dégré plus ou moins normal, longtemps encore après l'enlèvement des Sabines, jusqu'à ce que les familles se fussent élevées, et qu'il se fût formé avec elles des centres d'intérêts autres que celui de la communauté; et encore la coutume de réunir tous leurs moyens et leurs efforts pour résister aux agressions toujours menaçantes, et se maintenir dans une position prise de vive force, dut-elle puissamment contribuer à conserver cette vie commune qui avait fait le lien unique de l'état naissant. Pendant longtemps donc, chacun eut le droit de jouir de ce qui était à tous, d'user de chaque chose comme appartenant à la communauté.

Mais lorsque, soit par lassitude de la guerre, soit par suite des rapports de famille que les nouveaux liens avaient créés, les caractères se furent adoucis de part et d'autre, et que l'existence fut devenue moins précaire, l'esprit d'inimitié fit naturellement place à des propensions plus douces, et les loisirs de la paix remplacèrent les préoccupations et les ardeurs guerrières. Alors le sentiment naturel qui porte chacun à améliorer sa condition, sentiment qui pour les âmes d'élite devient un besoin en présence de la famille, fit naître des industries diverses suivant les aptitudes particulières; les plus actifs ou les plus intelligents obtinrent de leurs efforts des avantages qui constituèrent les premières richesses individuelles. Or qu'est-ce qu'une richesse qu'on serait contraint de partager entre tous?

Pour en jouir, il fallut se séparer peu à peu d'une communauté dont leurs goûts plus relevés dépassaient la rusticité, et bientôt ils surent se suffire et ne lui demandèrent plus de secours pour leurs propres besoins.

Entre gens de mœurs primitives, où régnait naguère encore l'égalité de nature, la distinction de ce qui appartenait en propre à l'un ou à l'autre fut longue à se faire d'une manière complète. Il paraissait et il était tout simple d'user, comme au temps d'une plus grande communauté, de ce qui appartenait au voisin, et si cette communauté s'était restreinte d'elle-même dans l'alimentation et les objets d'un usage journalier, l'habitude d'emprunter ce qui n'était que d'une nécessité accidentelle ou temporaire était restée presque un droit dont la bienveillance, vierge encore de toute atteinte, à ces époques primitives, avait assuré l'exercice; et ce droit devait se trouver comme sanctionné par un engagement tacite et réciproque de services semblables, suivant l'occasion. L'idée d'un refus possible en pareille circonstance ne s'était encore présentée à la pensée de personne, ni de celui qui possédait, ni de celui qui empruntait.

Mais à un jour imprévu, après reddition différée ou incomplète du prêt, par suite de détérioration de l'objet ou de son emploi abusif, quelque possesseur ennuyé aura répondu par un refus motivé de sa part, inattendu de l'autre, à une demande octroyée d'ordinaire sans difficulté, et, soit mauvaise volonté, soit calcul intéressé, il aura mis une condition, un prix quelconque, à l'usage jusque-là gratuit. Ce jour-là, il a fait naître dans le cœur de l'emprunteur un mécontentement profond ; car ce prix de l'usage succédait à un accord et à une bienveillance qui pouvaient bien depuis longtemps n'être qu'apparente, mais qui, malgré sa faiblesse, garantissaient encore la gratuité du prêt.

L'exemple donné aura trouvé des imitateurs dans une multitude où il se trouve des caractères et des penchants divers. Les uns sont personnels, rapportant tout à eux, recherchant et sachant faire ressortir partout leurs propres avantages, basant leur conduite sur la mesure de leurs intérêts. Ce furent peut-être ceux-là qui pensèrent à demander le prix de l'usage des choses prêtées, et qui l'exigèrent avec rigueur des solliciteurs dans la nécessité; tandis qu'il en est d'autres, en non moins grand nombre, pour l'honneur de l'humanité, qui restent toujours bienveillants, prêts à obliger, à venir en aide, à se dévouer. Ceux-ci, obéissant encore au sentiment d'union qui avait formé et maintenu la communauté, mais aussi par cette ardeur généreuse, désignée plus tard sous le nom de charité, qui porte l'homme compatissant à soulager les besoins et les misères de son semblable dans tout ce qui dépend d'eux, purent continuer à ne pas faire ou à faire peu de distinction de ce qui leur appartenait et à en permettre l'usage.

Alors on a dû dire des premiers, en forme de reproche, qu'ils demandaient, qu'ils exigeaient un prix *pro usura rerum*, pour l'usage, ce qui n'est autre chose que l'usure, et, par ellipse, on a dit qu'ils prenaient l'usure. C'est ainsi que cette expression, *usura*, est devenue consacrée dans la langue latine.

La langue française l'a traduite sans tenir compte de la signification primitive dont la trace s'est perdue pour elle. Elle a même détourné le sens originaire en disant, faire l'usure, au lieu de, prendre l'usure.

Cet aperçu des causes de la transition d'une signification à l'autre explique encore la vivacité des plaintes contre l'usure, je dirai presque l'animosité que soulève le mot seul, à un degré, il faut l'avouer, quelquefois exagéré.

L'origine du prix de l'usage, c'est-à-dire la volonté manifestée de prendre l'usure, ne succédait pas simplement à la gratuité du prêt. C'était encore le signe d'une révolution profonde dans la situation générale. Faire payer l'usage ou l'usure de ce qui, jusque-là, avait été regardé comme une propriété commune, devait être une nouveauté odieuse à plus d'un titre. L'égalité des biens, qui avait subsisté entre gens d'une même association, presque d'une même famille, égalité si chère à la multitude, était blessée à mort; le semblant même d'une fraternité toujours plus fictive que réelle, si l'on entre dans certains détails intimes de l'histoire, était détruit. Une démarcation imprévue, infranchissable, s'élevait désormais entre le possesseur et celui qui ne possédait pas. Il y avait dès lors des riches et des pauvres, c'est-à-dire, en réalité, des supérieurs et des inférieurs.

Ces changements avaient peut-être été amenés peu à peu, par une pente imperceptible; mais le signe en était devenu saisissable dans le fait de la contrainte à payer l'usage, c'est-à-dire l'usure, et ce fait assumait sur l'usure même une animadversion frémissante dont les vibrations vivaces se sont encore transmises jusqu'à nos jours, au seul énoncé du mot usure.

Il faut remarquer toutefois que la valeur ordinaire du mot usure, toute significative qu'elle fût, était plus bénigne au temps de la république romaine qu'elle ne l'est devenue depuis l'ère chrétienne. Sous les Romains, *usura*, l'usure, s'employait indifféremment pour toute espèce d'intérêt, permis ou condamné. Par la suite, la signification de ce mot prend parmi les chrétiens un redoublement d'intensité, et il arrive une époque où il ne désigne plus qu'une action réprouvée. D'où pouvait provenir une modification aussi marquée? C'est que des circonstances historiques analogues, sinon dans leurs causes, au moins par leurs effets, avec celles des premiers établissements du peuple romain, se représentaient aux premiers âges du christianisme.

Un petit nombre d'hommes se sont rassemblés, se sont unis sous l'empire d'idées nouvelles. Selon leurs croyances, les jouissances matérielles de ce monde sont compensées par les espérances de bonheur que la vie future promet de réaliser. Toute leur conduite est basée sur le principe de la renonciation aux biens temporels. La perfection parmi eux est de ne rien posséder. *Vende quæ habes et da pauperibus; et veni, sequere me* : « Vendez ce que vous avez, donnez-le aux pauvres, venez et suivez-moi, » dit le Seigneur. (Saint Matth., XIX, 21.)

L'égalité par la pauvreté est la première condition d'association entre les disciples de la foi nouvelle ; la fraternité, sur cette base, établit entre eux la communauté la plus parfaite.

Cette communauté était une conséquence obligée du petit nombre, aussi bien que de l'exaltation de sentiments des nouveaux adeptes. Elle était naturelle au commencement, comme il devint aussi naturel dans la suite qu'elle fît place à un état social différent, quand la position de chacun, même des nouveaux convertis dut être le résultat de ses efforts et de son travail, selon les lois éternelles de l'équité.

Cependant cette communauté des biens subsista entre les premiers chrétiens tant qu'elle fut cimentée par la pauvreté, par le mépris profond que leur déversait le monde officiel, par les persécutions dont ils étaient journellement les victimes. La répulsion générale dont ils étaient l'objet formait autour d'eux comme une muraille infranchissable qui les maintenait dans la vie commune, au milieu de souffrances également partagées. Mais à mesure que la doctrine chrétienne s'infiltrait au sein des masses, les éclairait de ses lumières et les pénétrait de sa supériorité sur tout ce qui avait jamais été entendu, elle attirait de nouveaux adeptes; et quand, ayant franchi toutes les convictions, ce furent des flots de convertis qui envahirent la communauté et la rendirent bientôt impossible par le nombre, il y eut alors retour forcé de la communauté à la vie privée ordinaire. Cette transition ne dut pas se faire sans exhalations de regrets. Elle pouvait sembler un abandon, jusqu'à un certain point, des sentiments communs, et, aux yeux de beaucoup, c'était une perte de ce qu'ils avaient pu regarder comme un droit acquis.

Ce changement ne se fit pas à un jour donné ni d'une manière subite; mais peu à peu, sans qu'on l'aperçût, jusqu'à ce qu'il devînt assez apparent pour faire péniblement sentir la différence de payer l'usage de ce qui avait été en commun. Le contraste dut être frappant, parce qu'il était en opposition avec les préceptes de fraternité de la nouvelle doctrine. Le prix de l'usage fut exigé, l'usure s'établit à la place de la fraternité, de la charité, et la haine qu'elle inspira s'inscrivit d'autant plus profondément dans les cœurs que les prix de l'usage, dans ces temps de grossière ignorance, étaient immodérés.

Ce n'était point de monnaies ni de capitaux qu'il s'agissait dans les temps reculés du commencement de la république romaine ou des premiers siècles du christianisme. Par des causes différentes, ils n'existaient pas plus pour les uns que pour les autres. Les premiers Romains ne connaissaient pas encore la monnaie; les premiers chrétiens en dédaignaient l'usage. Les objets d'emprunt ne pouvaient être autres que des vêtements ou des ustensiles de ménage dont la négligence est toujours à court, des instruments de labour indispensables à certains moments de l'année, et surtout des semailles, l'espoir de la saison suivante, ou bien encore des provisions, dont l'homme imprévoyant n'avait pas su faire une réserve suffisante pour sa nourriture et celle de sa famille d'une récolte à l'autre. Il fallait emprunter, sous peine d'endurer la faim, d'entendre les cris affamés de ses enfants.

La communauté lui avait épargné cette dure nécessité; l'avidité, toujours aux aguets de la misère, ne manquait pas d'en tirer parti pour faire payer des usures monstrueuses. Sous l'empire d'un besoin aussi pressant, il fallait se résigner et consentir au prix demandé, quelque onéreux qu'il fût pour l'avenir, et ce sacrifice ne pouvait avoir lieu sans un retour amer vers le passé.

La justice ordinaire n'était pas blessée, puisque les soins et les peines que s'était données l'un, et dont l'autre profitait, légitimaient une récompense; et si le prix de l'usage, par ignorance ou avidité, ne fut pas toujours stipulé suivant les principes d'une équité très-exacte, au moins semblait-il l'être de gré à gré.

Une simple parole donnée et reçue fut toute la

garantie des premières transactions. Elle en fut le seul lien dans l'enfance des peuples, avant que l'écriture leur donnât une sanction de permanence. Les rapports entre créanciers et débiteurs étaient tout de confiance, le sentiment naturel d'équité en faisait la force.

Plus tard, la fraude, plus expérimentée, sut abuser de la confiance et de la bonne foi pour manquer à des engagements exécutés d'abord avec franchise; et ces tromperies motivèrent des mesures plus rigoureuses. Jusque-là le débiteur, jetant une pensée en arrière, avait pu se rappeler des temps plus doux. La complaisance et la charité avaient été les seuls mobiles du prêt. Quand la seule peine qu'il encourût, en manquant à ses engagements sur parole, fut d'être refusé à la requête suivante, c'était encore l'âge d'or du prêt. La douceur des relations était un puissant auxiliaire pour faire accepter et supporter le changement.

Mais quand il devint nécessaire que les principes du droit positif fussent mis en vigueur, ce fut bien autre chose. Le débiteur dut satisfaire aux conditions qu'il avait acceptées, ou subir les conséquences prévues de son refus ou de l'impossibilité de les remplir. Le droit romain se montre très-rigoureux dès le commencement envers le débiteur insolvable. Celui-ci pouvait devenir l'esclave de son créancier, et l'on sait que le maître avait droit de vie et de mort sur son esclave.

Cette affreuse perspective n'explique-t-elle pas suffisamment la haine dont le prix de l'usage, représenté par le mot usure, a été frappé, haine qui n'a fait que s'accroître dans le cours de la république romaine par les hauts prix qu'atteignit l'usure, prix auxquels les conditions d'existence de la plèbe romaine ne permettaient ordinairement pas de satisfaire; haine qui se trouva exaltée, du temps des premiers chrétiens, par le contraste de la doctrine spirituelle de charité, et de fraternité avec les exigences matérielles des choses humaines?

Turgot est le premier économiste qui ait manifesté un naïf étonnement de l'espèce de haine déversée sur l'usure et les usuriers, et qui se soit inquiété de la cause de cette haine. Ses recherches pour en déterminer la cause n'ont pas été heureuses. Pour lui, la solution était difficile. De son temps, l'opinion des théologiens sur l'usure dominait encore. Le prêt à intérêt était confondu avec l'usure. Ce point de départ ne pouvait conduire qu'à un résultat erroné. Turgot n'a vu d'autre motif de la haine du débiteur contre son créancier que dans le déplaisir de rendre succédant au plaisir d'emprunter.

Les considérations dans lesquelles nous sommes entré ont dû faire comprendre comment le mot usure est passé de la signification primitive et douce de l'usage à celle du prix de l'usage de la chose prêtée, et s'est bientôt, par une confusion naturelle et insensible, trouvée représenter dans les esprits l'action du prêt lui-même.

Tant que l'usure n'a simplement signifié que le prix de l'usage d'une chose et l'intérêt, tout le monde s'est entendu ; il n'y a eu aucune discussion à son sujet. Pendant tout le cours de la république romaine, on n'en voit aucune s'élever. Les intérêts pouvaient être excessifs ou modérés. C'étaient toujours les mots *fœnus* et *usura* qui les représentaient, caractérisés suivant l'occurrence.

Le mot *usura*, l'usure, par sa signification propre, s'appliquait à l'action d'user, à l'usage de toute espèce de chose. Il a dans la suite été employé pour le prix de l'usage d'un objet quelconque ; mais, quand il prenait cette acception, il avait encore deux sens différents : l'un qui représentait l'action que nous nommerions de nos jours usuraire, l'autre, le prix, le profit de l'acte lui-même. En sorte que, quand l'on disait : l'usure est un vice, on voulait dire : l'action de prêter, en demandant un intérêt, est un vice; et quand on disait : il prête à de grosses usures, on voulait dire : il prête en faisant payer très-cher le prix de la chose prêtée.

Le mot prêt, de quelque façon qu'il soit employé, implique toujours restitution obligée de la chose prêtée, de la part de l'emprunteur. Employé seul, il indique un prêt sans rétribution, tandis que le prêt intéressé ou à intérêt est celui par lequel on prête une somme que l'emprunteur doit toujours rendre, mais dont le prêteur se réserve le droit d'être, de compter, entre ceux qui partageront les profits.

Nous avons déjà remarqué que la langue latine n'a pas d'équivalent pour rendre le mot de la langue française usurier. *Usurarius* est une expression de basse latinité inconnue dans les temps de la république. Les Latins disaient *fœnerator*, celui qui produit, qui tire intérêt, on dirait presque le rentier. δανειστής en grec signifie celui qui donne, le prêteur, celui qui prête, de δῶρον, don ; en allemand *Wucherer*, en russe *licoümets*, celui qui reçoit le surplus, l'accroissement.

Les points suivants peuvent être regardés comme établis :

Tous les peuples du monde ont pratiqué le prêt. Il est une conséquence de l'organisation des choses dans leurs rapports avec l'homme. Dieu les a ainsi créés. Il est de droit naturel.

Le prêt est gratuit ou intéressé.

Lorsqu'il est gratuit, c'est le prêt simple. Il est exprimé par le mot prêt, sans autre qualification.

Lorsqu'il est intéressé, c'est-à-dire lorsque le prêteur a mis une condition, un prix à son service, ce prix a reçu un nom, et ce nom correspond généralement dans toutes les langues à l'idée d'accroissement, d'augmentation, relativement à la chose prêtée. Le prix a aussi, mais plus rarement, reçu un nom relatif à l'idée de décroissance pour celui qui le paye.

La langue latine ne s'est pas contentée de cette idée d'accroissement ou de décroissance. Elle a considéré les conséquences du prêt intéressé sous une autre face. Elle a créé une expression autre, tout aussi naturelle que la première. Elle a appelé le prix de l'usage, usure. *Fœnus* répond à l'idée d'accroissement ; *usura*, à l'idée de ce prix de l'usage.

De cette différence d'origine de deux appellations longtemps équivalentes dans la vie ordinaire, est résulté par la suite, comme nous le verrons, une confusion d'idées qui a eu l'influence la plus fâcheuse sur la manière de comprendre et d'apprécier l'usure.

Ce que l'on a désigné sous le nom d'usure est une action multiple, complexe, et dès lors sujette à diverses interprétations.

Les mots homicide, meurtre, vol et tant d'autres à peine énoncés, donnent par eux-mêmes l'idée de la criminalité de l'action qu'ils représentent. Tout au contraire, les expressions de *fœnus*, d'*usura*, usure et usurier, n'inculpent en rien l'action morale du prêt, du prix à recevoir pour l'usage, c'est-à-dire de l'usure. Elles ne font que désigner cette action, indifférente dans sa simplicité ; elle ne reçoit de spécification condamnable que par les épithètes accessoires, et ce n'est que dans la suite des temps que le mot usure est devenu par lui-même significatif dans ce sens.

Le prix de l'usage, les usures ou l'usure, modéré dans le principe, a subi des exigences croissantes disproportionnées avec le service rendu. Les lois ont été impuissantes à les modérer.

L'Église chrétienne a frappé l'usure de réprobation. Elle a pu le faire avec une approbation unanime, quand elle comportait une désignation générale, n'atteignant que l'excès; mais, quand il a fallu marquer la limite où commençait l'excès, elle n'y est pas parvenue. Dans son impuissance, elle a préféré la prohibition absolue de l'usure. Dès lors, la discussion s'est élevée.

CHAPITRE VI

EXAMEN DE L'OPINION RELIGIEUSE SUR L'USURE

L'Église, toujours fidèle, depuis sa venue, aux principes généraux de la moralité la plus pure et la plus conforme aux concepts de la conscience humaine, n'a jamais varié ni faibli dans le blâme qu'elle inflige à l'usure. Elle a toujours témoigné son éloignement pour les usuriers, elle leur a toujours refusé l'admission aux sacrements et au partage des récompenses célestes ; mais, pendant le cours des siècles, elle n'a pas toujours été aussi constante sur le degré d'acception à donner au mot usure.

Ce que les apôtres et les premiers Pères de l'Église ont condamné dans l'usure a toujours été compris dans l'anathème dont l'Église n'a cessé de la poursuivre depuis les temps antérieurs jusqu'à nos jours ; mais à l'idée simple et première de l'usure condamnable, telle que la comprend l'intelligence universelle des peuples au seul énoncé de son nom, se sont jointes des idées accessoires qui en ont compliqué la notion et considérablement étendu la portée.

Ces changements[1], dans l'étendue de l'acception du mot usure, ont eu lieu à une époque dont on peut déterminer la date certaine. Ils sont attestés par des documents incontestables de la fin du douzième et le commencement du treizième siècle. Le passage suivant en fait foi. Il est extrait d'un ouvrage attribué avec raison à saint Thomas, qui vivait de 1227 à 1274, et, s'il n'était pas de lui, il est certainement de son temps[2].

---

[1] Cette question a été admirablement traitée au commencement de ce siècle par le vénérable cardinal de la Luzerne dans ses *Dissertations sur le prêt à intérêt*, 5 vol. in-8. Nous ne saurions mieux faire que de recourir à la clarté de ses investigations toujours loyales. On peut dire qu'elles ont clos la discussion entre les théologiens sur le sujet de l'usure en tant que discussion théologique. Depuis l'impression de son ouvrage qui n'a paru qu'après sa mort, la discussion sérieuse semble épuisée.

[2] « Temporibus nostris, audivimus multas controversias inter

« Dans nos temps, nous avons entendu beaucoup
« de controverses entre les docteurs, non-seule-
« ment sur des questions naturelles, mais aussi
« sur des questions morales, dans lesquelles le
« danger est de sentir d'une manière et d'opi-
« ner d'une autre ; principalement sur cette par-
« tie de la justice que les philosophes appellent com-
« mutative [1], et sur celle qui comprend le vice de
« l'usure. »

Ces controverses sur l'usure indiquent, d'une part, qu'elle fut soumise à des discussions.

Puis nous lisons dans la Vie de sainte Jueste, écrite par un moine du monastère de Floreffe [2], nommé Hugues, le passage remarquable suivant en parlant d'elle : « Étant devenue veuve, elle de-
« meura environ cinq ans après la mort de son
« mari dans la ville, prenant soin de sa maison et

---

doctores, non solum in naturalibus quæstionibus, verum etiam in moralibus, in quibus periculum est diversa sentire et opinari : et præcipue in illà parte justitiæ quæ commutativa dicitur a philosophis, et in istà parte ejusdem quæ vitium usuræ cohibet. » (*Opusc.* LXXIII.)

[1] La justice commutative est celle, selon le langage de l'école, d'après laquelle on doit donner dans les transactions de commerce une valeur égale à celle que l'on a reçue.

[2] Floreffe, dans la province de Hainaut.

« de ses fils, qu'elle élevait autant que possible dans
« la crainte du Seigneur. Quoique cette crainte soit
« le commencement de la sagesse, cependant, comme
« la charité, ordinairement peu parfaite à sa nais-
« sance, et qui aurait fait place à la crainte, n'était
« pas entière en elle, craignant tant pour elle que
« pour ses fils, voulant se mettre en garde contre
« l'avenir, d'après la volonté et le conseil du père,
« elle consentit à ce que l'argent qui lui provenait
« de sa petite fortune fût placé chez des négociants,
« afin de participer au bénéfice d'accroissement,
« comme beaucoup d'honnêtes gens selon le siècle
« avaient coutume de le faire, non tout à fait sans
« péché, mais non sans profit, non plus. Cepen-
« dant ce péché, quelque grand et quelque grave
« qu'il apparaisse évidemment aujourd'hui, *était
« regardé alors comme tout à fait véniel, et même
« n'était pas regardé comme un péché*[1]. »

---

[1] « Sedit autem post obitum viri sui vidua in oppido annis circiter quinque, curam habens domûs et filiorum, quos utique educabat, quanto studiosiùs poterat, in omni timore Domini. Qui licèt Domini timor initium sit sapientiæ, quia tamen perfecta nondum in eâ charitas erat, quæ foràs mitteret ei timorem, quæ ut nascitur, plerumque perfecta non est, metuens tam sibi quam filiis, cavere volens in posterum, de voluntate et consilio patris consensit in hoc, ut pecunia quæ sibi proveniebat ex substantiolâ suâ, publicis negotiatoribus accommodaretur, ut supercrescentis lucri negotiantium particeps esset, sicut multi et honesti secundum sæ-

SA DÉFINITION.

Ces documents ne peuvent laisser aucun doute. Ils démontrent avec la dernière évidence qu'il survint, vers cette époque, un changement dans la manière de considérer l'usure.

En effet, jusque-là l'usure, condamnable et condamnée, avait reçu son caractère principal de l'avidité et des exactions des usuriers. C'était l'usure excessive, exorbitante, sans mesure avant que la loi en ait déterminé la limite ; c'était encore celle qui dépassait le taux fixé par le prince, quand une loi émanée de sa volonté l'avait prescrit. Mais l'usure modérée, ou bien celle qui ne dépassait pas le taux fixé par la loi, était de coutume ordinaire, elle était dans les usages d'alors, comme elle l'est dans les nôtres. Une foule de documents en font foi : entre autres encore trois lettres de saint Basile[2] qui sont parvenues jusqu'à nous.

Le saint évêque de Césarée, qui vécut de 329 à 379, avait une parente d'un rang distingué nommée Julitte (*soror, et sanguine conjuncta*), restée veuve et tutrice de son fils. Elle avait contracté une dette,

culum viri idem facere consueverant, licèt non absque peccati, sicut nec sine quæstûs emolumento. Quod tamen peccatum, quamvis modo quàm grave et grande sit evidenter apparet, *tunc tamen temporis* aut omnino veniale æstimabatur; aut *nullum*. » (Bollandus, *Acta Sanctorum*, januarii 13 die. Tom. I, p. 868.)

[2] Opera S. Basilii, Ep., 107, 108, 109.

La convention avait été faite que, si le payement était acquitté à une certaine époque, les intérêts ne seraient pas exigés[1]; et, en écrivant l'obligation, le créancier avait dit qu'on inscrivît le terme le plus court; mais en promettant qu'il en accorderait un plus long, d'autant plus volontiers qu'il voulait s'accommoder à la rigueur des circonstances et être indulgent pour cette veuve qui était forcée de sortir tout d'un coup de sa maison une aussi grande somme[2]. Malgré cette promesse de délai, il exigeait rigoureusement le capital et les intérêts. Saint Basile, dans l'une de ses lettres, plaint sa parente, et lui apprend qu'il a écrit au créancier et à un comte Helladius, homme influent auprès du préfet. Dans l'autre, il écrit au créancier pour lui rappeler sa promesse solennelle et en obtenir des sentiments plus doux. Dans la troisième, adressée au comte Helladius, homme de bien et craignant Dieu, qui faisait partie de la maison du préfet, il lui demande ses bons offices dans cette affaire, lui assurant que Dieu l'en récompenserait.

[1] « Sic enim pacta fuerat, ut si sortem solveret, remitterentur usuræ. »

[2] « Cum diceres : tempus quidem brevius scribi, sed te amplius concessurum, eo quod te velles ad rei necessitatem accommodare et huic viduæ ignoscere quæ tantam simul pecuniæ summam e domo suâ emittere cogitur. »

Il ressort avec la dernière évidence de ces lettres que la situation qu'elles décrivent était ordinaire, et que les usures (le terme *usuræ* est employé) étaient stipulées comme les intérêts pourraient l'être de notre temps.

Saint Basile appelle la commisération sur le sort de sa parente. Il dit à Julitte que Dieu peut délivrer de tout chagrin pourvu que l'on mette son espérance en lui d'un cœur vrai et sincère. Il exhorte le créancier à appeler sur lui-même la miséricorde divine, en témoignant aux affligés bonté et clémence. Il conjure le comte Helladius d'user dans cette affaire des excellentes qualités dont le Christ l'a doué, et qu'il n'a reçues que pour faire le bien ; mais il ne dit pas un seul mot dont on puisse inférer que l'usure soit regardée comme un crime ou même comme une action défendue par la loi du Seigneur : de plus, il tombe sous le sens qu'il ne pourrait lui demander de s'intéresser à une action qui serait condamnable.

Le témoignage de saint Basile, quelque concluant, quelque complet qu'il soit, n'est pas le seul qui nous soit resté de la coutume de stipuler et de percevoir des intérêts avant le douzième siècle. Pourquoi les conditions générales de toutes les affaires auraient-elles été autres dans ces temps où les choses étaient à l'état normal que de nos jours où elles sont revenues à leur état naturel? Ces choses sont immuables, elles entraînent toujours les mêmes conséquences par elles-mêmes, elles se comportent en raison de l'ordre primitif imposé par le Créateur, et ne présentent d'anomalies que celles qui sont créées par l'homme.

Jusque-là le prix de l'usage modéré ou excessif était toujours exprimé par le seul mot d'usure.

Il y eut beaucoup d'autres témoignages de ce que nous avançons. Il s'en présente dans chaque siècle qui indiquent l'usure comme permise dans certains cas, et ne méritant le blâme que quand elle était exercée envers les malheureux.

Saint Jean Chrysostome (quatrième siècle, 344 à 407), dit, dans la LXVI⁰ homélie sur saint Matthieu [1] :
« Car si vous aviez de l'argent placé à usure (c'est-
« à-dire à intérêts), et si le débiteur était honnête,
« vous préféreriez certainement laisser son titre à
« votre fils, pour qu'il en tire un grand revenu, plu-

---

[1] « Nam si argentum haberes sub fœnore collocatum, et debitor probus esset; malles certe syngrapham quàm aurum filio relinquere ut inde proventus ipsi esset magnus; nec cogeretur alios quærere ubi posset collocare. »

« tôt que de l'or qu'il devrait chercher à placer chez
« d'autres. » N'y a-t-il pas ici l'indication précise du
placement à intérêts, le plus régulier qui puisse
se faire, et toujours sans laisser soupçonner un mot
de blâme ?

Il dit autre part, dans la xve homélie[1] :

« N'avez-vous pas entendu quels importants et
« nombreux préceptes le Christ a imposés ? Quand
« donc pourrez-vous en remplir même un seul,
« lorsque, abandonnant tout autre soin, vous allez
« partout, recueillant des usures, ajoutant intérêt
« sur intérêt, entreprenant des négoces, achetant
« des troupeaux d'esclaves, acquérant des vases,
« des champs, des maisons, un mobilier immense ;
« *et plût à Dieu que vous ne fissiez que cela !* Mais,
« lorsqu'à ces choses *intempestives* vous ajoutez
« l'injustice, etc.

Ici l'usure est taxée de chose intempestive comparativement aux soins du salut ; mais non caractérisée de crime ou d'action blâmable.

---

[1] Non audisti qualia et quanta Christus jusserit ? Quando ergo poteris vel unum ipsius implere præceptum, cùm, missis omnibus, circumeas, usuras colligans, fœnus fœnori addens, negotiationes instituens, servorum greges emens, argentea vasa comparans, agros, domus, supellectilem immensam ? et utinam id solum ageres ! Cùm vero his intempestivis injustitiam quoque addes, etc.

Au sixième siècle (539 à 595), l'historien Grégoire de Tours rapporte que Didier, ayant été nommé à l'évêché de Verdun par Théodoric, trouva les habitants de cette ville très-pauvres et dénués de tout. Ne possédant rien lui-même pour les secourir, il s'adressa à la générosité bien connue du roi Théodebert, et lui demanda s'il avait quelque somme d'argent, de vouloir bien la prêter aux habitants de Verdun, ajoutant : « Nous la rendrons *avec les inté-*
« *rêts légitimes* [1]. »

Voilà bien des intérêts *légitimes* stipulés par un saint évêque, qui certes, ne les aurait pas proposés s'ils avaient été défendus.

Le pape saint Grégoire le Grand fait intercéder, pour un débiteur malheureux, auprès d'un créancier. « Il engage ce créancier à faire en sorte de
« se conduire dans cette affaire comme il convient
« à un chrétien et à un noble, à consulter plutôt
« la bonté que la rigueur, la miséricorde que le
« droit, à ne pas attendre de profit de la part d'au-
« trui, mais de se contenter du capital : puisque

---

[1] Rogo, si pietas tua habet aliquid de pecuniâ, nobis commodas, quâ cives nostros relevare valeamus. Cùmque hi negotium exercentes, responsum in civitate nostrâ sicut reliqui habent, præstiterint, pecuniam tuam cum usuris legitimis reddemus. Lib. III, n. 34.

« tout ce qu'il aura cédé aux pauvres, le Dieu
« tout-puissant le lui rendra multiplié comme il
« l'a promis ; » mais il ne lui dit pas qu'il avait eu
tort d'exiger des intérêts. Il ne jette aucun blâme
sur le contrat [1].

Nous voyons dans les annales de l'abbaye de
Saint-Riquier [2] une convention faite à la fin du
dixième siècle, et renouvelée pendant le onzième,
relative à des fonds de terre situés trop loin de cette
abbaye, dans l'évêché de Liége, pour être facilement exploités.

Ingelard, abbé de Saint-Riquier, les engagea pour
vingt ans à Natker, évêque de Liége, moyennant la
somme de 33 livres d'argent (*denariorum libros*), à
cette condition que l'évêque jouirait pendant vingt
années du revenu de ces terres, et que si, à cette
époque, l'abbaye rendait la somme, la possession
des terres lui reviendrait. La somme donnée par l'évêque n'était autre chose qu'un prêt, puisqu'elle
devait faire retour après vingt ans, et l'intérêt était

---

[1] Agere studeat ut in hâc re, sicut christianum decet et nobilem, plus benignus quam rigidus, plus misericors esse debeat quam strictus : et lucrum de alterius damno non expectet, sed receptâ pretii sit sorte contentus; quatenus quidquid pauperi cesserit, omnipotens ei Deus multiplicatâ, sicut promisit, restitutione compenset. Epist. lib. IX. epist. xxxviii.
[2] Chronicon centulense, lib. III, cap. III.

représenté par les revenus des fonds de terre. Ce contrat, appelé pignoratif par les théologiens, fut fait en l'année 998, et il fut renouvelé d'un commun accord en 1022, entre Augibran, nouvel abbé de Saint-Riquier, et Durand, autre évêque de Liége. Serait-il possible de supposer qu'une transaction souscrite aussi ouvertement, pour une aussi longue durée et par des personnes aussi recommandables, eût quelque chose de répréhensible et ne fût pas au contraire l'expression véritable de la coutume généralement suivie?

Enfin l'année 1187 nous offre l'exemple rappelé plus haut de la bienheureuse Juette, qui place son petit pécule à intérêt chez des négociants, pour avoir part à leurs bénéfices.

C'était donc un usage reçu et pratiqué par les plus honnêtes gens, jusqu'au commencement du douzième siècle, de placer son argent à usure, en entendant par ce mot ce que nous nommons aujourd'hui avec plus de raison intérêt.

On l'appelait usure alors, parce que ce mot avait une signification générale. Il était regardé comme synonyme de *fœnus*, et la définition des deux mots *fœnus* et usure était semblable; en effet, tous les auteurs ecclésiastiques qui ont écrit jusqu'au douzième siècle entendent par *usura* ce qui est au-dessus du capital, *quod supra sortem*, exactement comme pour *fœnus*, et ils ne font pas de distinctions dans l'espèce entre différentes sortes d'usures par rapport au mot.

Il y a seulement des usures légitimes et des usures illégitimes, des usures sordides, des usures condamnables; mais le point précis de séparation entre ces usures légitimes et celles qui ne le sont pas, et c'est toujours la véritable question, n'est point indiqué.

Au douzième siècle, on voit apparaître sur la notion de l'usure une différence inconnue et remarquable. On ne dit[1] plus avec Tertullien : *Fœnoris redundantia quod usura est*, l'excès d'accroissement qui est l'usure; avec saint Ambroise : *Quodcumque sorti accidit, usura est*, ce qui s'ajoute au capital est l'usure; avec d'autres : *Usura est ubi ampliùs requiritur quàm datur*, l'usure est où l'on demande plus que l'on n'a donné; définitions inexactes assurément, mais remarquables par leur conformité : on donne de l'usure une définition plus précise, à l'aide d'une idée tout à fait nouvelle. L'on dit : *Usura est lucrum ex* MUTUO, ou VI MUTUI, ou bien même, avec

---

[1] Card. de la Luzerne.

saint Antonin : *Usura est lucrum ex mutuo* PRINCIPA-
LITER *intentum*, l'usure est un gain provenant principalement du prêt *mutuum*.

Qu'est-ce que ce mot *mutuum* qui paraît pour la première fois dans la définition théologique de l'usure et qui ne va plus désormais la quitter? d'où vient-il? qu'est-ce qui l'a motivé?

Par suite d'un rigorisme outré et toujours peu intelligent, la prohibition de l'usure avait été étendue à toute usure quelconque sans distinction de légitime ou d'illégitime.

Une partie des docteurs de cette époque, et Scott surnommé le docteur subtil, l'adversaire de saint Thomas d'Aquin, à leur tête, unissant, confondant la signification générale du mot usure avec l'odieux dont le fait était passible, avait posé en principe qu'on ne doit dans *aucun* cas tirer *aucun* profit d'un argent prêté [1]. Ils prohibaient toute espèce d'usure sans admettre de distinction entre celle qui était faible ou excessive, bienfaisante ou oppressive, et prétendirent asseoir le fondement de cette opinion sur les textes de l'Ancien et du Nouveau Testament et sur ceux des Pères de l'Église.

[1] Card. de la Luzerne.

Ce changement survint dans l'enseignement de la nouvelle école, dite des scolastiques, non tout d'un coup, car les premiers scolastiques ne le professèrent pas, mais peu à peu. Il s'explique par la créance très-grande accordée depuis ce siècle aux écrits d'Aristote qui venaient d'être retrouvés, et dont l'autorité s'est impatronisée, depuis cette époque jusqu'à ces derniers temps, dans les écoles. Or ce philosophe avait déclaré l'usure un vice monstrueux et digne d'horreur, parce que l'argent étant, disait-il, de sa nature stérile, un écu ne pouvait engendrer la production d'un écu, et que faire produire de l'argent par de l'argent, c'était lui donner un emploi étranger à la fin pour laquelle il avait été créé.

L'exagération des scolastiques était si évidente, si opposée à l'expérience, qu'elle n'était pas admissible. Il fallut alors établir des distinctions, non plus entre les usures modérées et excessives, comme on l'avait fait jusque-là; mais il fallut forcément extraire de la définition générale les espèces d'usures, qu'il était impossible à la raison et au sens commun de condamner.

L'usure, a-t-on dit, ne peut exister qu'en vertu du prêt : or il y a plusieurs natures de prêts, et l'on en est venu à faire une distinction précise entre le prêt *commodum* et le prêt *mutuum*, bien que ces deux expressions eussent souvent été prises l'une pour l'autre.

Le prêt *commodum*, de *commodare*, est relatif à des objets qui ne s'altèrent pas, ne se détruisent pas par l'usage. On a regardé la récompense du prêt de ces sortes d'objets comme le prix d'un louage, et on les a rangés pour cette raison hors du domaine de l'usure. Le *commodum*, selon l'École, n'engendrait pas l'usure.

Le prêt *mutuum*, de *mutuare*, changer, s'est entendu du prêt de tous les objets qui, au contraire, sont détruits par l'usage qu'on en fait, comme du grain, de l'huile, de l'argent. On les a nommés des choses *fongibles*. Il est certain que le débiteur ne peut rendre les mêmes grains, la même huile, le même argent qui lui ont été prêtés, puisqu'il les a consommés ; et qu'il ne peut restituer que des choses de même espèce. Cette sorte de prêt des choses fongibles s'est nommée *mutuum*, prêt de consomption ou de consommation.

Certains docteurs ont donc déclaré condamnable toute usure perçue en vertu du prêt de consomption, du *mutuum*, *vi mutui* ou *ex mutuo*. Il y avait encore là une exagération dont la discussion a bientôt fait justice, bien qu'on ait été forcé d'ajouter comme mesure d'adoucissement : *Usura, lucrum ex mutuo* PRINCIPALITER *intentum*. L'usure est le gain qui provient *principalement* du prêt de consomption, du *mutuum*[1]. Car il fallait sortir de cette impasse, *usura est omne lucrum, vi mutui*, l'usure est tout gain en vertu du prêt de consomption, dans laquelle on s'était fourvoyé.

On a donc établi comme règle fondamentale qu'il n'était jamais permis de retirer un profit en vertu du prêt de consomption appelé *mutuum* ; mais on a été obligé de convenir qu'il pouvait y avoir des titres étrangers à ce prêt *mutuum* qui justifiaient ce profit, ces intérêts.

Cette issue, par laquelle on est sorti d'embarras, fut indiquée par Paul de Castro, vers le commencement du quinzième siècle.

Ainsi, premièrement : lorsque celui qui prête endure quelque dommage par suite du prêt qu'il a fait, c'est ce que les théologiens appellent le *dommage naissant, damnum emergens*; et secondement lorsqu'il a perdu le gain qu'il pouvait certainement faire d'une autre manière avec l'argent qu'il a prêté, ce que les théologiens appellent le lucre cessant,

---

[1] Saint Antonin, part. II, titr. I, ch. VII.

lucrum cessans, il a été permis de stipuler des intérêts.

Les intérêts perçus en vertu de ces causes ont été nommés usures compensatoires, *usuræ compensatoriæ*, tandis que l'on a nommé par opposition usures lucratoires, *usuræ lucratoriæ*, celles qui seraient perçues en raison du seul *mutuum*. Distinctions systématiques assez subtiles dans l'application : car ces désignations sont loin de ressortir exclusivement de la nature des choses, l'intérêt lucratoire pouvant toujours être appelé compensation, et réciproquement.

Un autre titre à la légitimité des intérêts fut encore admis lorsque l'emprunteur n'avait pas rendu la somme qui lui avait été prêtée au terme convenu. Il pouvait être condamné, suivant l'opinion religieuse, à des dommages et intérêts que le créancier pouvait recevoir sans scrupule en toute sûreté de conscience. On les désignait sous le nom d'intérêts judiciaires. On ne comprend guère pourquoi un créancier n'ayant pas payé une somme à terme, il dût, par ce fait de n'avoir pas été exact, des intérêts qu'il ne devait pas sans cela. On concevrait qu'il en fût passible pour le temps écoulé après le terme où il aurait dû payer; mais on ne conçoit pas que son inexactitude ait changé sa situation vis-à-vis de son créancier pendant le temps déjà écoulé, puisqu'il était toujours censé ne pas lui devoir d'intérêts pour ce temps.

Un dernier titre, mais qui n'était pas admis par tous les théologiens, à cette même légitimité des intérêts, c'était le danger probable que peut courir la somme prêtée de ne pas être remboursée. C'est ce que l'on nommait *periculum sortis*. Dans ce cas, on accordait qu'il y a lieu à un juste prélèvement de la part du prêteur. Il représente le prix de l'assurance nommé ducroire, de nos jours, dans le commerce ordinaire, avec cette différence capitale que le ducroire est perçu par un tiers qui assure la solvabilité du débiteur vis-à-vis du créancier, tandis qu'ici c'est le créancier qui s'assure à lui-même la solvabilité de son propre débiteur.

Pour que ces titres fussent valables, il fallait que le dommage fût réel, que l'intérêt accordé en indemnité n'excédât pas le dommage, qu'il ne dépassât pas le taux légal du pays ; enfin, que le prêteur eût informé son créancier du dommage que lui causait le prêt. De même, pour le lucre cessant, il fallait que le bénéfice perdu fût non-seulement possible, mais probable, que l'argent fût véritablement destiné à un emploi fructueux, que le prêteur n'eût pas dans ses coffres d'autre argent oisif, que l'intérêt n'égalât pas tout le gain qui eût été possible, n'excédât pas le taux légal, et enfin que l'emprunteur fût prévenu du motif qui engageait et autorisait le prêteur à lui demander cet intérêt.

Hors des cas dont il vient d'être fait mention et principalement des deux premiers, c'est-à-dire hors des intérêts compensatoires et des intérêts judiciaires et dans les circonstances définies, la doctrine rigoureuse n'admettait pas qu'il fût permis de tirer profit d'une somme d'argent prêtée pour un temps limité. C'était un péché de recevoir des intérêts.

Tel est le système le plus généralement adopté par les théologiens scolastiques, depuis que l'opinion des premiers Pères de l'Église sur l'usure avait été délaissée, vers la fin du douzième siècle. Ceux-ci enseignaient que l'usure était toujours condamnable ; mais ils ne voulaient parler que de l'usure excessive, de celle qui fait tort au prochain et surtout au pauvre. Pour motiver un enseignement aussi simple, qui était compris par toutes les intelligences, ils n'avaient que faire des distinctions entre l'intérêt compensatoire et l'intérêt lucratoire. Avec eux, il n'avait jamais été question de *commodum* ni de *mutuum*, non plus que de dommage naissant, de lucre cessant, ou d'intérêts judiciaires, ou de péril du capital.

Ils ne citaient les saintes Écritures au sujet de l'usure que pour faire entrer la commisération et la charité dans les cœurs. Ce sont les scolastiques qui, les premiers, recoururent à l'autorité de l'Ancien et du Nouveau Testament, dans le but de donner une base à leur opinion sur l'usure. Ils attribuaient à certains passages des Écritures un sens qui ne s'y trouve évidemment pas, pour favoriser leurs nouveaux principes.

Les principaux passages de l'Ancien Testament qui traitent de l'usure sont les suivants :

« [1] Si vous prêtez de l'argent aux pauvres de mon
« peuple qui habitent avec vous, vous ne les pres-
« surerez pas comme un exacteur, vous ne les op-
« primerez pas par des usures. » (*Ex.*, chap. XXII,
v. 25.)

---

[1] Si pecuniam mutuam dederis populo meo pauperi qui habitat tecum, non urgebis eum quasi exactor, nec usuris opprimes. (*Exode*, ch. XXII, v. 25.)

« ¹ Si ton frère est devenu pauvre et qu'il ne
« puisse plus travailler de ses mains, si tu l'as
« reçu comme un étranger et un voyageur, et qu'il
« ait vécu avec toi;

« Ne reçois point d'usures de lui, ni plus que
« tu ne lui as donné. Crains ton Dieu, afin que ton
« frère puisse vivre auprès de toi.

« Tu ne lui donneras pas d'argent à intérêt,
« tu n'exigeras pas plus de fruits que tu ne lui
« en auras donné. » (*Lev.*, chap. xxv, v. 35. 36. 37.)

« ² Si, étant dans le pays que le Seigneur ton
Dieu doit te donner, un de tes frères qui demeu-
« rent dans l'intérieur des portes de ta ville vient
« à tomber dans la pauvreté, tu n'endurciras pas
« ton cœur, tu ne fermeras pas ta main;

« Mais tu l'ouvriras au pauvre et tu lui prêteras
« ce dont tu verras qu'il manque.

---

¹ Si attenuatus fuerit frater tuus et infirmus manu, et susceperis eum quasi advenam et peregrinum, et vixerit tecum,

Ne accipias usuras ab eo, et ampliùs quàm dedisti : time Dominum tuum ut vivere possit frater tuus apud te.

Pecuniam tuam non dabis ei ad usuram, et frugum superabundantiam non exiges. (*Lévitique*, ch. xxv, v. 35, 36, 37.)

² Si unus de fratribus tuis, qui morantur intra portas civitatis
tuæ, in terrà quam Dominus Deus tuus daturus est tibi, ad pau-
pertatem venerit, non obdurabis cor tuum nec contrahes manum;

Sed aperies eam pauperi, et dabis mutuum quo eum indigere
perspexeris.

SA DÉFINITION.

« ¹ Prends garde que, par hasard, une pensée
« impie ne s'empare de toi, et que tu ne dises en
« ton cœur : La septième année de la rémission
« est proche; et que tu ne détournes les yeux de
« ton frère pauvre, refusant de lui prêter ce qu'il
« demande; de peur qu'il ne crie contre toi vers le
« Seigneur et qu'il ne soit pour toi une occasion
« de pécher.

« Mais tu lui donneras, et n'useras pas de sub-
« terfuges pour alléger ses nécessités, afin que ton
« Seigneur te bénisse en tous temps, dans toutes
« tes entreprises. (*Deut.*, chap. xv, v. 7, 8, 9, 10.)

« ² Tu ne prêteras à usure à ton frère ni de l'ar-
« gent, ni des fruits, ni quoi que ce soit;

« Mais seulement à celui qui t'est étranger. Tu
« prêteras à ton frère ce dont il aura besoin, sans

---

[1] Cave ne forte subrepat tibi impia cogitatio, et dicas in corde tuo : Appropinquat septimus annus remissionis; et avertas oculos tuos a paupere fratre tuo, nolens ei quod postulat mutuum commodare; ne clamet contra te ad Dominum et fiat tibi in peccatum.

Sed dabis ei, nec ages quidpiam callidè in ejus necessitatibus sublevandis : ut benedicat tibi Dominus tuus in omni tempore, et in cunctis ad quæ manum miseris. (*Deutéronome*, ch. xv, v. 7, 8, 9, 10.)

[2] Non fœnerabis fratri tuo ad usuram pecuniam, nec fruges, nec quamlibet aliam rem;

Sed alieno. Fratri autem tuo absque usurâ id quo indiget commodabis : ut benedicat tibi Dominus tuus in omni opere tuo in terrâ ad quam ingredieris possidendam. (*Deut.*, ch. xxiii, v. 19, 20.)

« en tirer d'usure, afin que ton Seigneur te bénisse
« dans tout ce que tu entreprendras sur la terre
« dont tu dois entrer en possession. »

Le Nouveau Testament n'offre que deux passages où il soit question de l'usure. L'un est tiré de l'évangile de saint Matthieu dans la parabole des talents donnés aux serviteurs pour les faire valoir.

« [1] Il fallait remettre mon argent aux ban-
« quiers, afin qu'à mon retour je retirasse entière-
« ment ce qui est à moi avec les usures. »

Ce passage est cité avec raison par ceux qui ont défendu le prêt à intérêt : le blâme donné à celui qui a enfoui le talent et n'a pas su lui faire produire un intérêt est positif. Ce langage aurait-il pu être tenu, si l'intérêt lui-même avait été défendu ?

L'autre passage, le plus fameux, est tiré de saint Luc, chap. VI, v. 35. *Mutuum date, nihil indè sperantes*, prêtez sans en rien espérer. Il a été cité et mis en avant pour la première fois par Urbain III, qui fut pape de 1185 à 1187, précisément pendant

---

[1] Oportuit ergo te committere pecuniam meam nummulariis ut veniens ego recepissem utique quod meum est *cum usuris*. (Matt., ch. XXV, v. 77.)

le travail du changement d'opinion sur l'usure dont nous avons parlé, et il n'a peut-être pas peu contribué au maintien de ce changement.

Urbain attribua aux mots *nihil indè sperantes*, un sens formel contre tout prêt à intérêt; et ce sens reçut comme une consécration de son autorité réputée infaillible. Tous ceux qui approuvaient la prohibition entière du prêt à intérêt l'adoptèrent à l'envi sans autre examen; et la grande intelligence de Bossuet elle-même n'a pas su se garder de cette erreur.

Dans son traité posthume de l'usure, Bossuet discute ce passage: *mutuum date, nihil indè sperantes*. Il fait porter toute son argumentation sur la signification du mot *indè*, qu'il traduit par *au delà*. Prêtez, dit-il, n'espérant rien au delà. Au lieu de: prêtez sans rien espérer *de là*, qui est évidemment le véritable sens. N'est-ce pas un spectacle navrant de voir un esprit aussi sublime détourner le sens d'une expression dans le but de servir une opinion!

Lisez le Sermon sur la montagne en entier, lisez même le seul verset d'où cette citation est tirée, et vous verrez qu'il est impossible de s'y méprendre[1]:

---

[1] Verumtamen diligite inimicos vestros; benefacite et mutuum

« C'est pourquoi, aimez vos ennemis, faites le bien
« et prêtez sans en rien espérer, et alors votre ré-
« compense sera grande, et vous serez les fils du
« Très-Haut, parce qu'il est lui-même bon pour les
« ingrats et les méchants. » Il est ici question de
la charité, de dévouement, et nullement de prêt à
intérêt.

Il ressort de la discussion aussi lumineuse que
loyale du vénérable cardinal de la Luzerne, dans
son ouvrage déjà cité, que l'application de tous ces
passages au système des scolastiques est pleine
d'inconséquences, que les rapports que l'on tente
d'établir entre eux et la défense de prêter à intérêts sont imaginaires, et que souvent même ces
textes prouvent le contraire de ce qu'on s'efforce
d'y trouver.

Toutefois le nouveau système ne s'était pas établi sans contradicteurs. Beaucoup de théologiens,
même dans le quinzième siècle, s'étaient refusés
à l'adopter. Les paroles de saint Thomas d'Aquin,
citées plus haut, font foi de ce qu'il y eut de son
temps des controverses nombreuses, principalement
sur le vice de l'usure. Il fallut l'autorité des puis-

---

date, nihil indè sperantes : et erit merces vestra multa, et eritis
filii altissimi, quia ipse benignus est super ingratos et malos.

sances ecclésiastiques d'alors, appuyée de celle des conciles, pour amener peu à peu les esprits à une sorte de concert.

A la simplicité de la question, comprise par tous sans efforts, succéda une multitude de questions qui furent sans cesse débattues, rejetées ou adoptées, pour être de nouveau reprises; et ce n'est qu'après de longues discussions que s'établit l'ensemble de la doctrine qui finit par dominer presque jusqu'à nos jours.

Scott, mort en 1308, avait rejeté toute distinction. Pour lui, toute usure, c'est-à-dire tout prêt d'argent rapportant un profit, sous quelque dénomination qu'il fût fait, était condamnable; saint Thomas d'Aquin admettait le dommage naissant et rejetait le lucre naissant; d'autres, suivant leur prédilection, proposaient différentes manières de voir, et c'est du conflit de toutes ces opinions que se forma le système devenu pour ainsi dire officiel dans l'Église.

Cependant, malgré l'autorité dont il était appuyé, l'unanimité ne lui fut acquise en aucun temps. Des théologiens d'un mérite supérieur ne voulurent jamais admettre que tout prêt à intérêt fût condamnable en vertu du *mutuum*, avec ou sans les circonstances atténuantes du dommage naissant.

D'autres réservèrent le principe qu'il n'est jamais permis de recevoir un intérêt en vertu du prêt *mutuum*; mais ils imaginèrent un moyen de prouver l'innocuité du prêt à intérêt ou de commerce par le raisonnement qui a donné lieu au système ingénieux dit des *trois contrats*.

Le contrat de société, par lequel plusieurs personnes mettent des sommes en commun pour exécuter une entreprise, afin d'en partager les profits ou d'en supporter les pertes, est permis, disent-ils.

Un second contrat, qui n'est pas moins permis, est celui par lequel un particulier livre à un autre le profit incertain qu'il doit recueillir d'une opération, dans un temps donné, contre une somme moindre peut-être, mais toujours assurée.

Enfin, un troisième contrat, par lequel un particulier fait assurer des fonds employés de telle ou telle façon, moyennant une certaine redevance, est tout aussi légitime.

Ces trois contrats sont aussi justifiables l'un que l'autre; ils ne sont contraires à aucune loi divine ou humaine. Or, disent-ils, le contrat de commerce n'est autre chose que la réunion de ces trois contrats.

Dans le premier contrat, le profit et les pertes sont également supportés par les deux parties.

Par le second contrat, je conviens de ne recevoir qu'un profit limité à 5 pour 100, par exemple, quelle que soit l'éventualité du profit total.

Par le troisième contrat, je cède une partie du profit convenu qui m'est attribué, ce qui le réduit à 4 pour 100 peut-être, pour que l'intégrité de mon capital me soit garantie contre tout événement.

La réunion de ces trois contrats, que l'on peut toujours supposer dans le prêt, permettrait de stipuler un intérêt et de reprendre le capital.

Un autre système imaginé par le père Maignan, religieux minime, en 1673, n'admet que deux contrats.

Un autre est connu sous le nom de rente rachetable des deux côtés.

Tous concourent au même but que le système des trois contrats, et tendent à faire ranger le prêt d'une somme d'argent dans le genre appelé *commodum*, c'est-à-dire dans le prêt d'une chose non fongible, qui ne se consomme pas par l'usage, prêt qui est toujours permis.

C'est ce que nient les docteurs de l'école contraire. Ils assurent et professent que l'argent, objet du prêt, a toujours, avec toutes raisons, suivant eux, été compris comme une chose fongible qui s'anéantit par l'usage qu'en fait l'emprunteur et qu'il ne peut donner lieu qu'au prêt *mutuum*.

Les adversaires démontrent que la propriété réelle, le *dominium* d'une somme prêtée, reste toujours au prêteur, et ne doit donner lieu qu'à un prêt *commodum*, ce que rejettent bien loin les auteurs sévères, en assurant au contraire que la propriété de la somme prêtée passe immédiatement à l'emprunteur. Ils étayent leur opinion d'une maxime du droit romain, qui pose en principe que la propriété des choses prêtées dans le *mutuum* est transférée à l'emprunteur. Maxime spécieuse, qui fait plus acception de la surface des choses que du fond. — Assurément les espèces monnayées elles-mêmes sont employées par l'emprunteur; mais la somme nominale qu'il doit est toujours la même, et ne lui appartient pas plus, lorsqu'il en a fait usage, que quand elle était intacte entre ses mains.

Il serait difficile et de peu d'intérêt de suivre les opinions diverses et leurs nuances formées dans la doctrine religieuse relativement à la faculté de pratiquer le prêt de commerce. Ce qui est certain, c'est que dans l'espace de temps compté depuis le commencement du douzième siècle jusqu'à la fin du quinzième, le système de sévérité a prévalu. Tout ce qu'on appelait intérêt, y compris celui du prêt de commerce, fut défendu d'une manière absolue par l'Église, et tous ceux qui prêtaient de l'argent à intérêt furent regardés comme des usuriers. Ils étaient condamnés au tribunal de la pénitence et obligés à la restitution entière des intérêts qu'ils avaient reçus avant de pouvoir approcher des sacrements de l'Église.

Cependant il n'est heureusement pas donné aux institutions systématiques de changer l'essence des choses; et partout où une nécessité naturelle existe, elle se révèle malgré les obstacles. Aussi trouve-t-on dès le quatorzième siècle des traces d'une opinion contraire à la coutume nouvelle et favorable aux prêts à intérêts. Le curieux document que nous allons citer montre la réaction s'élevant contre une prescription tyrannique, et les efforts de l'autorité pour l'étouffer.

Au concile général de Vienne, tenu en 1311, assemblé principalement pour l'extinction de l'ordre des Templiers et le rétablissement de la discipline, certaines communautés avaient été signalées comme enseignant la légitimité des intérêts, ou de l'usurisme, suivant l'expression d'un auteur.

On trouve dans les constitutions de Clément V, qui présidait le concile, le texte suivant de la résolution qui y fut prise.

« [1] Il est venu à notre connaissance, par une dé-
« nonciation grave, que les communautés de cer-
« tains lieux, au mépris de Dieu et du prochain,
« et contre tout droit divin et humain, approuvaient
« dans une certaine mesure (*quodammodo*) l'ini-
« quité de l'usure. Non-seulement elles permet-
« tent, d'après leurs statuts parfois confirmés par
« serment, que des usures soient exigées et
« payées; mais encore elles contraignent sciem-
« ment les débiteurs à les acquitter; et, d'après
« ces mêmes statuts, imposent la plupart du
« temps de lourdes amendes à ceux qui les re-
« vendiquent, et usent à leur égard de différents

---

[1] « Ex gravi ad nos insinuatione pervenit quod quorumdam communitates locorum, in offensam Dei et proximi, et contrà jura divina pariter et humana, usurariam approbantes quodammodo pravitatem, per statuta sua juramento quandoque firmata, usuras exigi et solvi, nedùm concedunt, sed ad solvendas eas debitores scientes compellunt, ac juxtà ipsorum continentiam statutorum, gravia imponendo plerumque usuras repetentibus onera, aliisque utendo super his diversis coloribus et fraudibus exquisitis, repetitionem impediunt earumdem. Nos igitur, perniciosis his ausibus obviare volentes, sacro approbante concilio, statuimus, ut quicumque com-

« prétextes et de diverses fraudes subtiles pour
« empêcher la restitution de ces usures à ceux sur
« qui elles ont été prélevées. Nous donc, désireux
« de mettre un frein à cette audace pernicieuse,
« nous avons statué, avec l'approbation du saint
« concile, que tous les pouvoirs de ces commu-
« nautés, capitaines, recteurs, consuls, juges, con-
« seillers et officiales quelconques qui ont eu la
« présomption de composer, d'écrire ou d'éditer
« de semblables statuts d'après lesquels des usures
« sont payées, ou des usures qui ont été payées
« ne sont pas restituées; s'ils ont agi avec inten-
« tion, librement et sciemment, qu'ils encourent
« la sentence d'excommunication; et qu'ils soient
« frappés de cette même sentence, si, en ayant le
« pouvoir, ils n'ont pas anéanti, dans un délai de
« trois mois, ces statuts tirés jusqu'ici des livres de

munitatum ipsarum potestates capitanei, rectores, consules, judices, consiliarii, aut alii quivis officiales, statuta hujusmodi de cæ-
tero facere, scribere, vel dictare, aut quòd solvantur usuræ, vel
quòd solutæ cùm repetuntur non restituantur, plenè, ac liberè,
scienter judicare præsumpserint, sententiam excommunicationis
incurrant; eamdem etiam sententiam incursuri, nisi statuta hujusmodi hactenùs edita de libris communitatum ipsarum (si super
hoc potestatem habuerint) intra tres menses deleverint; aut si ipsa
statuta, sive consuetudines effectum eorum habentes, quoquomodò
præsumpserint observare.

« Cæterùm quia fœneratores sicut plurimùm contractus usura-

« ces mêmes communautés, et s'ils ont l'audace
« de faire observer ces statuts ou d'autres cou-
« tumes produisant le même effet. Du reste, comme
« le plus souvent les usuriers formulent des con-
« trats usuraires d'une manière obscure et frau-
« duleuse afin de ne pouvoir être convaincus du
« vice d'usure, nous ordonnons qu'ils soient con-
« traints par la censure ecclésiastique, lorsqu'il
« s'agit d'usure, à montrer les registres de leurs
« affaires.

« Et, de plus, si quelqu'un est tombé dans cette er-
« reur, d'avoir la présomption d'affirmer avec opi-
« niâtreté que ce n'est pas un péché d'exercer des
« usures, nous le déclarons hérétique; il doit être
« puni par les tribunaux ordinaires et par les in-
« quisiteurs, du vice d'hérésie, et nous leur enjoi-
« gnons expressément de ne pas négliger de pro-
« céder contre ceux qui sont diffamés (*diffamatos*)

rios oculté ineunt, et dolosè, quòd vix convinci possint de usurariâ
pravitate, ad exhibendum, cùm de usuris agetur, suarum codices
rationum, censurâ ipsos decernimus ecclesiasticâ compellendos.

« Sanè si quis in illum errorem inciderit ut pertinaciter affir-
mare præsumat exercere usuras non esse peccatum, decernimus
velut hæreticum puniendum; locorum nihilominùs ordinariis, et
hæreticæ pravitatis inquisitoribus, districtiùs injungentes ut contra eos quos de errore hujusmodi diffamatos invenerint, vel su-
spectos de hæresi, procedere non omittant. » (*Clementinarum*
lib. V, t. V, cap. unico.)

« de cette erreur ou qui sont suspects d'hérésie. »

A travers les expressions de ce langage, on distingue parfaitement la situation.

Bien que le pouvoir ecclésiastique défendît toutes espèces d'usure sous forme d'intérêts ou autre, ce qui devait apporter des entraves désespérantes dans les opérations commerciales et dans toute affaire, certaines communautés religieuses ou civiles ne tenaient pas compte de ces prescriptions contre le bon sens; et, sans approuver toute espèce d'usure, ainsi que cela est formellement indiqué dans le texte de la constitution par le mot *quodammodò*, cependant elles ne pouvaient admettre qu'il n'y eût pas des intérêts ou des usures, comme on disait alors, très-légitimes, et qu'il fût criminel de les recevoir. De là les moyens employés pour éviter la lettre des défenses, afin de ne pas tomber sous le coup des tribunaux ecclésiastiques, si sévères dans ces temps; tandis que d'un autre côté la sévérité ecclésiastique livrait les contrevenants au tribunal de l'inquisition, dont elle ne manquait pas d'activer le zèle, en les traitant comme des hérétiques.

Dans les siècles de pleine féodalité, où chaque possesseur d'une certaine étendue de terrain se trouvait constitué maître de la fortune et arbitre de toutes les transactions de ceux qui leur étaient soumis, le commerce tant soit peu en grand ne pouvait exister et ne donnait par conséquent pas lieu aux prêts d'argent ou aux emprunts si communs de nos jours : l'usure ordinaire n'était que le résultat des nécessités journalières sur lesquelles s'exerçaient les exactions des usuriers.

Mais, lorsqu'au quinzième siècle le mouvement général qui s'était produit à la suite des découvertes dont il a été témoin se fut communiqué au commerce lui-même et l'eut entraîné dans une activité inconnue, les opérations commerciales prirent une extension qui nécessita des mises de fonds plus considérables qu'elles n'avaient été jusque-là. Des capitaux durent être rassemblés pour participer aux entreprises lointaines, devenues la passion favorite du moment, afin d'en partager les bénéfices immenses, et c'est vers cette époque que le mot intérêt, qui désigne si parfaitement par lui-même la position des intéressés, devint d'un emploi usuel et journalier.

Alors se révélèrent, plus frappantes, les inconséquences de la doctrine religieuse outrée. Des réclamations nombreuses et véhémentes surgirent par suite de la sévérité des défenses et des prescriptions absolues de l'Église, accusant leur antipathie avec la nécessité et la justice des transactions. Les théologiens sévères n'en soutinrent que plus vivement leur opinion; la question âprement discutée devint d'autant plus confuse qu'elle dégénéra bientôt en questions de mots, d'autorités traditionnelles dont on pourrait peut-être suivre les phases curieuses, mais sans profit pour personne et sans obtenir plus de clarté sur la question elle-même.

De fait, il se forma au sein de l'Église catholique deux partis très-distincts, très-animés l'un contre l'autre : l'un, composé des docteurs sévères qui proscrivirent sous le nom d'usure toute espèce d'intérêts perçus sous un prétexte quelconque en vertu d'un prêt d'argent, se fondant sur l'autorité des Écritures expliquées dans un sens conventionnel et s'appuyant sur l'autorité de ceux de leurs prédécesseurs qui, à des époques successives, avaient défendu cette opinion et étaient en position de servir d'exemple; l'autre, de ceux qui, récusant ces mêmes témoignages comme incomplets, mal interprétés et incapables de prévaloir contre la raison des choses, prouvaient que le sens des paroles de l'Écriture était autre que celui qui lui était attribué par leurs adversaires, que les premiers Pères de l'Église n'avaient jamais entendu condamner que l'usure oppressive à laquelle un intérêt légitime était étranger et ne ressemblait en aucune façon.

Les premiers faisaient un cas de conscience condamnable non-seulement de prêter de l'argent à intérêt, mais même d'eutrer en participation dans toute opération produisant un dividende d'intérêts; ils le défendaient sous les peines les plus sévères, allant même jusqu'à refuser l'absolution *in extremis* à ceux qui ne s'étaient pas soumis à leurs injonctions.

Les seconds, distinguant au contraire l'usure véritable, l'usure oppressive, de l'intérêt qui n'est que la rémunération d'un service, blâmaient cette rigueur et ne faisaient pas un crime à leurs pénitents de tirer un profit modéré des prêts d'argent, surtout lorsqu'il était légitimé par la loi civile.

Mais il arrive souvent que les opinions extrêmes ont plus de prise sur la multitude que la simple vérité : l'exagération de paroles, la menace des peines éternelles dans l'autre vie, apportaient la crainte et jetaient le trouble dans les consciences timorées, toujours les plus nombreuses.

Cet état d'inquiétude et d'exaspération fit naître chez quelques esprits désireux de voir le calme se rétablir la pensée de faire résoudre la question par l'autorité du saint-siége et de lui demander de fixer la règle à suivre. Une solution était difficile alors, parce que la connaissance des faits économiques était imparfaite et que les idées étaient confuses. La réponse fut telle, que les deux partis purent en tirer une conclusion à l'avantage de leur opinion ; et aujourd'hui même encore la question n'est pas canoniquement résolue.

Nous avons été témoins des perplexités de l'Église catholique sur l'usure, voyons maintenant ce qu'en ont pensé les communions dissidentes.

CHAPITRE VII

EXAMEN DES OPINIONS DES COMMUNIONS DISSIDENTES

L'Église grecque n'a jamais varié d'opinion sur l'usure. Elle a toujours suivi celle des premiers Pères de l'Église chrétienne. Elle a cru avec eux que le prêt à intérêt était distinct de l'usure oppressive et qu'il n'était point criminel de sa nature. Éloignée, isolée même du centre catholique, où se mouvait et se transformait vers le douzième siècle la notion de l'usure, elle n'a point participé aux changements survenus dans les esprits. Elle s'en est tenue à la perception ancienne; elle n'a jamais condamné que l'usure oppressive et n'a jamais admis que l'intérêt de commerce, motivé, fût illicite et dût être reprouvé.

Aussi les auteurs catholiques qui se sont occupés de la controverse sur l'usure ne parlent-ils des Grecs à ce sujet qu'avec un certain mépris. Ils affectent de les assimiler aux juifs, et d'attirer sur eux les sentiments de répulsion dont ceux-ci étaient l'objet. Ils ne manquent pas non plus de reprocher aux partisans catholiques du prêt de commerce de se ranger à l'opinion de schismatiques.

Cependant, au concile de Florence (1459) regardé comme œcuménique jusqu'à ce que les Grecs s'en fussent séparés, et qui avait pour objet la réunion de l'Église grecque avec l'Église latine, on discuta les différents points de croyance sur lesquels celle-là différait. L'opinion connue des docteurs grecs sur l'usure, de l'aveu des auteurs du *Dogma Ecclesiæ circa usuram expositum et vindicatum*, l'un des principaux ouvrages où se trouve exposée la doctrine de l'Église catholique sur l'usure, ne leur fut point opposée ; omission remarquable et qui ne peut s'expliquer que par le peu d'accord des catholiques eux-mêmes sur la question.

Les docteurs de la Réforme avaient pris en plus grande considération les intérêts matériels de ce monde, tout en condamnant aussi bien que les premiers pères de l'Église l'usure oppressive, la véritable usure. Martin Bucer, luthérien, fut le premier[1] des protestants qui enseigna que l'usure, représentant le prêt à intérêt, n'était défendue ni par le droit naturel ni par la loi de l'Évangile. Calvin, Dumoulin, Saumaise, etc., rendirent cette opinion populaire; après eux, tous les pasteurs de la réforme la professèrent, et cette opinion semblait s'accorder avec le bon sens.

Son adoption et sa mise en pratique par les protestants ne fut peut-être pas un des moindres motifs qui maintinrent l'esprit d'opposition, dont les catholiques exagérés ne se départirent jamais et les retinrent opiniâtrément dans l'erreur, aveuglés qu'ils étaient par les ardeurs de l'antagonisme qui finit par obscurcir toute vérité.

Et comme il est hors de doute que ce qui nuit à la juste liberté des transactions est l'obstacle le plus opposé à la prospérité générale, il ne serait pas déraisonnable d'attribuer en partie à la sagesse de cette décision du protestantisme en faveur de l'intérêt du commerce l'état comparatif de prospérité matérielle et commerciale auquel parvinrent,

---

[1] Pagès.

avant les États catholiques, ceux qui embrassèrent les opinions de la réforme.

Parmi les docteurs catholiques, il s'en trouve un grand nombre, et des plus éminents, qui soutinrent la légitimité, à des degrés divers, de l'intérêt du commerce. Aussi voit-on, même jusqu'à nos temps, les docteurs de l'opinion contraire, à bout de raisons valables dans la controverse avec ceux de leur propre Église, leur reprocher avec amertume de suivre les errements d'hérétiques, comme un Calvin et un Saumaise, ou même par erreur un Dumoulin[1], et ceux-ci de leur répondre avec une justesse inattaquable et imprescriptible que la vérité doit être loyalement reconnue et accueillie partout où elle se trouve et de quelque part qu'elle vienne.

[1] On confond assez ordinairement Charles Dumoulin, l'auteur de *De Usuris*, avec Pierre Dumoulin, pasteur protestant.

CHAPITRE VIII

ÉTAT DE LA QUESTION APRÈS LA RÉFORME

Depuis la réforme, la question de l'usure n'a plus cessé d'être agitée parmi les théologiens catholiques. Ils se sont séparés en deux camps opposés qui subsistent jusqu'à nos jours, employant et renouvelant toujours de part et d'autre à peu près les mêmes arguments. Les rigoristes interprètent tous les passages de l'Écriture dans le sens de la condamnation absolue de toute usure, et, définissant comme usure tout ce qui est au-dessus du capital, *quod supra sortem*, ils en arrivent à proscrire toute opération donnant lieu à des intérêts.

Les modérés, qu'on pourrait aussi appeler les théologiens sages, interprètent différemment ces mêmes passages et n'y voient la condamnation de l'usure que dans ce qui blesse la charité.

Les uns font grand éclat de s'en tenir à la tradition des premiers pères de l'Église, profitant de ce que ceux-ci ont condamné l'usure en général, sans établir de distinctions, pour y confondre leur propre opinion ; les autres, au contraire, relèvent ces distinctions avec le plus grand soin, et n'acceptent de la tradition que ce qui satisfait l'intelligence : sans quoi il s'ensuivrait qu'une erreur accréditée et transmise deviendrait d'autant plus vraie et plus respectable qu'elle aurait été plus longtemps l'objet de la croyance. Ce qui est simplement absurde.

Les uns s'appuient aussi sur les décrétales des papes et les canons des conciles qui, à leur sens, condamnent l'usure, et toute usure; les autres expliquent les mêmes décrétales des papes et les canons des conciles dans le sens de la véritable usure, toujours distincte du prêt à intérêt.

Enfin, les uns comprennent dans l'usure le prêt à intérêt, les contrats de rente, et même quelques-uns jusqu'à l'intérêt légal, qui n'est toléré, disent-ils, qu'à cause de la faiblesse humaine; tandis que les autres font ressortir la différence réelle qui existe entre l'usure proprement dite et le prêt à intérêt, en vertu d'une convention ou d'un contrat.

Les premiers se livrent encore à d'autres distinctions subtiles sur la nature de l'argent, en prétendant qu'il est toujours consommé par le prêt.

Il serait trop long d'énumérer tous les avis. Nous donnons à la fin du volume une bibliographie aussi complète que possible des divers ouvrages qui ont traité de l'usure et des intérêts. Elle présentera, en suivant l'ordre des dates, un tableau assez fidèle du mouvement et des différentes phases de l'opinion sur cette matière pendant le cours des siècles.

Jusqu'à la moitié du onzième, on n'aperçoit pas trace de variations dans les idées sur l'usure. Lorsqu'il en est fait mention, c'est toujours pour déplorer les conséquences funestes et appeler sur elle et sur les usuriers les malédictions les mieux senties et les plus pénétrantes. Il ne s'écrit rien qui contredise ou infirme l'acception générale que lui assigne le bon sens, le sens commun.

Vers le douzième siècle, une atteinte évidente est portée à cette acception générale donnée et acceptée par le bon sens. Une opinion nouvelle vient au jour, émanée de l'enseignement du corps religieux. Tout ce qui est écrit dans ces temps l'est par lui, aucune opposition n'eût été possible ; et, si la nouvelle doctrine ne recevait pas l'approbation de tous, les contradicteurs se trouvaient isolés et devaient subir dans l'exercice l'influence prépondérante de l'autorité.

Mais, à mesure que l'application des nouvelles idées s'étendait dans la pratique, et réduisait, en les atteignant, les opérations des commerçants et des trafiquants, le fardeau imposé par une pareille prohibition des droits les plus naturels s'appesantissait de plus en plus, sans que personne osât élever la voix contre l'autorité des décisions de l'Église; et ce n'est que vers le quinzième siècle qu'il se rencontra des hommes qui en appelèrent de cette autorité à la raison, et trouvèrent dans leur conviction la hardiesse d'exprimer librement leur pensée.

Il faut dire aussi que l'esprit du protestantisme s'était formé et avait pris vigueur, amenant avec lui le libre examen des questions que l'Église s'était jusque-là réservées. Le dominicain Bucer, devenu luthérien vers 1530, assura le premier que l'usure n'était pas condamnée d'une manière absolue par l'Évangile, lorsque le mot usure représentait des prêts d'argent, des prêts de commerce.

Après lui, Calvin avec toute la pléiade protestante se prononça contre la prohibition absolue de tous les intérêts, n'admettant comme usure que les intérêts ou excessifs ou exigés des pauvres ; tandis que de son côté l'autorité catholique renouvelait et maintenait la rigueur de ses jugements prohibitifs.

Or l'autorité catholique dans ces temps était la plus étendue, la plus souveraine. Elle était maîtresse de tous les moyens de publicité. Nul n'aurait osé alors lui faire une résistance ouverte. Aussi ne voit-on que rarement apparaître, dans le cours du quinzième et même du seizième siècle, quelques opinions partielles. Elles surgissent çà et là, et il faut arriver jusqu'aux approches du dix-septième pour voir la question remise ouvertement en discussion. Ce sont des adhérents du protestantisme, comme Dumoulin, 1566, et Saumaise, 1638, qui osent traiter la question dans toute son étendue dans des ouvrages de longue haleine.

Ils eurent un grand succès, car ils étaient l'expression d'un sentiment général qui se faisait jour et qui était déjà professé dans ces mêmes temps par des esprits élevés tels que Billuard, Lopez, Holden, le cardinal Lugo, Baïl, Nicole et le luthérien Pufendorf.

Pour combattre cette tendance, qui devenait générale, Dutertre, plus connu sous le nom de Père Thorentier, fit paraître, en 1673, son ouvrage intitulé :

L'usure appliquée et condamnée par les Écritures saintes et par la tradition universelle. Cette œuvre, écrite en français, raffermit l'opinion des docteurs sévères, et ce fut probablement l'influence qu'elle exerça qui rendit inutile la tentative de Colbert, si toutefois elle est vraie, à faire admettre, comme permis, l'intérêt de commerce par les théologiens de la Sorbonne. Ce qui est certain, c'est que ce temps marque l'époque où commença la discussion publique sur la légitimité des intérêts, distingués désormais de l'usure.

Alors se succédèrent rapidement un grand nombre d'ouvrages pour et contre cette légitimité. Ceux qui la défendaient étaient les plus nombreux, l'ardeur étant ordinairement plus grande du côté des assaillants. Parmi eux se montre au premier rang Lecorreur, prêtre de Saint-Germain-l'Auxerrois, qui donna en 1682 la première édition de son *Traité de la pratique des billets entre négociants.*

Il n'est pas sans intérêt de remarquer qu'il crut devoir le faire paraître sous le voile de l'anonyme, et le faire imprimer à Louvain. La liberté de discussion n'était pas encore assez usuelle pour que l'auteur osât risquer sa position, comme on dirait de nos jours. Cette précaution assez généralement prise devint, contre les auteurs, un sujet de reproches, dont on prétendit déduire l'infériorité de la cause qu'ils défendaient. Reproche banal et sans portée : le fait de l'anonyme ne touche en rien le fond des choses, il n'atteint que la personne des auteurs. Et encore les raisons qui les guident doivent-elles toujours être appréciées, soit qu'ils agissent ainsi par modestie, soit qu'ils y soient conduits par suite des entraves que les gouvernants et les autorités de toutes sortes imaginent devoir mettre à la libre expression de la pensée.

L'auteur entend par la pratique de billets la coutume de donner et de recevoir, pour un temps limité, de l'argent à intérêt sous de simples billets, entre des personnes accommodées par un pur principe de commerce. « Cette question est d'une si grande
« conséquence, *dit l'auteur* dans son avertissement,
« que, si la pratique des billets est mauvaise, il s'en-
« suit nécessairement que presque tous les marchands
« et un très-grand nombre d'autres personnes se-
« ront damnées, parce qu'ils vivent dans cette pra-
« tique sans aucun remords, ne pensant pas que
« Dieu y soit intéressé.... Mais, si cette pratique est
« bonne, il s'ensuit qu'on ne peut la condamner,
« et qu'un très-grand nombre de docteurs qui la
« condamnent comme mauvaise sont malheureu-

« sement engagés dans une erreur si pernicieuse,
« qu'elle ruine la plus grande partie des familles et
« qu'elle détruit le commerce. »

L'ouvrage de Lecorreur eut, par suite de son immense succès, plusieurs éditions; la question de l'usure y est exposée, discutée et résolue avec une méthode et une clarté qui n'ont pas été surpassées.

Il fit surgir une foule de défenseurs de l'opinion de l'Église, comme Gaïtte, 1688; don Bulteau, Thomassin, 1693; Carrel, Lemaire, de la Gibonays, 1710. L'archevêque de Paris établit des conférences ecclésiastiques sur l'usure et la restitution des intérêts, qui furent rédigées (1717) par le père Semelier, ouvrage jugé aujourd'hui comme peu digne de confiance, par suite de l'altération des textes, reprochée à l'auteur.

Ce fut dans ces temps d'agitation des esprits, par rapport à l'usure et au prêt à intérêt, et dans la vue probable de contre-balancer les effets du traité de la pratique des billets, que Bossuet lui-même composa son traité de l'usure. Il ne le fit pourtant pas paraître de son vivant. Le traité de l'usure ne fut imprimé qu'après sa mort, arrivée en 1704, dans l'édition posthume de ses œuvres. En sondant les causes de cette abstention du grand homme, n'a-t-on pas droit de se demander si ce génie supérieur, ayant conscience de la fausse position de cette question de l'usure, n'aurait pas hésité d'entrer en lice; et si ce n'est pas avec intention qu'il aurait laissé à d'autres le soin de la résoudre dogmatiquement.

Mais ce qui démontre bien le degré de fermentation des opinions sur ces matières au commencement du dix-huitième siècle, le besoin de les discuter, et de la part de l'Église la nécessité urgente pour elle de défendre sa doctrine, c'est l'obligation où se crut l'archevêque de Paris, Louis-Antoine, cardinal de Noailles, d'ouvrir les conférences dont il vient d'être question, sur l'usure et la restitution, conférences où l'on devait concilier la discipline de l'Église avec la jurisprudence du royaume de France.

Puis Brœdersen, curé de Delft en Hollande, partisan du prêt de commerce, fit paraître en 1729 son livre intitulé : *Court Traité des rentes rachetables des deux côtés*[1], regardé comme l'ouvrage le plus complet sur la matière.

On lui opposa, en 1730, le *Dogme de l'Église sur l'usure exposé et défendu*[2], rédigé par plusieurs auteurs, qui ne la traitent pas avec moins d'étendue ni d'autorité dans le sens des rigoristes.

---

[1] *Tractatus brevis de redditibus utrinque redimibilibus.*
[2] *Dogma Ecclesiæ circa usuram expositum et vindicatum.*

L'année 1730 vit paraître, outre le *Dogma*, etc., plusieurs autres ouvrages destinés à combattre Brœdersen, tels que ceux de Volkenburg, chanoine d'Utrecht, de Petitpied anonyme, de l'abbé Mignot, docteur en théologie de la faculté de Paris. La réponse dans le sens contraire vint de Pierre Archdéacon, franciscain, en 1734, dans son *Examen abrégé de la pratique de donner de l'argent à intérêt, ou Méthode de rassurer les consciences de ceux qui donnent de l'argent à intérêt*, etc., et surtout du Père Grangier dans son *Examen théologique du prêt à rente*, sous forme de *dialogue entre Bail et Pontas*. La cause du sens commun fut encore soutenue et fortifiée, en 1744, de la haute réputation de science et de sagesse du célèbre marquis de Maffei, dans son ouvrage bien connu : *Del impiego del danaro*, de l'emploi de l'argent, dédié au pape Benoît XIV.

Il fut composé par lui à l'occasion d'un emprunt public fait par la ville de Vérone, au taux de 4 pour 100, avec l'agrément du souverain.

Il avait paru, dit l'auteur, dans le temps de cet emprunt, un grand nombre de livres où l'on décidait nettement qu'il y avait usure à tirer un intérêt, quelque léger qu'il fût, d'un argent ainsi placé ; que le sentiment contraire était une erreur aussi dangereuse pour les mœurs que pour la foi, et qu'on devait rougir de honte lorsque par ignorance on soutenait une pareille opinion et qu'on ne la regardait pas comme hérétique. Le conseil de la ville se trouva extrêmement embarrassé, parce qu'il comprenait bien que, dans le cas d'usure, *uterque peccator et fœnerator et debitor*, l'un et l'autre pèchent, le prêteur et le débiteur, selon l'expression de saint Ambroise. La dispute se communiqua aux villes de l'État, et alors quantité de personnes s'unirent comme de concert pour prier le marquis d'examiner ce point de morale.

Ce fut la cause de cet ouvrage, le premier qui fut composé par un laïque sur ce sujet. Il obtint, aussi bien que ceux dont il reproduisait les conclusions, un assentiment très-grand; le pape Benoît XIV lui-même auquel il fut dédié, sembla y applaudir; ce qui ne put cependant apaiser l'animation des esprits. Il semble au contraire qu'à cette époque la discussion devienne plus générale.

Ce ne sont plus des individus épars qui élèvent et soutiennent une opinion isolée : d'un côté, une multitude d'esprits exaspérés supportent avec impatience un joug absurde, aveuglément appesanti sur eux, au nom de la religion et de la morale publique; de l'autre côté, l'Église, anxieuse de paraître céder à une raison supérieure, défend une doctrine surannée, évidemment provenue d'une erreur dont elle n'était pas coupable, il est vrai, mais qui semblait faire partie du dogme, et qu'elle croyait, bien à tort, ne pouvoir abandonner sans atteinte à son autorité, surtout en matière de foi.

Pour terminer ce débat universel, soutenu des deux côtés par des hommes de haut savoir théologique, à quel tribunal, à quel jugement définitif était-il plus opportun de recourir qu'à celui du chef suprême de l'Église, si admirablement placé au sommet de la hiérarchie pour dominer et résoudre les difficultés? Son pouvoir est véritablement capable d'arriver à l'infaillibilité, non par l'individu ni à l'occasion du temporel toujours sujet à passions; mais sur une question de morale humanitaire, par l'ensemble des sages conseils qui viennent se concentrer en lui.

La chaire pontificale était occupée par Benoît XIV. Il réunissait à une intelligence supérieure une science parfaite, un caractère conciliant. Il avait reçu la tiare en 1742, aux applaudissements du monde chrétien. Ce pontife, affligé des dissentiments qui régnaient parmi les catholiques au sujet de l'usure, voulut y mettre un terme par une solution solennelle; car, il faut le remarquer, l'Église, depuis le temps où Gerson avait demandé que l'on définît l'usure, ne s'était pas occupée de le faire dogmatiquement, et ne s'était pas encore prononcée dans l'appareil de sa souveraineté.

Benoît XIV suivit la coutume adoptée en pareille circonstance par le saint-siège. Il déféra l'affaire à une assemblée de cardinaux, les plus versés dans la science théologique; il leur adjoignit les personnes les plus savantes sur cette matière, parmi les réguliers, moines, clercs ou prélats. L'examen fut sérieux et approfondi, la décision fut prise à l'unanimité. Il en résulta la fameuse lettre encyclique, que nous avons rapportée tout au long, commençant par les mots : *Vix pervenit*, etc., qui restera, par elle-même, comme un monument d'éternelle sagesse.

A défaut de spécification de la nature de l'usure toujours ignorée, elle en donne une notion qui, tout incomplète qu'elle est, indique au moins son point de départ.

« Ce genre de péché, que l'on appelle usure, qui
« a son siége propre et sa place dans le contrat de
« prêt, appelé *mutuum*, consiste en cela, que quel-
« qu'un demande qu'en vertu du prêt *mutuum* lui-
« même, qui par sa nature veut qu'on rende seule-

« ment autant qu'on a reçu, on lui rende plus qu'il
« n'a prêté...[1] »

Dire que l'usure a lieu quand on veut recevoir, à cause du prêt, plus qu'on n'a prêté, n'est pas une définition qui ne convienne qu'à elle. Elle convient tout aussi bien à l'intérêt, et la preuve de son insuffisance se trouve bientôt dans le paragraphe III du même chapitre.

« Par ces choses (ci-dessus rapportées), on ne
« nie pas qu'il ne puisse par hasard se rencontrer
« ensemble avec le contrat du prêt *mutuum* quel-
« ques autres titres, comme on dit, qui ne ressor-
« tent généralement pas de la nature du *mutuum*,
« et ne lui sont pas intrinsèques, et en vertu des-
« quels on a une raison juste et tout à fait légitime
« d'exiger, selon la coutume, quelque chose de plus
« que le principal qui est dû à cause du prêt. On ne
« nie pas non plus qu'il n'y ait d'autres contrats
« d'une nature différente de celle du *mutuum*, en
« vertu desquels on puisse bien des fois placer et
« employer son argent sans blesser l'équité, soit
« pour se faire un revenu annuel, soit pour exercer

---

[1] Peccati genus illud, quod usura vocatur, quodque in contractu mutui propriam suam sedem et locum habet, in eo est repositum, quòd quis ex *ipsomet mutuo* quod suâpte naturâ tantumdem duntaxat reddi postulat, quantùm receptum est, plus sibi reddi velit quàm est receptum.

« un commerce et un négoce licite, et en retirer
« des profits honnêtes[1].

Toutefois la nature du prêt *mutuum* étant connue et le prêt *mutuum* donnant seul naissance à l'usure, il s'ensuit clairement que tout ce qui n'est pas ce prêt *mutuum* ne donne pas place à l'usure, et l'Encyclique admet qu'en dehors du *mutuum* il peut y avoir des occasions où il est permis de retirer des profits honnêtes de son argent.

Après avoir lu le texte, le doute n'est plus permis. Tout ce qui n'est pas *pur mutuum*, ne pouvant pas tomber, d'après le texte de l'Encyclique, dans le domaine de l'usure, se trouve en dehors de la défense ecclésiastique par rapport à l'usure, et dès lors les transactions honnêtes du commerce peuvent se faire sans entraves. C'est là le sens que saisit l'esprit de tout esprit impartial à la lecture de l'Encyclique, et qui reste dans sa conviction après l'avoir

---

[1] Per hæc autem nequaquam negatur, posse quandoque unà cum mutui contractu quosdam alios, ut aiunt, titulos, eosdemque ipsimet universim naturæ mutui minimè innatos, et intrinsecos, fortè concurrere, ex quibus justa omninò legitimaque causa consurgat quiddam ampliùs supra sortem ex mutuo debitam ritè exigendi : Neque item negatur, posse multoties pecuniam ab uno quoque suam, per alios diversæ prorsùs naturæ a mutui naturâ contractus, *rectè* collocari et impendi, sive ad proventus sibi annuos conquirendos, sive etiam ad licitam mercaturam, et negotiationem exercendam, *honestaque* indidem lucra percipienda.

méditée. La question semblait désormais jugée. Il y avait des cas où l'on pouvait tirer un intérêt honnête de son argent. Mais, pendant que les uns trouvèrent avec joie, dans les paroles si simples et si claires du souverain pontife, l'expression d'une doctrine en harmonie avec le bon sens et l'équité, certains docteurs, nonobstant la lucidité d'une décision rendue à l'unanimité de personnes sages et instruites et proclamée par le souverain pontife, trouvèrent le moyen d'y voir un motif de maintenir leur sévérité exclusive à l'endroit des intérêts perçus en vertu du prêt, même conditionnel, qui est assurément autre chose que le prêt *mutuum*.

Le dissentiment se continua donc, et les opinions contraires surgirent de nouveau et s'entre-choquèrent avec plus de vivacité que jamais.

La lettre encyclique de Benoist XIV, *Vix pervenit* etc., est datée du 1er novembre 1745. L'année suivante, le père Concina en publia, à Rome, un commentaire dans le sens des rigoristes, ce qui fit probablement resurgir, en 1747, une nouvelle édition de la *Pratique des Billets entre les négociants* de Lecorreur, qui jouissait d'un succès mérité depuis 1682.

Le pape Benoît XIV sembla lui-même entrer personnellement en lice, en faisant paraître son traité *De Synodo diœcesanâ*, dans lequel le chapitre du dixième livre est consacré à la question de l'usure.

La pensée si lumineuse dans l'encyclique par la simplicité de son exposition et la sobriété des termes qui l'expriment devient confuse par les détails dans le nouvel ouvrage *De Synodo diœcesanâ*.

La lettre encyclique *Vix pervenit* avait établi que l'usure a son siége et sa place dans le contrat appelé mutuum, *propriam suam sedem et locum in contractu mutui habet*; et elle ajoutait qu'il peut se rencontrer avec le *mutuum* certains titres, ou en dehors du *mutuum* d'autres contrats qui n'excluent pas la légitimité des intérêts. Ce qui semble circonscrire le contrat appelé *mutuum* dans l'acte qui consiste à faire un prêt de charité ou de bienveillance, puisqu'en effet le *mutuum* ainsi compris ne donne évidemment d'autre droit que celui de réclamer l'équivalent de ce qu'on a livré sans aucun surplus, sous quelque forme ou dénomination que ce puisse être.

En d'autres termes, si ayant fait un simple prêt, ce qui est nommé un pur *mutuum*, sans qu'il soit question d'intérêts, le prêteur venait par la suite, au moment du payement, à revendiquer ces intérêts, il commettrait une injustice flagrante et se rendrait coupable de la véritable usure telle qu'elle est définie dans l'Encyclique.

Mais, si avant le prêt, ou au moment même où il a lieu, le prêteur stipule comme condition de ce prêt, condition sans laquelle il ne l'aurait pas fait, de recevoir des intérêts, ce n'est plus un simple prêt, ce n'est plus le pur *mutuum* en vertu duquel l'usure est caractérisée : c'est un prêt conventionnel.

Dans l'ouvrage sur le synode diocésain, le fond des idées semble le même. Il y est dit : « Tout pro« fit tiré du *mutuum*, *précisément en vertu du mu*« *tuum*, comme disent les théologiens, est usuraire « lorsque le prêteur n'a pas le titre de profit ces« sant ou de dommage naissant, ou tout autre titre « extrinsèque au *mutuum*[1]. »

Mais plus loin la vague s'introduit dans l'esprit, on ne saisit plus la pensée de l'auteur quand il s'attaque aux Grecs schismatiques en les accusant d'autoriser toute espèce de profit tiré du *mutuum*, et reproche à Calvin et à Charles Dumoulin de professer cette erreur d'après eux.

Car il est de toute évidence que l'occasion où les uns et les autres permettent de retirer un profit du prêt est extrinsèque au pur *mutuum* tel que l'enten-

---

[1] Omne lucrum ex mutuo, *præcisâ ratione mutui*, uti loquuntur Theologi, hoc est lucri cessantis, damni emergentis, aliove extrinseco titulo remoto, usurarium, est.

dent les catholiques, et que ce *mutuum*, appelé pur, équivaut strictement, dans l'application, à la pauvreté de l'emprunteur, à l'équité et à la fraternité au nom desquels les Grecs schismatiques et Calvin et Dumoulin défendent de prendre des usures ou intérêts, et les regardent comme illégitimes. Les termes peuvent être différents, les expressions quelque peu ambiguës; mais il n'y a aucune ambiguïté dans la pensée.

Et quand Calvin enseigne qu'il est permis d'exiger précisément en vertu du *mutuum* un profit modéré, non du pauvre, mais du riche, il n'a pas entendu autre chose que de permettre au moment du prêt d'en stipuler les conditions et le profit, c'est-à-dire l'intérêt qu'il doit rapporter, comme le prescrit le paragraphe 9 de l'Encyclique.

Il peut y avoir manque de justesse dans l'expression, par suite de la limite systématique attribuée au mot *mutuum*; mais le fond de la pensée est irréprochable. Le vice de raisonnement serait le même en français, si l'on prétendait dire : Le prêt, circonscrit dans la signification propre et isolée du mot, indique une chose gratuite; donc le prêt dont on tire intérêt est illégitime, puisque le prêt est gratuit. On omet qu'une modification a changé la nature elle-même du prêt. En vérité, de plus longs développements sur cette méprise nous paraîtraient oiseux.

Cependant l'opinion de Calvin, de Dumoulin, est taxée d'impie par Grégoire XIV dans le traité sur le synode diocésain, et des reproches sont adressés aux docteurs catholiques qui n'ont pas craint d'y souscrire[1].

Plus loin, les paroles de l'Évangile de saint Luc, *Mutuum date, nihil inter sperantes*, Prêtez, sans en rien espérer, sont interprétées dans le sens des rigoristes, et il est ajouté : « Il est téméraire et pres« que *hérétique* de dire, comme quelques-uns n'ont « pas rougi de le murmurer, que les souverains « pontifes et les conciles n'ont pas suivi le sens vrai « et naturel de ce texte[2]. »

La question avait été étudiée dans l'Encyclique. Elle était devenue simple et saisissable pour tous. Dans le livre sur le synode diocésain, du même auteur, elle redevient confuse et insaisissable, elle retombe dans les divagations d'une véritable question de mots où chacun peut puiser pêle-mêle des arguments contraires. Les rigoristes surtout ont cru tirer un grand argument en leur faveur de ce que

---

[1] Impiæ Calvini et Molinæi opinioni non veriti sunt subscribere pauci quidam doctores catholici.

[2] Dicere autem, summos Pontifices et concilia prædicti textûs verum et genuinum sensum non esse assecuta, quod aliquos mussitare non puduit, et temerarium et ferè hereticum est.

le traité *De Synodo diœcesanâ* n'avait paru que trois ans après l'Encyclique, et ils regardent ce traité comme l'explication de la pensée de Benoît XIV dans l'Encyclique. Ils s'en sont donc targués pour revendiquer Benoît XIV au nombre de leurs adhérents. Leurs adversaires ont objecté avec raison que le traité *De Synodo* était écrit quand Benoît XIV n'était encore qu'évêque de Bologne ; qu'il n'est l'expression que de son opinion personnelle comme docteur particulier, tandis que l'Encyclique, résultat de conférences solennelles tenues par les théologiens les plus éclairés, doit être regardée seule comme l'expression authentique de la doctrine de l'Église sur l'usure et la question des intérêts. Benoît XIV lui-même indique cette différence en adhérant à ces paroles de Melchior-Cano qu'il rapporte dans la préface de la deuxième édition *De Synodo diœcesanâ* (1755) : « Lorsque les pontifes romains
« publient des livres sur un sujet quelconque, ils
« expriment leur opinion comme l'aurait fait tout
« autre docteur, et ne prononçent pas comme juges
« de l'Église en matière de foi [1]. »

La distinction est évidente, et l'on n'explique ordinairement la contradiction apparente entre

---

[1] Cum edunt libros de re qualibet Romani pontifices, sententiam suam ut homines alii docti exprimunt, non tanquam Ecclesiæ judices de fide pronuntiant.

l'Encyclique et le traité *De Synodo* que par une composition du traité antérieure à celle de l'Encyclique, laissée sans correction au moment de l'impression ; mais on pourrait l'expliquer bien plus sûrement par cette considération que Benoît XIV, en comprenant, comme tous les gens sensés, l'injustice de la défense d'une foule d'opérations les plus loyales, ne pouvait cependant pas s'expliquer complètement l'essence de cette usure, réprouvée dans tous les temps, et l'obscurité dont il ne pouvait la débarrasser lui faisait exercer, dans l'application, une sorte de tâtonnement. Il ne savait où poser la limite si difficile à reconnaître de la vérité.

Tout porte à croire que l'Encyclique est la pensée réfléchie du pape Benoît XIV parlant du haut de la chaire de saint Pierre à tous les chrétiens, bien qu'elle ne soit nominativement adressée qu'aux patriarches, archevêques et évêques d'Italie. L'admirable simplicité de sa rédaction était propre à rallier toutes les opinions : mais, quand on tente de l'expliquer par le traité *Du Synode*, l'accord n'est plus possible.

La publication, en 1748, du traité sur le *Synode diocésain* fut d'autant plus fâcheuse, qu'il semblait venir confirmer un ouvrage du père Concina publié en 1747 : *Exposition du dogme que l'Église romaine propose de croire sur l'usure*, où les propositions des docteurs sévères sont développées et approuvées, et qui n'avait été écrit que pour réfuter en même temps les principes exposés par le marquis de Maffei, dans son livre *De l'Emploi de l'argent*.

Aussi, bien que les tendances générales concourussent à former l'opinion sage qui se faisait jour, le dissentiment entre les adhérents de cette opinion et les rigoristes en devint plus prononcé que jamais et la querelle entre eux plus vive.

En 1747 avait paru une nouvelle édition de Lecorreur, et à sa suite une foule d'ouvrages pour et contre, se répondant l'un à l'autre, jusqu'en 1765, où fut imprimé l'article *Usure* de l'Encyclopédie, et en 1769, où fut rédigé le mémoire de Turgot sur les prêts d'argent.

De cette époque, la question de l'usure forme deux branches : l'une reste dans le domaine religieux, l'autre s'en sépare pour entrer dans celui de l'économie politique. Dans le domaine religieux, la question se poursuit et se discute âprement. Les défenseurs de la condamnation du prêt à intérêt ou prêt de commerce s'agitent comme des gens réduits aux dernières extrémités. L'abbé de la Porte, Prost de Royer, Legros, Lecoq, Carpuac, Maultrot, jusqu'en 1786, suscitent des antagonistes ou leur répondent ; mais l'opinion publique commence à être éclairée. Si elle ne sait pas la vérité tout entière, elle sent et distingue le défaut d'une doctrine dont les conséquences sont un obstacle aux opérations commerciales les plus honnêtes et les paralysent.

C'est de 1787 que sont datées les lettres de Bentham, dont la réunion a formé sa *Défense de l'usure*. L'autorité de son nom jointe à celle de Turgot domine désormais la question dans l'école de l'économie politique où elle semble résolue ; mais la lutte continue plus acharnée que jamais, comme aux derniers efforts d'un combat, dans le parti religieux.

L'année 1816 vit apparaître l'un des plus fougueux défenseurs de la prohibition absolue du prêt de commerce, Étienne Pagés, prêtre docteur en théologie, professeur de morale à l'académie de Lyon. Il soutint pendant vingt ans la lutte envers et contre tous, quels qu'ils fussent, avec une persévérance digne d'une meilleure cause. Il y déploya une ardeur qui dégénéra trop souvent en virulence passionnée. Il a donné cinq éditions de son ouvrage intitulé : *Dissertation sur le prêt à intérêt*, 2 vol. in-8 ; la dernière est de 1838.

Il a eu des contradicteurs nombreux, non moins ardents ; il s'est pour ainsi dire pris corps à corps avec l'un d'eux, l'abbé Baronnat : il n'en est pas auxquels il ait épargné les effets d'un caractère atrabilaire. Faivre, Nolhac, Desplanque, Mastrofini et son traducteur, et jusqu'au doux et loyal cardinal de la Luzerne, plein de politesse pour ses adversaires, dont l'ouvrage ne parut qu'après sa mort, essuyèrent tour à tour la violence de ses expressions : triste moyen de porter la persuasion.

Mais l'ouvrage qui semblait devoir mettre un terme à toute controverse, si jamais une entente unanime était possible sur des appréciations aussi délicates que les appréciations religieuses, est celui qui fut publié à Rome, en 1831, par l'abbé Mastrofini, sous le titre de : *Dicussion sur l'usure, où l'on démontre que l'usure modérée n'est contraire ni à l'Écriture sainte, ni au droit naturel, ni aux décisions de l'Église*. Il a été traduit en français de l'italien, sur la quatrième édition, par l'abbé Chalamel, chanoine d'Annecy. Il atteint une fois de plus le but, de démontrer que l'usure discrète, modérée, qui n'est ni oppressive ni frauduleuse, n'est condamnée ni par l'Écriture sainte ni par la tradition, et l'approbation qu'il a reçue à Rome des consulteurs de l'index et du saint office était bien propre à lui concilier toutes les opinions. Cependant il a été vivement attaqué par Pagès lui-même, et il a fait éclore d'assez nombreuses oppositions, dont les voix, moins écoutées de jour en jour, tendent à se perdre dans l'espace et l'oubli.

Il faut l'avouer, l'évolution de la question de l'usure à travers les siècles, sous le rapport religieux, semble aujourd'hui terminée. Nous avons vu que l'idée de l'usure, aux premiers temps de l'Église, est simple : elle est celle de tout le monde. Elle est entièrement distincte de ce que nous appelons de nos jours, intérêt. L'usure est le surplus exigé pour le service rendu par le prêt. Elle est réprouvée, condamnée quand elle est oppressive.

Vers le douzième siècle, il s'est fait un changement dont les traces certaines se sont conservées. Le prêt à intérêt, l'intérêt lui-même et l'usure sont confondus dans la même notion et défendus d'une manière absolue au nom de l'Église, sous quelque forme qu'ils se présentent. Soit nécessité des temps, soit ignorance à l'époque où cette défense fut acceptée, elle s'impatronise. Plus tard, les esprits s'éclairent dans la pratique sur ces conséquences nuisibles, lorsque le libre examen prend naissance et permet d'apprécier les effets et les causes. Bucer et Calvin, réprouvant cette défense absolue de l'usure, fondent la légitimité ou l'illégitimité des intérêts sur la richesse ou la pauvreté de l'emprunteur. Il suivait de là que la perception des intérêts était autorisée par le degré d'aisance dans la vie ordinaire et dans les transactions commerciales, au moins parmi les protestants.

Cependant la défense était restée absolue pour les catholiques. Elle était un obstacle aux transactions basées sur la convention des intérêts; mais elle ne pouvait anéantir la nécessité de ces transactions dans le commerce et l'industrie. Force fut donc de surmonter l'obstacle et de sauvegarder les reproches, sinon de la conscience, au moins de l'Église. Les souverains, comprenant qu'elle formait un empêchement direct à la prospérité commerciale et industrielle, crurent éviter vis-à-vis de l'Église l'accusation de favoriser l'usure en permettant l'intérêt à un taux modéré. Cette limite est devenue ce que l'on nomme l'intérêt légal. Les rigoristes le condamnèrent, tandis que d'autres l'approuvèrent. Les universités d'Ingolstadt et de Vursbourg donnèrent leur assentiment à cette législation fondée sur la volonté du souverain, et Holden, docteur en théologie de la Faculté de Paris, la professa ouvertement. La scission était faite au sein de l'Église sur la question de l'usure. Le système des trois ou

10.

deux contrats n'était qu'un expédient pour ramener la pratique dans la voie de la raison ; il fut défendu et attaqué avec virulence. Différents systèmes, celui entre autres des rentes rachetables des deux côtés, tentèrent de s'établir dans le même but.

Celui du cardinal de la Luzerne distingue l'usure provenant du *mutuum* ou prêt de consomption, de l'intérêt provenant du prêt qu'il appelle d'accroissement ou prêt de commerce. Le dernier est permis ; l'autre est toujours défendu. Il fait une distinction assez subtile entre la somme d'argent prêtée et la valeur que les espèces représentent. Si cette valeur est destinée à être consommée, c'est l'occasion du *mutuum* : il y a usure. Si, après l'usage, la valeur reste entière sans augmentation ni diminution, c'est un prêt de conservation ; mais, si par l'usage cette valeur s'accroît, c'est un prêt d'accroissement susceptible d'un prix, d'un intérêt, pourvu que le prêt soit fait à un homme aisé, que la valeur de l'argent soit destinée au commerce, que le contrat ne soit pas défendu par les lois civiles et que l'intérêt soit modéré. L'emploi est donc ici le principal titre à la perception des intérêts.

M. Mastrofini cherche dans l'usage de la somme prêtée ce qui donne droit à un prix rémunératif : à l'intérêt. Il trouve que c'est l'applicabilité de la somme d'argent, de la monnaie ; la faculté cédée d'appliquer à tel usage qui convient au débiteur une valeur prêtée par le créancier. Celui qui vole, dit-il, cent écus et les retient pendant un an, ne vole pas seulement la quantité donnée d'argent, il vole en même temps l'applicabilité féconde de cette année. Ainsi celui qui prête une somme d'argent prête l'applicabilité de cette somme dont il se prive. Le débiteur ne doit pas rendre seulement les espèces, il doit encore compenser le fruit de l'applicabilité pour rétablir l'égalité.

Tous ces systèmes offrent chacun une analyse partielle de l'usure, mais ne donnent pas une définition positive, exacte de sa nature.

En somme, qu'y a-t-il de vrai dans l'attitude de l'Église vis-à-vis de l'usure ? C'est que le Christianisme, ayant reçu la mission sublime de fixer les principes de la morale, a condamné à jamais l'usure au nom de la charité.

Mais que ses docteurs se soient fourvoyés en confondant le fait de la charité, amour du prochain, avec l'intérêt de commerce, qui n'est qu'un des résultats de l'activité humaine appliquée aux choses, ce que, en termes ordinaires, on nomme une affaire : c'est ce qui ressort avec évidence de l'examen.

Si, mus par les misères, les nécessités de votre prochain, vous lui faites un prêt de quelque nature qu'il soit, sans intention apparente d'en tirer profit, vous faites un prêt de charité, le véritable prêt *mutuum* de l'Encyclique. Toute prétention subséquente d'en recevoir, d'en tirer un profit quelconque, est condamnable et ternit la pureté de l'acte de charité que vous aviez prétendu faire : c'est l'usure aux yeux de l'Église.

Mais, lorsque vous faites un prêt avec l'intention positive et antérieurement exprimée de ne pas vous départir des avantages que vous rapportait ou pouvait vous rapporter la possession de la chose prêtée, argent ou autre, ce n'est plus là le prêt *mutuum*, c'est une affaire, une transaction tout à fait distincte du *mutuum*, qui entraîne naturellement une stipulation du fruit de ces avantages que l'on nomme intérêt.

Une œuvre de charité ne peut donner lieu à l'usure proprement dite. Celui qui se donne l'air de faire un prêt par commisération, qui cache sous cette apparence trompeuse un but intéressé, et tire au contraire lucre et profit d'un service qui semblait devoir être gratuit, est un homme déloyal, un malhonnête homme, cela ne fait pas un doute; mais ce n'est pas encore un usurier dans le vrai sens du mot. Il ne le deviendra qu'autant que les intérêts qu'il exigera, s'il a le droit ou l'art de s'en faire payer, seront excessifs ; et, dans le second cas où les intérêts seraient légitimes, suivant l'Encyclique, parce qu'ils seraient une des conditions de la transaction, l'usure pourra apparaître au moment même où ces conditions seront formulées, c'est-à-dire même avant le prêt effectif, si l'intérêt stipulé par le prêteur est excessif : ces considérations démontrent évidemment que l'usure et l'intérêt sont deux choses différentes qui ne peuvent être confondues sans bouleversement d'idées, et que ce n'est pas le fait même de prélever un intérêt qui constitue l'usurier, mais que l'usure commence à la limite où finit l'intérêt, où celui-ci devient excessif. Les souverains étaient dans la voie de la vérité lorsqu'ils cherchaient cette limite ; leur seul tort était de la rendre fixe et obligatoire sans l'avoir trouvée.

Henri Holden, en 1642, dans un temps où les notions d'usure et d'intérêt étaient confondues, avait pressenti le vrai, lorsqu'il écrivait ces paroles remarquables qui contiennent la théorie de l'usure en germe au milieu des idées erronées de l'époque. « Dès que la perception d'un profit en raison du « prêt ne fait pas tort au prochain, elle n'est peut-

« être pas illicite et injuste, quoiqu'elle participe de
« sa nature d'une certaine usure[1]. »

Toute la difficulté gît donc dans la détermination de cette limite au delà de laquelle l'usure commence, et c'est parce qu'elle n'a jamais été reconnue que la confusion continue de régner, amenant avec elle et les disputes de mots et l'antagonisme des passions. On ne voit même pas que des recherches sérieuses dans ce sens aient été faites, depuis que le pieux Gerson signalait la difficulté, en 1414, dans le Concile de Constance, où la condamnation de l'usure avait été renouvelée, lorsqu'il s'écriait, ainsi que nous l'avons déjà dit, qu'il fallait préalablement définir ce que l'on entendait par usure, *afin de ne pas condamner tout à la fois ce qui est permis et ce qui ne l'est pas...*

La lettre encyclique de Benoît XIV est le seul document qui atteste une volonté, restée d'ailleurs sans résultat complet, de donner cette définition et de faire cesser les dissentiments existants à ce sujet au sein de l'Église catholique. On a pu juger de son insuffisance au point de vue de la morale

---

[1] Ubi perceptio lucri ex mutuo proximum non lædit illicita forsitan et injusta non erit, quamvis propriam cujusdam usuræ naturam participet.

et surtout de la science de l'économie politique.

Et il faut bien que l'Encyclique ne remplisse pas le but auquel elle était destinée, bien qu'émanée du chef de l'Église dans sa souveraineté ; il faut qu'elle n'ait pas porté dans les esprits la clarté et la décision qu'on en pouvait attendre, pour que, dans maintes occasions, des évêques, des vicaires généraux, des curés, malgré son existence, aient cru devoir encore s'adresser au saint-siége pour demander quelle ligne de conduite il fallait tenir dans la confession, au sujet de la légitimité des intérêts.

L'insistance des vicaires généraux de Poitiers, en 1818, est remarquable : ils s'étaient adressés au pape Pie VII. Ils en avaient reçu pour réponse de s'en rapporter aux principes de l'Encyclique de Benoît XIV. Ils reviennent à la charge dans une seconde lettre où ils s'expriment ainsi :

« Votre Sainteté a déjà daigné nous faire une ré-
« ponse touchant des doutes en matière d'usure.
« Nous avons religieusement suivi vos instructions.
« Dans la même réponse, vous indiquez l'Encyclique
« de Benoît XIV, *Vix pervenit*, et la lettre du même
« pontife à un missionnaire d'Afrique, comme con-
« tenant tous les principes nécessaires pour décider
« d'une manière sûre les cas qui se présentent dans

« la pratique. Mais, ainsi que nous l'avons déjà ob-
« servé, plusieurs de nos docteurs prétendent que
« ces principes ne peuvent être appliqués aux cas
« soumis à Votre Béatitude. C'est pourquoi nous
« supplions de nouveau Votre Sainteté, avec les
« instances les plus pressantes, de vouloir bien ré-
« soudre nos doutes par elle-même et *indépendam-
« ment de l'autorité de Benoît XIV*. Nous avons
« la confiance, par ce moyen, de voir apporter re-
« mède aux maux dont notre cœur est déchiré cha-
« que jour[1]. »

La réponse du saint-siége ne fut autre que la première, de consulter l'Encyclique de Benoît XIV et son ouvrage *De Synodo*. Depuis ce temps, cette réponse est restée invariable.

---

[1] Jam aliâ vice dignata est Sanctitas Vestra circa dubia quædam in materiâ usurarum ad nos responsum dirigere, et documenta vestra religiosè secuti sumus : in eodem responso nobis exhibetis Encyclicam Benedicti XIV *Vix pervenit* et litteras ejusdem Pontificis ad quemdam missionarium in Africâ degentem, tanquam continentes omnia principia quibus in praxi de casibus occurrentibus tutè pronuntiare valeamus; at, ut jam observavimus, plures e nostris Doctoribus contendunt illa principia nulli ex dubiis hic Beatitudini Vestræ propositis certò applicari posse; quocirca *iterum atque iterum* suppliciter atque instanter sanctitatem vestram obsecramus ut dubia nostra solvat expresse et *quasi independenter ab auctoritate* Benedicti XIV ; sic enim efficaciter malis quibus quotidie cor nostrum vulneratur et opprimitur, mederi posse fidenter speramus.

Cependant des gens d'une capacité incontestable, dont les intentions ne peuvent être suspectées, dans un esprit d'humble soumission, assurent qu'ils sont impuissants à tirer de l'Encyclique les lumières qui leur manquent, et il leur est répondu : Regardez toujours. Que faut-il voir dans la persistance de cette réponse toujours la même, sinon autre chose qu'une abstention, par impuissance de résoudre la difficulté, de formuler cette réponse demandée. Nous croyons l'avoir démontré, l'usure n'a pas encore été comprise ni définie dans son essence. De l'impossibilité de dire ce qu'elle est résulte celle de résoudre tous les cas douteux et l'obligation inévitable de demeurer dans le vague.

Cette indécision, quant au fond de la question, laissait carrière aux exigences des rigoristes : ils ne se firent pas faute d'en user. L'interprétant selon leurs vues, des confesseurs, dans ces derniers temps encore, firent un cas de conscience à leurs pénitents d'avoir prêté à l'intérêt légal et exigèrent d'eux la restitution des intérêts reçus même depuis longtemps. Le trouble des consciences s'étendit jusque dans les familles, tandis que d'autres confesseurs absolvaient leurs pénitents sur les mêmes points. Pour faire cesser ces contradictions, les évêques furent contraints de s'adresser en cour de Rome. Ils demandaient tantôt si la restitution était obligée, tantôt si la bonne foi dans un confesseur était une raison suffisante pour donner l'absolution à celui qui exige l'intérêt légal d'un prêt *mutuum*. La réponse de la sacrée Pénitencerie a été qu'il ne fallait les inquiéter ni les uns ni les autres, tant que le saint-siége n'aurait pas émis une décision définitive à laquelle ils devaient être prêts à se soumettre : *Non esse inquietandos, quousque sancta sedes definitivam decisionem emiserit, cui parati sint se subjicere.*

A en juger par la répétition de ces paroles presque dans les mêmes termes, toutes les fois que l'occasion s'est représentée, le saint-siége aujourd'hui n'a pas encore formulé une décision définitive sur la question si longtemps controversée de l'usure ; mais la force des choses l'oblige à tolérer la pratique de l'intérêt au taux légal. Ceux qui les reçoivent, dit-il, ne doivent pas être inquiétés, non plus que les confesseurs qui les absolvent, *non esse inquietandos*, et cela tant que le saint-siége n'aura pas donné une décision définitive. Il y a certes loin de là à la défense absolue des siècles précédents. Il ressort de cette tolérance qu'une vérité est aujourd'hui reconnue par l'Église, c'est que l'usure et l'intérêt qu'elle a confondus pendant des siècles aussi bien que le monde entier ne sont pas une seule et même chose ; qu'il existe entre eux une différence réelle, différence essentielle qui était déjà implicitement reconnue dans l'Encyclique *Vix pervenit*. Elle ne fait, dit-elle, que tolérer l'intérêt légal; mais il est certain qu'elle ne le tolérerait même pas, nous avons une trop haute idée de la moralité divine de son enseignement pour penser le contraire, si elle avait la conscience qu'il fût identique avec l'usure.

La limite de sa tolérance dans la pratique est donc l'intérêt légal ; cette limite est positive, saisissable, mais elle est impuissante à montrer la limite de l'usure proprement dite : à moins de dire avec l'Encyclique de Benoît XIV que l'usure n'a lieu qu'en vertu du prêt pur *mutuum* qui n'est lui-même que le prêt de charité. Il y aurait là une autre erreur, erreur *a minima*, comme nous le démontrerons dans la suite. L'usure ne s'arrête pas au prêt de charité, elle atteint aussi l'intérêt. Les intérêts peuvent être usuraires ; les économistes le nient : mais les économistes, en niant l'usure, sont, à notre sens, dans une erreur aussi grande et aussi pernicieuse que l'étaient les catholiques dans un extrême opposé, lorsqu'ils voyaient l'usure dans toute stipulation d'intérêts.

Comment distinguer les intérêts usuraires de ceux qui ne le sont pas? Nous l'avons déjà dit et répété plusieurs fois : trouver la limite véritable entre les uns et les autres, là est toute la question. C'est l'objet des efforts qui nous restent à faire.

Question d'une extrême gravité : car elle touche par ses confins aux mobiles les plus puissants et les plus délicats de l'humanité.

FIN DE LA PREMIÈRE PARTIE.

DEUXIÈME PARTIE

CHAPITRE PREMIER

EXAMEN DE LA QUESTION DANS SES RAPPORTS AVEC L'ÉCONOMIE POLITIQUE

L'usure n'est pas un vice imaginaire, comme le prétend l'école actuelle de l'économie politique. C'est un vice réel ; et non pas seulement un vice de moralité, mais aussi un vice économique dans toute la plénitude de l'expression.

L'erreur de l'école, économiquement parlant,

provient de ce qu'elle a continué un des errements de l'enseignement catholique, en confondant, comme elle, l'usure et l'intérêt. Seulement, elle a dit à l'inverse : « Tous les intérêts sont permis ; il n'y a pas d'usure. » Elle a négligé de rechercher ce que c'est que l'usure en soi, et ce que c'est que l'intérêt en soi. Elle aurait trouvé que ce sont deux choses incompatibles et qui ont été confondues pendant des siècles, par suite de ce que le mot d'usure a servi indifféremment, dans les premiers temps de la civilisation, à désigner l'usure et l'intérêt. Ils auraient dû reconnaître qu'à l'époque où le mot d'intérêt a été créé, il était devenu d'une absolue nécessité, et aurait toujours dû rester distinct de l'usure.

Elle a combattu avec une supériorité de raisonnement qui devait prévaloir la règle unitaire posée par l'Église, *tout prêt à intérêt est usuraire* : et, dans l'ardeur du triomphe, elle a franchi, sans l'apercevoir, la limite où s'arrête l'intérêt, où commence l'usure.

Les premiers écrivains laïques qui se sont occupés de la question de l'usure, tels que Philibert Collet, Maffei, Formey, Turgot et Bentham lui-même, ont compris que la religion n'était nullement intéressée dans cette cause; mais ils n'ont été frappés que des obstacles créés par la défense aveugle de l'Église, et ils n'ont songé qu'à les renverser, sans penser à édifier le principe.

Jusqu'ici nous n'avons reconnu l'existence de l'usure que dans le sentiment universel où nous l'avons trouvée établie. Désormais nos efforts devront tendre à l'envisager elle-même, à la saisir, pour ainsi dire, dans sa personnalité.

Nous allons aborder l'usure sur le terrain de l'économie politique. Ce n'est plus rechercher, comme nous l'avons fait, quelles étaient, dans les temps anciens, les conceptions premières sur l'usure, comment elle s'est imposée, quelles ont été les opinions des législateurs, des sages de l'antiquité sur son compte, pour y rattacher et légitimer les principes à établir aujourd'hui; c'est chercher à reconnaître ce qu'est l'usure en elle-même dans l'essence des choses telles que Dieu les a créées.

Mais, pour arriver à cette exploration sur le domaine de l'économie politique, nous sentons le besoin d'appeler, au moins d'une manière succincte, l'attention sur quelques idées généralement admises sans un examen suffisant, de les élucider s'il nous est possible, de les modifier s'il nous paraît nécessaire, afin de faciliter les voies qui nous mèneront à la connaissance de la vérité.

Premièrement, nous nous demanderons : que faut-il entendre par économie politique ?

CHAPITRE II

NAISSANCE DE L'ÉCONOMIE POLITIQUE — BUT — MOYEN

Lorsque deux ou plusieurs hommes sur la terre se sont trouvés rapprochés ou réunis une première fois pour vivre à portée l'un de l'autre, ils ont fourni les éléments de la première société : alors des intérêts communs relatifs à la convenance, au bien être réciproques de chacun d'eux sont nés de ce rapprochement. Ces intérêts communs sont l'occasion de la science appelée économie politique. L'entente de ces intérêts, leur subordination aux lois immuables de la nature, en constituent les principes.

Ces principes eux-mêmes dérivent des propriétés

naturelles inhérentes aux choses de la création, accommodées aux besoins de l'homme, de leurs rapports entre elles, avec tous les êtres vivants et principalement avec l'homme, en conformité des lois constitutives, physiques aussi bien que morales de l'univers.

Leur but est de faire atteindre à l'homme, seule créature douée de l'intelligence, par le secours de la matière que cette intelligence domine et soumet à son action, tous les degrés de prospérité matérielle compatibles avec les aspirations plus élevées de la nature humaine.

L'univers entier est ouvert aux investigations de l'économie politique pour découvrir, connaître et utiliser les moyens de développer le bien-être de l'humanité. Les intérêts matériels de la société seront d'autant mieux servis que les lois physiques et morales de l'univers seront mieux connues et mieux observées dans leurs rapports avec ce qui favorise la prospérité de l'homme.

Ces notions sont différentes de celles qui font de l'économie politique la science des richesses et de leur répartition, ainsi que la définissait Adam Smith au temps où ses immortels écrits la faisaient pour ainsi dire sortir des langes du premier âge. C'était alors comme une de ces appellations d'enfance, suffisante pour le cercle restreint de la famille; mais qui ne conviennent plus à l'âge viril, alors que l'individu, parvenu à son entière croissance, doit être reconnu et nommé de tous.

La richesse, avec sa formation et sa répartition, ne représente qu'un des aspects de l'économie politique, un de ses résultats, fût-il même accepté comme le plus frappant aux yeux du vulgaire; mais la richesse n'est qu'un état particulier et accidentel qui ne spécifie pas l'objet réel de l'économie politique. Cette science ouvre un champ bien plus étendu. Elle touche à tous les faits de l'humanité pour les surveiller, et en tirer le meilleur parti en tant qu'ils sont capables de contribuer à la prospérité matérielle publique, sans toutefois, ne nous lassons pas de le répéter, porter atteinte aux exigences morales de notre nature humaine.

Ce ne sont pas les intérêts de l'homme isolé ou d'une classe d'hommes à part qu'elle envisage. Si l'homme est seul, s'il n'y a pas société ou s'il n'est question que de portions d'une même société, d'un même peuple, il n'y a pas matière à l'économie politique. Les intérêts individuels sont trop souvent en opposition avec l'intérêt général pour concourir au bien commun, et ce sont les intérêts généraux que l'économie politique embrasse, c'est-à-dire ceux qui représentent la prospérité matérielle de tous les hommes réunis en société.

Il ne faudrait pas non plus s'imaginer qu'elle comprend le champ tout entier des intérêts humanitaires. Cette prétention a quelquefois été élevée en son nom ; mais à tort. Son importance, quelque considérable qu'il soit, et des bornes assignables. On a voulu aussi la confondre avec la science du gouvernement. Assurément, l'autorité gouvernementale ne saurait trop se préoccuper des enseignements de l'économie politique pour éclairer et diriger son action ; mais elle n'est pas la science administrative : celle-ci est autre. On a poussé l'exagération jusqu'à prétendre que l'économie politique embrassait la science universelle, qu'elle était la science politique sociale dans laquelle toutes les autres sont comprises. L'erreur est plus grave encore et ne pourrait qu'apporter une confusion fâcheuse, nuisible à la clarté de l'exposition de chacune de ces sciences.

La politique est la science qui apprend par quels liens les peuples sont formés et retenus en société, par quels moyens leur indépendance peut être défendue contre les tendances envahissantes des autres peuples; l'économie politique est LA SCIENCE DES INTÉRÊTS MATÉRIELS DE L'HOMME EN SOCIÉTÉ. Tout ce qui sort des intérêts matériels concourants au bien-être de la vie de l'humanité, n'est plus du domaine de l'économie politique. Son but distinct, unique, est *le bien-être général universel*.

D'autres auraient peut-être dit : « Le but de l'économie politique est le bien-être social. » Mais l'expression sociale implique l'idée de socialisme et de communisme dans lesquels la liberté de l'individu serait sacrifiée au bien-être de tous. Or la liberté de l'homme, seul *criterium* de la valeur de ses actes, mérite nos plus grands respects et ne doit subir d'atteinte que dans l'exacte et rigoureuse proportion où elle serait *nuisible* à celle des autres, et non au delà.

Les matériaux de l'économie politique se trouvent dans toutes les choses de la création, physiques, intellectuelles et morales, employées selon les lois éternelles de la nature; et le moyen, l'action dont elle se sert, dont elle use pour les mettre en œuvre, c'est le travail intelligent, c'est-à-dire le travail donnant lieu à un produit économique.

L'économie politique est indubitablement une

science. Comme toutes les autres sciences, elle résulte de l'observation.

Les conséquences prochaines ou éloignées des choses, quand elles ont été reconnues pour véritables et certaines par l'intelligence de l'homme, sont posées comme principes ; elles font loi et servent de base pour prévoir et amener des résultats analogues dans des circonstances semblables, toujours en vue de favoriser le bien-être général.

L'économie politique ressort donc de la nécessité des choses telles qu'elles ont été constituées dans la nature. Elle existait de tous temps dans ses principes et son ensemble, ignorée, confuse jusqu'à ce que l'intelligence de l'homme l'ait démêlée, découverte, débarrassée de ses obscurités et produite aux regards ; comme l'œuvre du statuaire est renfermée dans le bloc de marbre jusqu'à ce que l'intelligence et l'habileté de son ciseau en aient dégagé les formes et les contours.

Nous avons dit que l'intelligence de l'homme était chargée de découvrir les traces, les premiers éléments de l'économie politique. Nous avons évité de dire la raison de l'homme à la place de son intelligence. Nous estimons qu'il y a entre ces deux expressions une différence immense qui n'a pas toujours été observée et dont l'oubli a été la cause de bien des méprises.

L'intelligence est l'instrument à l'aide duquel l'homme prend connaissance de tout ce qui est hors de lui, de son moi existant ; c'est une faculté inhérente à sa nature, un don du Créateur à lui ; elle est en lui.

La raison, au contraire, ne lui appartient pas, il en use ; elle est dans les choses, hors de lui. Elle ne tient à lui que par la perception, la reconnaissance qu'il en fait. Qu'est-ce en effet que la raison, ou mieux, qu'est-ce qu'un homme raisonnable ? c'est évidemment un homme qui se conduit selon la raison.

Un homme qui marcherait droit contre un mur, sans tenir compte de l'obstacle, serait regardé comme un homme sans raison. La raison de ce qu'il ne doit pas diriger sa marche contre le mur, est que le mur oppose un obstacle infranchissable. C'est avec raison que vous faites telle ou telle action, parce que toutes les circonstances que vous distinguez y sont favorables ; c'est avec raison que vous ne ferez pas telle autre action, parce que les circonstances y sont défavorables. La raison dit de se bien conduire, c'est-à-dire de manière à montrer qu'on tient compte de tout ce qui caractérise une bonne conduite, comme de porter le respect à qui il est dû, de remplir les devoirs de sa position, d'employer utilement son temps et son argent, au lieu de dissiper l'un et l'autre à la poursuite de plaisirs pernicieux. On dirait de tout individu qui agit ainsi: C'est une personne raisonnable; cela veut dire une personne qui aperçoit la raison des choses et ses conséquences.

La raison elle-même appartient aux choses. Elle est essentiellement ce qui est la cause; elle produit les effets. La raison n'est donc pas en nous, elle est tout extérieure à notre moi, substance pensante, qui ne fait que l'apercevoir suivant le degré d'intelligence.

En général, se conduire suivant la raison, c'est se conduire en appréciant d'avance les effets qui seront produits par les causes.

L'intelligence bornée ne voit pas ces effets, elle n'en tient pas compte, elle agit au hasard; l'intelligence ordinaire les distingue à mesure qu'ils se présentent; l'intelligence supérieure les prévoit d'avance; le génie les voit de loin, il en combine les résultats avant que le commun des hommes en ait conçu la première pensée. C'est là son mérite, et plus grande est la distance où il les aperçoit, plus élevé, plus étendu est le génie.

SA DÉFINITION.

Ce que l'on nomme vulgairement la raison qui est bien la raison elle-même n'est autre chose que la cause et ses effets reconnus, appréciés.

La même cause peut produire différents effets. Distinguer entre ces effets ceux qui concourent à un but déterminé, les classer par rapport à ce but, est l'œuvre de l'intelligence découvrant la raison de ces effets.

L'homme n'est dit raisonnable que parce que, seul de toutes les créatures, il lui est donné d'apercevoir, de connaître la raison.

Il peut y avoir quelque incertitude attachée à l'emploi de la raison, parce que l'intelligence est sujette à erreur, lorsqu'elle est mal éclairée ou faussée par les préjugés ou les passions. On prend souvent pour la raison ce qui n'est que le produit de l'imagination ; il semble que ce soit la raison qui conduise à une conséquence qui ne se réalisera pas, parce qu'on n'a pas tenu compte, par ignorance, par imprévoyance, ou par passion, d'éventualités survenues à la traverse, occurrences trop ordinaires dans la vie habituelle. Ce qui a fait dire avec beaucoup de justesse à un sage que *rien n'est souvent plus décevant que la raison ;* c'est-à-dire que ce qui a les apparences de la raison dans une intelligence n'en a souvent pas la réalité dans les conséquences. Il est évident que dans ce cas ce n'est pas la raison elle-même qu'il faut accuser d'avoir fait défaut, elle ne le peut; mais simplement la justesse de l'intelligence qui a cru l'appliquer et s'en servir.

Ainsi l'économie politique est la raison de la prospérité et du bien-être matériel, et elle n'est devenue une science qu'autant que cette raison a été reconnue, qu'elle a été enregistrée avec ses conséquences. C'est de la raison que découlent les éléments de l'économie politique. Ces éléments fonctionnaient à l'origine, à l'insu de l'intelligence, mis en mouvement par une force instinctive. Ils semblaient plutôt poussés à l'aventure que dirigés par une cause obligatoire. On obéissait aveuglément à l'impulsion sans la connaître, comme on a longtemps suivi la ligne droite avant d'avoir formulé qu'elle fût le plus court chemin; alors que toute science stationnait encore dans le bloc non dégrossi de l'intelligence.

Pendant de longs siècles, il en fut ainsi. Par la suite des temps, quelques observations éparses ont fait penser que les choses humaines ne se comportaient peut-être pas au hasard, qu'elles étaient amenées l'une par l'autre, qu'elles se succédaient virtuellement, et lorsqu'on eut remarqué, à des reprises différentes, espacées quelquefois à de longs intervalles l'un de l'autre, que les mêmes effets étaient produits par des causes semblables ou analogues, on a été induit à penser que les mêmes effets se reproduiraient toujours dans les mêmes circonstances.

De là on a conclu à certains principes plus ou moins vrais, ou quelquefois erronés, suivant la justesse d'esprit des observateurs.

Ce sont ces principes dégagés de ce que l'on croyait l'erreur, et lorsqu'ils concourent au bien-être matériel de l'homme qui ont servi à constituer la science de l'économie politique.

Cependant il se présente encore ici une considération d'une importance majeure.

Certains principes sont vrais d'une manière absolue en dehors de l'économie politique, par rapport aux choses d'où ils dérivent, et ne sont pas d'une vérité aussi absolue en économie politique, parce qu'ils ne peuvent être appliqués à l'homme en société, comme ils le sont aux choses. Il doit y avoir dans leur application à l'homme en société une proportionnalité dont l'oubli les rend souvent pernicieux, de vivifiants qu'ils auraient été. Nous devons reconnaître que cette proportionnalité fait partie essentielle de l'économie politique.

Il y a des principes généraux qui sont des lois des corps matériels, et qui, comme telles, sont des lois immuables : dans leur application à l'homme et aux phénomènes sociaux, elles demandent une modification, une proportionnalité suivant la nature des choses ou les exigences de la morale qui constituent aussi une des lois éternelles de l'humanité.

Dans l'ordre physique, le trouble des proportions nécessaires apporte la désorganisation des corps eux-mêmes; dans l'ordre moral, le trouble des proportions qui se traduit par le manque d'équité, n'apporte pas des dommages moins grands.

Or l'économie politique n'a pas pour but une création constante, démesurée, aveugle de la richesse, ainsi qu'on le dit communément ; mais la production de la richesse jusqu'à l'équilibre du bien-être.

Les principes généraux et absolus existent sans aucun doute dans la nature : appliqués aux individus, il n'y a que des proportionnalités, bien que ces proportionnalités découlent des principes généraux. Les résultats vraiment utiles au bien-être de l'humanité dépendent de la connaissance et de l'application de cette proportionnalité.

Ainsi, certaines substances employées dans toute l'extension de leur vertu ont des propriétés morbides dont la médecine sait modifier les effets par la proportionnalité des doses. De nuisibles, elle les rend propices à la santé ; l'homme ne peut subsister et renouveler les forces de la vie que par l'alimentation. C'est un principe incontesté. Cependant l'alimentation surabondante, sans égards aux proportions qu'exigent l'âge des individus, leur constitution et leur état de santé, est une des causes les plus communes de maladie et de désorganisation menant à la fin de l'existence.

Cette différence a été sentie par Rossi, lorsqu'il a proposé de distinguer l'économie politique appliquée, de l'économie politique pure, faisant de l'une la science en théorie, et de l'autre la science en usage. Distinction calquée sur celle qui est admise en mathématiques.

Mais il ne faut pas perdre de vue que les mathématiques pures sont les vraies mathématiques, comprenant sans modification toutes les vérités abstraites de la science, tandis que ce que l'on nommerait économie politique pure ne comprendrait aucune des vérités exposées de l'économie politique.

D'ailleurs l'économie politique n'a pas de vérités abstraites, celles que l'on fait passer pour telles ne lui appartiennent pas et sont toujours du domaine d'une autre science confondue avec elle.

Il n'y a pas de parité possible entre l'économie politique et les mathématiques. L'objet des unes est simple : la mesure, toujours la même, sans variations dans son essence et variée seulement dans ses applications ; l'objet de l'autre, au contraire, est complexe : les intérêts matériels de l'homme en société, pour arriver à un but complexe par lui-même, le bien-être universel.

Les tendances de l'école actuelle de l'économie politique ne sont peut-être pas tout à fait conformes à ces données. On ne tient pas assez compte de la nécessité de modifier ce qu'on appelle les principes des choses dans leur application à l'espèce humaine, et c'est peut-être une des causes de la défaveur et de l'opposition que la science rencontre souvent.

Certaines vérités sont absolues par rapport aux choses, et ne peuvent être appliquées avec la rigidité de l'absolu à la société, où elles apporteraient des troubles par leur désaccord avec la nature de l'homme et avec l'équité.

Des principes vrais dans leur sphère ne sont d'une vérité absolue que dans la sphère qui leur appartient; car l'homme, comme être en même temps physique et moral, être mixte, soumis aux exigences physiques et aux exigences morales, ne saurait en supporter les conséquences; c'est l'opinion de ceux qui sentent plus profondément que l'absolu n'est de son essence qu'autant que l'honnêteté est en cause; alors seulement, l'absolu règne en souverain. Hors ce cas, il n'y a que des systèmes comme tous ceux qui ont précédé l'ère de la raison.

Les principes mêmes les plus avoués, les mieux reconnus aujourd'hui de l'économie politique, ont été dégagés à grand'peine du chaos des idées primitives de tous les peuples. Leur enfantement a été long et laborieux, au prix de souffrances prolongées; leur naissance a été un bienfait. La faiblesse humaine s'est aussitôt tournée vers ces premières lueurs comme vers la clarté d'un flambeau qui devait guider sa marche mal assurée. L'intelligence s'en est saisie; elle a pris un essor plein de confiance vers le but de l'économie politique, le bien-être universel. A l'aide de la division du travail, de l'offre et de la demande, du libre échange, elle a cru y parvenir, et elle s'est étonnée de ne pas aboutir au gré de ses espérances. C'est que ces principes pleins de vie ne contiennent pourtant pas la vérité tout entière. Cette vérité n'existe que dans la pondération de chacun d'eux, à l'exception d'un seul, nous venons de le dire, qui les domine tous d'un empire absolu, le principe de l'honnête qui comprend la morale et, par suite, l'équité. L'équité doit présider à toutes les actions humaines, elle est le lien des sociétés.

Nous avons défini l'économie politique, *la science des intérêts matériels de l'homme en société*.

La bonne entente de ces intérêts dépend de l'emploi des propriétés naturelles des choses, de la connaissance exacte de leurs rapports entre elles avec les êtres vivants et principalement avec l'homme, suivant les lois physiques et morales de l'univers.

Ces intérêts se résument dans le bien-être, et la prospérité matérielle des peuples; mais ils sont toujours subordonnés à la loi morale qui est la première condition de l'existence de l'homme en société. Cette dernière loi méconnue, il n'y a plus que l'existence du sauvage; l'homme sociable disparaît, la brute reste et elle ne peut être l'objet des investigations de l'économie politique. Dépourvue de ses rapports avec la loi morale, la matière de l'économie politique ne serait plus qu'une science physique, ne constatant que des effets physiques. En un mot, elle ne serait plus la science des intérêts même matériels de l'homme en société. Or l'homme comme homme, et la société comme réunion des hommes, impliquent la prise en considération et le respect de tout ce qui, dans leur nature, touche à la loi morale aussi bien qu'à la loi physique.

Le but vers lequel tend l'économie politique est donc le bien-être universel. Le moyen pour parvenir à ce but est le travail ; ce moyen est unique, parce que seul il répond aux exigences de la loi morale.

Le travail, sous son aspect général, est la mise en action des facultés physiques et intellectuelles de l'homme. L'opposé du travail est l'immobilité, le repos, la paresse. La faculté donnée à l'homme d'employer ses forces sous la conduite de son intelligence le distingue de l'animal qui ne connaît que des instincts de conservation, et des corps inorganiques soumis à l'inertie. Le travail intelligent est le don le plus précieux de Dieu à l'homme ; c'est par lui qu'il sort des étreintes de la nature sauvage, qu'il arrive à la dominer et à la soumettre à sa puissance. Le travail, il est vrai, s'exerce aux dépens des principes de vie, il les fatigue, il les détruit : le travail intellectuel, non moins que le travail physique, use l'homme, c'est une loi de son existence ; mais les avantages que celui-ci en retire sont si éminents, qu'il n'a pas lieu de se plaindre de l'échange et du sacrifice.

Les fruits du travail universel de l'humanité présentent, dans leur continuité, de génération en génération, le spectacle d'une moisson toujours luxuriante, sans cesse renouvelée sans autre épuisement possible que par un cataclysme.

Le travail doit être considéré sous deux points de vue très-différents, par rapport à l'homme et par rapport à la société. Par rapport à l'homme, le travail ne produit que des avantages personnels dont la société ne lui tient aucun compte. Ce travail n'est pas celui dont s'occupe l'économie politique.

Il importe peu, en effet, à la société, qu'un homme ait travaillé pour satisfaire son goût, sa fantaisie, ses passions ; si ce goût, cette fantaisie, ces passions, ne sont pas partagés par d'autres que lui. Dans ce cas, le produit de son travail n'a de valeur que pour lui-même et n'en a aucune pour le corps social. La société n'a aucun devoir de rémunérer les fantaisies et les goûts particuliers. L'homme naît avec le droit de liberté, — liberté entière par rapport aux actes qui ne concernent que lui ; liberté limitée par l'équité quand ses actes touchent les autres hommes. Toujours placé sous cette admirable loi de la responsabilité, vis-à-vis de lui-même, l'individu est libre de choisir l'objet de son travail. Il aura satisfait ses propres désirs en vertu de la liberté naturelle dont il jouit ; mais il ne peut élever aucune prétention à ce sujet vis-à-vis de la société. Elle ne lui doit rien, parce qu'il a travaillé en vue de se contenter lui-même, et que les fruits de son travail n'ont pas été acceptés des autres.

Mais que ces fruits soient agréés par la société, et son travail prend un aspect tout différent. Il n'est plus isolé, parce qu'il a rencontré un autre travail qui consent à se donner en échange. Alors il vient prendre place au nombre des phénomènes sociaux. Ce fait, de son échange possible, si simple en apparence, est un des plus compliqués et des plus féconds en résultats. Il est à lui seul tout le mobile de l'économie politique. On dit communément dès lors que le travail a pris de la valeur échangeable, expression de peu de justesse par rapport à la valeur réelle, ainsi que nous allons le voir plus loin. Elle indique au moins qu'une valeur était déjà acquise, puisque le mot qualificatif qui lui est joint est venu la spécifier.

CHAPITRE III

DE LA VALEUR ET DU PRIX — DE L'ÉCHANGE DE LA RÉMUNÉRATION DES SERVICES

Le résultat du travail est appelé produit. Tous les produits ont de la valeur, puisqu'ils sont tous en dernier lieu le résultat d'un travail de l'homme; mais ils ne sont pas tous échangeables. Il en est qui n'ont été confectionnés que dans un but personnel ou de fantaisie et qui ne conviennent à personne autre. Pour ceux-là, leur valeur économique reste pour ainsi dire à l'état latent, jusqu'à ce qu'un désir d'autrui vienne lui donner l'existence par l'échange.

Qu'est-ce donc que la valeur et suivant quelle loi s'apprécie-t-elle ? Questions graves, les plus importantes de toutes celles que soulève l'économie politique, et que tous les ouvrages qui s'en occupent signalent comme une des plus grandes difficultés, presque un des écueils de la science.

Dans l'expression de valeur employée d'une manière générale, Adam Smith avait distingué avec une sagacité supérieure la valeur en usage, *value in use*, et la valeur en échange, *value in exchange*; J. B. Say leur a donné cours sous les noms de valeur d'utilité et de valeur échangeable. Depuis ces deux hommes éminents, l'économie politique a vécu sur cette distinction. Seulement, l'on a remplacé valeur en échange par rareté, comme l'expression de ce qui fait qu'une chose a plus ou moins de valeur en échange, en y ajoutant les frais de production. Or l'analyse de ces trois expressions va démontrer que la distinction n'a pas été poussée à ces dernières limites, et que ce que chacune représente n'est pas toujours la base de la valeur.

Rendons-nous compte d'abord un peu plus positivement de la signification du mot valeur. Ce mot n'a pas d'équivalent dans la langue latine, bien qu'il vienne du mot latin *valere*, valoir, avoir de la santé, de la force. Il est employé pour indiquer la présence et la bonne harmonie de ce qui fait la première condition d'existence d'un individu ou d'un objet. Sa signification ne dépasse pas les limites de cette étendue et ne porte pas, par exemple, sur les qualités de l'objet ou de l'individu. On ne dira pas d'un homme lui-même, *valet*, parce qu'il a telle ou telle qualité. On ne le dira que du fonds de forces naturelles qui assurent son existence, celles de sa santé à l'état normal. L'expression française valeur a retenu cette signification particulière du verbe de la langue latine, et c'est à tort, suivant nous, qu'on l'a étendue, dans le langage ordinaire, à des qualités qui lui sont étrangères.

La valeur en usage, la valeur d'utilité, ne sont autre chose que l'utilité, *utilitate valet*. Il a de la valeur par l'utilité, et l'utilité est une qualité de l'objet ou de l'individu différente de la valeur ; aussi n'est-il pas juste de comprendre l'utilité comme partie intégrante dans l'estimation de la valeur au point de vue économique. Ni objets, ni services, ne valent, économiquement parlant, en raison de leur utilité ; mais seulement en raison des précédents de travail qui ont composé leur valeur. S'il fallait payer une paire de bottes ou le conseil d'un médecin suivant le degré d'utilité dont ils sont pour nous et surtout à certains instants donnés, le tarif de ces services serait exorbitant, et, hâtons-nous d'ajouter, sans équité, et force serait bientôt de nous en passer. L'équité veut que nous payions une paire de bottes au bottier ou au marchand ce qu'elle lui a coûté, plus un surcroît rémunérateur, et non en raison du chemin qu'elles nous aident à faire et des fièvres qu'elles nous évitent en nous tenant le pied sec. Les services du médecin sont rétribués d'après un ensemble de frais qu'ont exigé son instruction et son expérience. Les objets et les individus ont une valeur propre et normale, quelquefois variable, il est vrai, dans certaines limites, mais toujours assignables, qui est indépendante de l'utilité.

Tous les objets, tous les services ont une valeur, même ceux qui ne sont pas échangeables; car ils ont coûté un effort, un travail à leur auteur. Mais ils n'ont pas tous un prix. Ce prix peut sommeiller pendant de longs espaces de temps, des temps infinis; il se réveillera le jour où une proposition d'échange viendra le rendre à l'existence.

L'expression de valeur en échange est aussi impropre que valeur d'utilité. Elle ne désigne autre chose que la propriété, possédée par l'objet ou le service, d'être échangée contre d'autres objets ou d'autres services. Cette pro̰ é de trouver un échange paraît très-heureusement rendue par le mot d'échangeabilité, proposé par M. Garnier.

La rareté elle-même, en vertu de laquelle l'échangeabilité s'accroît, ne change rien à la valeur intrinsèque qui reste toujours le rapport avec la somme du travail accumulé sur l'objet. Qu'importe que le blé soit plus rare, en a-t-il coûté plus à produire? Assurément non. La rareté peut bien faire que dans mon désir de posséder l'objet, fût-ce même à cause de son utilité relative, j'offre ou je consente à donner deux fois, dix fois, cent fois sa valeur (le terme est pris ici dans sa véritable acception); mais elle n'ajoute aucun effort aux efforts qui l'ont produit, elle ne change rien à la nature de l'objet convoité, qui reste le même.

L'offre et la demande ne changent non plus rien à la valeur ; ils ne la touchent pas; ils ne sont que l'expression du désir de vendre ou d'acheter, et n'influencent que le prix.

Les diamants et les pierres précieuses sont des objets rares par excellence. La rareté n'est pas plus un des éléments de leur valeur réelle que l'offre et la demande. Elle n'y ajoute rien, mais elle influe, comme toujours, sur les prix. La valeur réelle du diamant résulte de la supposition des efforts et des recherches jugés nécessaires pour arriver à trouver une pierre déterminée. D'ailleurs, si l'on pouvait additionner ce que tous les diamants du monde ont coûté de travail infructueux et resté inconnu, estimé au taux du travail contemporain, pour être ramassés ou tirés du sein de la terre et taillés, il pourrait se faire que le prix dont on les paye soit encore inférieur à leur valeur réelle.

Souvent le mot valeur s'emploie inconsidérément à la place du mot prix : on demande quelle est la valeur d'un objet, en voulant demander combien il coûte. Le prix n'est autre chose que la somme de monnaie demandée ou offerte en échange ; il est toujours distinct de la valeur. On les confond par une licence fréquente et permise dans le langage ordinaire, mais qui doit être soigneusement évitée dans le langage scientifique.

On dit encore, sans plus de justesse d'expression : Cet objet a changé de valeur, par quelque cause que ce soit, et principalement par suite de l'offre et de la demande. Cette locution se trouve dans une foule d'ouvrages sur l'économie politique dont elle devrait être bannie. Elle est certainement une des causes de la confusion qui s'est établie sur le mot valeur et qui a les suites les plus fâcheuses. L'offre et la demande, en jetant leur perturbation les plus grandes sur les prix, n'ont pas changé les rapports constitutifs de la valeur et encore une fois ne l'ont pas altérée.

La valeur réelle d'un objet n'est changée qu'autant, ou qu'un nouveau travail est venu s'adjoindre à celui qu'il avait déjà subi, ou que les effets du premier travail se trouvent détruits, soit entièrement, soit partiellement, par une cause quelconque. Alors la valeur n'est réellement plus la même puisque les conditions d'existence ont changé.

Le fer en barre a une valeur; lorsqu'il est travaillé dans une certaine forme, il en a une autre plus grande, et, lorsque les effets de ce travail qui lui avaient donné une plus grande valeur sont anéantis par l'usage, il redescend aux environs de sa valeur première. Dans ce cas et dans tous les cas analogues, la valeur a véritablement changé, car elle ne se trouve plus au même degré pendant les différents états.

Ce que l'on entend dans le langage ordinaire par ces mots : Cet objet a changé de valeur, revient à dire qu'il n'a plus le même degré d'échangeabilité, et que personne n'en donnera plus le même prix. Mais nous avons vu que l'échangeabilité est tout autre chose que la valeur, et ne peut être prise pour elle.

Le mot valeur ne représente pas non plus seulement les simples frais de production. On entend communément par ceux-ci les frais de fabrication, ceux qui ont été employés à manufacturer l'objet, à lui donner sa forme. La valeur comprend encore les frais qui l'ont amené sur un point donné. Le travail du transport vient s'ajouter à celui de la fabrication. La rémunération des différents producteurs reste en dehors de la valeur et concourt à former le prix.

On pourrait être tenté de croire avec certains économistes que les objets enfouis dans les profondeurs des mers, dans les entrailles de la terre, ou ceux que celle-ci produit spontanément à sa surface ont de la valeur. C'est encore là une erreur très-positive.

La nature ne crée pas de valeurs, elle ne crée que des utilités, des aptitudes de valeur. L'air, l'eau, les métaux, les minéraux, enfin tous les corps bruts ou vivants qui sont répandus à la surface du globe, ou qui en constituent la masse et embrassent l'his-

SA DÉFINITION.

toire naturelle entière, n'acquièrent de valeur réelle qu'autant qu'un travail quelconque de l'homme la leur a donnée.

Dans maintes circonstances, l'homme a su se faire de la nature un instrument de travail; mais ce n'est pas le travail de la nature qui a donné de la valeur véritable, de la valeur économique à ses produits. Cette valeur, et pour mieux dire la véritable valeur, la valeur par excellence, en est indépendante. Elle provient exclusivement du travail de l'homme lui-même.

C'est là l'unique source de valeur naturelle, intrinsèque, la seule valeur foncière dans l'échange; et c'est parce qu'elle est la seule, que les passions des hommes, à l'aide d'un faux raisonnement, lui ont assimilé un autre ordre d'idées dont elles prétendent retirer les mêmes avantages que de cette valeur foncière. Elles ont fait confondre, dans la même appellation de valeur et de ses changements, les fluctuations qui résultent de l'offre et de la demande; tandis que le phénomène de l'offre et de la demande ne donne qu'une valeur d'opinion, souvent imaginaire, qui peut faire hausser ou baisser les prix, mais qui n'a rien de commun avec la valeur réelle.

Et cette distinction n'est pas arbitraire ; elle est, il faut le reconnaître, dans la nature, dans la vérité des choses. L'exposition et la reconnaissance de la nature intime et réelle de la valeur jettent sur les faits économiques une lumière inaccoutumée qui nous profitera bientôt pour éclairer et résoudre la question principale dont nous nous occupons. Mais avant d'y arriver, nous déduirons quelques conséquences de cette définition précise qui réduit la valeur à un ensemble de faits exempts de variations.

L'appréciation et l'estimation de la valeur ont beaucoup occupé les économistes. Ils ont tous senti que c'était la pierre fondamentale de l'édifice économique tout entier; et c'est peut-être parce que cette pierre a été mal assise que l'économie politique n'a pas eu sur les esprits l'influence de conviction qu'elle devrait avoir. Ils ont attribué à la valeur plusieurs bases et n'ont pas reconnu nettement que le travail en est la seule et l'unique, et ils l'ont affublée de circonstances ou illusoires ou étrangères.

On objecte que le travail est une action et qu'il ne peut être la valeur même. L'objection est fondée et pourtant spécieuse. Nous ne prétendons pas que le travail soit la valeur même. Le travail consiste dans une somme d'efforts, et la valeur a, philosophiquement parlant, son essence propre. C'est le rapport du travail au produit, elle s'estime en raison du travail incorporé. Cette base d'estimation a lieu dans tous les cas, et s'il en est quelques-uns qui semblent exceptionnels, c'est que le travail y est seulement supposé; mais c'est toujours le travail rêvu ou possible qui sert de base à l'estimation de la valeur.

On fait une autre objection non moins spécieuse. On prétend que le travail n'est pas la seule cause de valeur, que la nature crée aussi de la valeur.

Une terre fertile a une valeur plus grande, dit-on, qu'une autre qui l'est moins; — une mine riche facile à exploiter a une valeur plus grande que celle dont les produits sont moins abondants et dont l'exploitation présente plus de difficulté.

Il y a encore ici confusion dans le langage : Si l'on disait : Cette terre ou cette mine sont d'un *prix* plus élevé, parce que les produits en sont ou plus faciles, ou meilleurs, ou plus abondants, on serait dans le vrai.

La nature offre des terres plus fertiles, des mines plus fécondes, comme elle crée des intelligences plus grandes les unes que les autres. Mais la fertilité d'une terre n'a pas fait de valeur; car cette valeur n'existait pas tant que la terre était inculte. La valeur prendra naissance le jour où le travail de l'homme aura mis la terre en valeur.

Le colon qui aura choisi cette terre pour y appliquer son travail aura trouvé un excellent instrument de production, d'autant plus avantageux pour lui qu'il lui aura coûté moins de peine; mais il aura créé cette valeur par son travail, et cette valeur sera d'autant moins grande pour lui qu'elle lui aura coûté moins de travail.

Cependant s'il vient à vendre sa terre, il l'estimera au prix des autres terres qui auront exigé une plus grande quantité de travail pour être mises en valeur et au prix de la quantité et de la qualité comparatives de fruits ou de récoltes qu'elle produira.

Qu'est-ce que cela veut dire? sinon autre chose que la rémunération de son travail, que la partie rémunérative dans le prix sera plus grande pour lui, puisque la valeur provenant de son travail aura été moindre, et c'est peut-être à cause de cette grande rémunération qu'il se sera décidé à vendre. Quand il aura vendu, l'égalité se fera pour le nouveau propriétaire ; car lui, il a donné en échange de la terre une quantité de travail plus grande et équivalente à celle qu'eussent demandée des terres moins fertiles.

Aussi la valeur est autre pour lui que pour le

premier propriétaire, et c'est bien dès lors la valeur véritable de la terre.

S'il l'a payée trop cher, d'un prix trop élevé, c'est comme s'il s'était donné trop de peine, comme s'il avait employé trop de travail, un travail inutile pour l'amener à cet état de fertilité.

Il en est de même de ce que l'on nomme *la plus-value*, par une expression pleine d'exactitude, — en plus de ce que cela vaut. — Une terre, une maison isolée acquièrent tout à coup une convenance plus générale, des avantages plus considérables du passage à proximité d'un nouveau chemin, de constructions ou d'établissements qui viennent se placer dans son voisinage. Le bénéfice de la position revient assurément au propriétaire de la terre ou de la maison. Il lui appartient au même titre que la moisson surabondante d'une année favorable. Mais cette plus-value n'ajoute pas à la valeur intrinsèque de sa propriété, le prix seul croîtra en proportion des avantages recueillis. Ce n'est que pour un nouvel acquéreur que la valeur se trouvera en raison du travail représenté par la somme qu'il aura dépensée pour en faire l'acquisition.

Une mine, un homme intelligent, ne valent, n'ont de valeur que par le travail. — La mine, par le travail qui y aura été appliqué ; l'homme intelligent par le travail qu'il produira.

Lorsque l'on dit : l'homme intelligent vaut plus que l'homme réduit à ses forces musculaires, on fait toujours une ellipse. On veut dire que le travail de l'homme intelligent a une plus grande valeur que celui des forces musculaires. L'homme intelligent, s'il est paresseux ou vicieux, peut moins valoir que celui qui n'a que ses forces musculaires à mettre en exercice.

Le guano, cette substance fertilisante, a été longtemps sans valeur. Sa valeur lui a été donnée lorsque le travail humain lui a été appliqué. On n'a eu la peine que de l'enlever et de la transporter.— Sa valeur est peu de chose, mais son prix s'est à peu près nivelé dans chaque pays avec celui des substances analogues. D'où il est arrivé que la rémunération a été grande pour ceux qui y ont appliqué leur travail. C'est toujours la répétition du même phénomène économique. Encore une fois, et toujours, la valeur économique n'existe que par le travail et en rapport avec ce travail.

Il est seulement permis de dire dans le langage ordinaire : La valeur c'est le travail, pour donner plus de force par le rapprochement ; mais en se rappelant toujours l'ellipse de l'idée intermédiaire, le rapport.

Le travail peut être considéré sous deux aspects :
le travail simple et le travail composé. Le travail
simple est celui qui résulte des efforts du manœuvre,
il est le travail humain dans sa plus simple expression, il s'exprime en force et en durée, tandis que
le travail composé est celui qui, outre les qualités
du travail simple, la force et la durée, possède encore la qualité.

De ce que chacun jouit d'une liberté entière dans
son travail, qu'il peut en appliquer les résultats à
lui-même, ou aux besoins de la société, et les modifier de toutes manières, selon que le lui suggère
son intelligence, il résulte que chacun est libre d'estimer la valeur de son propre travail par comparaison avec celui des autres, dans la proportion qu'il
lui convient de fixer ; et au nom de cette même
liberté, chacun est libre d'accepter ou de refuser
ces mêmes produits ou les services pour ainsi dire
imprégnés du travail d'autrui ; en sorte que l'on
peut dire avec vérité que chacun est le premier à
fixer la valeur de son propre travail, sauf à la voir
agréée par les autres.

C'est une des raisons pour lesquelles il n'est pas
possible de déterminer une base, un étalon de la
valeur, puisque cette valeur, avant tout engagement,

dépend autant de la mobile volonté de l'homme que des conditions de nourriture et autres. Aussi trouver une mesure exacte de la valeur est un problème aussi insoluble que celui de la quadrature du cercle, bien que les causes d'impossibilité ne soient pas semblables. Mais, de même que le calcul fait approcher de la mesure du cercle d'un degré qui suffit à tous les besoins, de même aussi la pratique permet de fixer la valeur d'une manière aussi approximative que la nécessité le requiert.

La mesure qui pourrait servir de base serait la nourriture nécessaire au renouvellement des forces de l'ouvrier, les frais concourant à le vêtir et à l'abriter. Ce serait un simple problème de dynamie, si chaque ouvrier faisait le même ouvrage, dans le même temps et aussi bien l'un que l'autre. Mais comme les éléments varient suivant chaque ouvrier, ce sont ces difficultés qui, outre la liberté d'estimation naturelle à chacun, rendent le problème insoluble en théorie. Cependant un expert ne s'y trompera pas; il arrivera dans la pratique à une estimation de la valeur moyenne et réelle de chaque objet, basée sur l'expérience, qui ne laissera à personne la possibilité de se croire dans l'erreur, et il fera cette estimation sans tenir compte de l'offre et de la demande, — il n'aura fait entrer dans son calcul que le travail mis en œuvre.

Les fruits de la terre, les produits provenant des animaux, les pierres ou les minéraux, n'auraient acquis aucune valeur s'ils étaient restés au lieu où la nature les a primitivement placés, et si les efforts de l'homme, conduits par l'intelligence, c'est-à-dire son travail, ne fussent venus les y chercher; en un mot, tous les objets provenant, de quelque façon que ce soit, d'un des trois règnes de la nature animale, végétale ou minérale, n'ont pas de valeur par eux-mêmes et n'en acquièrent que par le travail humain.

L'homme a été jeté sur cette terre pour y fournir sa carrière d'existence, et il lui a été donné d'user de toutes les choses créées à sa surface ou dans ses entrailles. L'animal trouve sa nourriture ou meurt. Il n'y a pour lui que des conditions toujours identiques qu'il remplit par instinct. L'homme seul jouit ici-bas, à l'aide de l'intelligence et du travail, de conditions de bien-être qui lui sont particulières. Le travail est le lien naturel de son être avec tous les corps de la nature. Il n'en use pas seulement pour trouver sa nourriture; mais aussi pour se mettre à l'abri des intempéries et jouir de toutes les affinités avec les corps de la création qui sont à sa convenance.

Voilà pour l'homme isolé. Est-il en compagnie d'un autre homme, entre-t-il en société avec lui, il n'a toujours droit qu'au seul produit de son travail; puisque l'être avec lequel il s'associe, intelligent comme lui et libre au même degré, est en possession des mêmes droits. S'il veut profiter des produits d'un travail qui n'est pas le sien, ce ne sera qu'en vertu d'un échange ou d'une donation volontairement faite à lui. La fierté naturelle au cœur humain, quand il n'est pas perverti, la conscience de sa force lui font refuser la gratuité des secours d'un travail étranger. Ce noble orgueil est inné dans toutes les âmes élevées. Le premier mérite d'un homme à ses propres yeux et devant ses semblables, quand il a le sentiment de sa dignité, sentiment que vous retrouverez souvent parmi les plus pauvres, est de se suffire, de pourvoir à ses besoins par son travail; et il comprend fort bien, en vertu de sentiments tout aussi purs, qu'il lui est licite de pratiquer l'échange des produits de son travail contre ceux du travail d'autrui.

Quelles sont les lois de l'échange du travail contre un autre travail ? Ce sujet délicat mérite quelques recherches.

Nous avons établi que les produits n'ont de valeur que par le travail auquel ils ont donné lieu. C'est bien là, en effet, quoi qu'on puisse dire, la base véritable d'évaluation, la mesure de leur valeur réelle comme produits. Mais il arrive aussi que chacun a le droit, dès qu'il s'agit d'échange, de demander en plus de l'équivalent de ce travail tout ce que sa volonté ou sa convoitise lui suggèrent, en vertu de la liberté des transactions. De même que la partie adverse a le droit d'accepter ou de refuser, en vertu de la même liberté, les conditions de l'échange proposé.

Toute opération d'échange, pour remplir les premières conditions d'équité, doit être accomplie sur le terrain d'une entière liberté ; car la liberté dans le travail et dans les transactions, en même temps qu'elle est un des axiomes les plus certains de l'économie politique, est une des bases fondamentales du droit naturel.

Un produit vaut donc ce qu'il contient de travail ; dans cette valeur doivent être compris les frais producteurs. Le surplus rémunérateur du sacrifice de cession qui doit accompagner tout échange, s'ajoute à la valeur et forme le prix.

La valeur une fois créée, elle subsiste et demeure moralement indépendante de l'action des hommes. Il ne leur est pas donné de la changer au gré de leur volonté. Elle est une chose positive existant par elle-même; et les variations de prix, causées par l'offre et la demande, ne la touchent en rien. Car ces changements dans les prix, si l'on voulait qu'ils fussent cause d'un changement de valeur, ne seraient l'effet que d'une valeur imaginaire qui n'a rien de réel dans la valeur intrinsèque de l'objet. C'est le prix qui a haussé ou baissé par suite de l'offre et de la demande, et non les conditions d'existence ou de production de ce qui fait l'objet de l'offre et de la demande. Une paire de souliers ne vaut que les frais qu'elle a coûté au cordonnier. Il y ajoute, comme toujours, la rémunération de son travail pour en faire le prix; un hectolitre de blé ne vaut que les frais qui ont concouru à sa production, bien que le calcul en soit plus compliqué que celui de la confection d'une paire de souliers, bien que le blé soit rare ou commun. Un poids quelconque de fer en barre, de plomb ou de cuivre en saumons, d'or ou d'argent en lingots, n'a aussi que la valeur des frais qu'ils ont subis, c'est-à-dire du travail qui y est incorporé. Et s'il est vrai de concevoir en théorie qu'il peut y avoir une valeur distincte différente pour chacun des produits semblables, pour chaque paire de souliers par exemple ; cependant l'expérience saura fixer un chiffre moyen comme type de leur valeur, qui sera regardé par tout le monde comme le taux réel au-dessous duquel le producteur serait en perte. De même les différents cultivateurs produisent l'hectolitre de blé à des frais divers, tandis qu'il y a une valeur commune dans le même lieu, déduite de toutes les circonstances réunies de production, et qui est considérée comme la valeur de l'hectolitre au-dessous de laquelle le laboureur ne serait pas récompensé de ses peines ou au-dessus de laquelle il recevrait un bénéfice insolite.

Pour les métaux, la vérité de cette observation est peut-être plus évidente encore, parce que les opérations nécessaires à leur extraction sont mieux circonscrites et plus simples.

D'après ce que nous venons de voir, l'idée de valeur telle qu'elle est donnée par l'école économique de nos jours ne présente pas une notion juste. L'école admet, au nombre de ses éléments, des phénomènes tels que l'utilité, la rareté, l'échange, l'action de la nature, qui ne concourent pas à sa formation ; tandis que la valeur réelle, ou plus simplement la valeur, c'est-à-dire ce par quoi un objet vaut, économiquement parlant, est indépendante des circonstances d'utilité, de rareté, etc., comme de toute autre qualité. Elle est l'effet du travail humain seul, appliqué à un objet, et elle est à tel point toujours en rapport avec ce travail qu'on peut presque la confondre avec lui. La valeur comme le travail est inhérente à l'objet et subsiste en lui autant que les effets du travail; mais au moment où ces effets sont altérés par une cause quelconque, le phénomène change d'aspect, la valeur subit des variations. Que ce soit par l'usage ou par l'influence du temps, ou par toute autre cause que l'objet ne remplisse plus la destination créée par le travail, ou que les effets de ce travail se détériorent, la valeur en suit les altérations et ne conserve plus qu'une valeur proportionnelle au travail persistant.

Un vêtement sortant des mains de l'ouvrier a sa valeur tout entière, résultant de tous les travaux résumés en lui depuis l'origine des matières premières qui ont servi à la confectionner, jusqu'aux dernières façons qui en ont fait ce qu'il est devenu. A peine a-t-il été mis en usage, que cette valeur s'entame, s'amoindrit ; et elle va toujours en diminuant à mesure que l'usage se prolonge, jusqu'à ce qu'il soit réduit aux derniers lambeaux de l'objet qui n'ont plus qu'une valeur infime et presque nulle.

Les substances alimentaires sont dans le même cas. Une fois consommées, leurs résidus peuvent encore avoir quelque valeur comme engrais, surtout lorsqu'ils proviennent des animaux ; mais sans comparaison pourtant avec celle dont elles étaient pourvues avant d'avoir servi à l'alimentation.

Une maison et toute habitation présentent un phénomène analogue. Elles subissent l'influence de toutes les causes dissolvantes naturelles à notre globe. Leur valeur s'altère et s'affaiblit par le temps de leur durée, sans même tenir compte des autres causes accidentelles, et il n'en est pas qui ne soient susceptibles de parvenir au point de ne plus conserver que la valeur des matériaux.

Les métaux subissent, dans les circonstances ordinaires, une détérioration beaucoup plus lente que toutes les autres substances, par suite de la solidité plus grande de leurs molécules. Cependant la valeur des objets qui en sont fabriqués diminue aussi avec le temps et par l'user, et arrive progressivement à celle du morceau de métal qui persiste en dernier lieu. Le métal lui-même finit par s'altérer et disparaître au contact des fluides environnants.

Il y a donc des corps dans la nature qui reçoivent du travail de l'homme une valeur d'une durée éphémère, annuelle, précaire, et cette valeur va se perdant par l'usage, par le temps et mille autres causes diverses, avec la substance même; tandis qu'il en est d'autres qui gardent les effets, l'empreinte du travail pendant une durée presque indéfinie, et conservent parallèlement, presque entière ou sans perte sensible, pendant un long espace de temps, leur valeur du premier jour.

Ces propriétés, inhérentes aux natures des différents corps, ont été observées et mises à profit. Par suite les résultats de l'épargne ont pu être conservés et devenir richesses, c'est-à-dire amas de biens; et se sont trouvés d'autant plus sûrement constitués qu'ils étaient capables de représenter plus longtemps le travail qui leur avait donné l'existence.

Réciproquement, les choses qui ont la propriété de représenter le plus longtemps la somme du travail qui leur a donné l'existence, sont celles dont la valeur persiste le plus longtemps, dont on fait des amas pour être employés dans l'avenir à mesure des besoins, et qui constituent la richesse.

La valeur est créée par le travail et toujours en proportion du travail. Mais ce serait une erreur, bien qu'elle soit assez commune, que de croire qu'elle constitue toujours la richesse. Une valeur peut être individuelle, et, dans ce cas, elle constitue seulement un avantage, une richesse individuelle, si l'on veut, mais non une richesse sociale. Elle ne devient richesse sociale, dans le sens des idées économiques, qu'autant qu'elle jouit de l'échangeabilité, c'est-à-dire de la propriété de convenir à d'autres qu'à celui qui l'a créée ou la possède.

Les échanges primitifs ont été faits entre des objets superflus aux uns, nécessaires aux autres, sans considération peut-être de la valeur. C'était un troc plutôt qu'un échange. Il avait lieu pour satisfaire des désirs ou des besoins momentanés, et l'on ne se rendait pas un compte exact de la valeur du blé par exemple, contre celle d'une brebis ; mais lorsqu'on se fut aperçu qu'il y avait avantage à recevoir tel objet plutôt que tel autre, on prit naturellement la valeur en considération, et l'attention se porta sur les objets qui conservaient le plus longtemps cette valeur sans se détériorer. C'étaient ceux qui convenaient au plus grand nombre et contre lesquels on était toujours sûr de pratiquer l'échange à volonté, parce qu'ils étaient recherchés de tous, en tout temps, et c'est à la suite de cette considération instinctive d'abord, réfléchie ensuite et confirmée par l'expérience, que l'on a compris la supériorité des métaux sur les autres objets comme intermédiaires d'échange.

En effet, l'or, l'argent, le cuivre et même le fer, sont des corps dont les molécules serrées et compactes conservent le plus longtemps la valeur acquise, c'est-à-dire les traces du travail qui les a amenés à l'usage des hommes. Et c'est à cause de cette propriété de conservation de leur substance, propriété de conservation corrélative à celle de leur valeur, que l'or, l'argent et le cuivre sont devenus la matière universelle de la monnaie.

Une pièce de cinq francs, en or ou en argent, vaut ce qu'a coûté le travail, en quantité et en qualité, nécessaire pour tirer de la terre un poids d'or ou d'argent équivalent à cinq francs, le mettre en lingots et lui donner le degré d'affinage voulu. C'est là ce qui constitue la véritable valeur, la valeur pure de la pièce de cinq francs.

Il est indifférent dans la pratique de connaître exactement ce travail, puisqu'il est lui-même représenté par un poids exact et constant d'or et d'argent à un titre déterminé.

Ce qui doit être certain pour tout le monde, et l'est en réalité, c'est que la pièce de cinq francs forme la moyenne du produit de cette quantité de travail, appliqué à la recherche de l'or ou de l'argent, et de l'exploitation des mines, et qu'elle est universellement acceptée comme telle.

En sorte que faire l'échange de cette pièce de cinq francs contre un objet ou un service quelconque, revient à la reconnaissance et l'acceptation de part et d'autre de cette vérité, que l'objet ou le service ont demandé, pour recevoir l'existence, un travail équivalent à celui qui a été nécessaire pour obtenir cette pièce de cinq francs. Car cette quantité de travail est fixée à la pièce de cinq francs, elle fait corps avec elle et ne peut s'en départir. C'est elle qui a formé sa valeur réelle.

Le travail contenu dans une pièce d'argent est la propriété de celui qui a le droit de posséder cette pièce. Ce droit ne peut être anéanti pour lui qu'autant qu'il en fait l'emploi pour son propre usage.

Les ouvriers qui ont successivement concouru à la fabrication de cette pièce ont reçu la rémunération de leur travail, soit en pièces semblables, soit autrement ; mais la pièce elle-même, ou tout produit auquel s'est incorporé un travail, appartient à celui qui a le droit de les posséder, tant qu'il ne l'a pas employé pour sa propre satisfaction.

En un mot la pièce d'argent fait corps, par suite du droit légitime de possession, avec la personne du possesseur aussi bien que le travail qu'elle représente. D'où il résulte rigoureusement que toutes les fois que ce travail mis en action, même par une autre personne que celle du possesseur, méritera une récompense, cette récompense devra revenir à la personne du possesseur qui fait corps avec lui, sans que la pièce d'argent et le produit cessent de lui appartenir.

Ce que coûte en moyenne le travail le plus simple que puisse faire un homme ordinaire, dans l'espace de vingt-quatre heures, en employant modérément ses forces, sans excès ni relâche, de manière que celles-ci restent en équilibre d'une journée à l'autre, est la mesure première de la valeur.

Cette mesure est donnée par la quantité de matière nutritive nécessaire au renouvellement de ses forces et les autres dépenses obligées pour sa conservation.

L'expérience a prouvé que tant de journées de mineurs procurent en moyenne une quantité de métal égal à celui qui est renfermé dans une pièce de cinq francs, et cette quantité, toujours la même en poids et en titre, est acceptée pour valoir cinq francs, certain que l'on est de la retrouver toujours en principe, malgré les variations du cours à ce taux. Si les circonstances de transport, de rareté ou d'utilité, en modifient le prix, la valeur première reste théoriquement constante, et elle est regardée comme telle.

On objectera que, dans les temps anciens, on donnait plus d'objets pour une quantité d'argent équivalente à celle que contient la pièce de cinq francs de nos jours. On ne fait pas attention que l'inhabileté du mineur et de la direction du travail, l'imperfection des moyens de fabrication et la recherche plus aventureuse des gisements, demandaient aussi une plus grande somme de travail; et il ne serait pas étonnant que les circonstances de production de l'argent dans les temps anciens, bien observées, ne constituassent encore, malgré l'abondance d'objets donnés en échange, un trop bon marché.

Il est si vrai que le travail est la mesure première de la valeur, que dans un pays donné, la journée du simple manœuvre, n'employant que ses forces, est à peu près partout la même, quelle que soit sa profession, qu'il travaille aux mines, qu'il serve les maçons, ou qu'il aide à labourer la terre. S'il y a des différences dont on tient compte, elles ressortent de circonstances individuelles ou locales, qui ne changent rien au principe, pas plus que les différences qui existent selon les pays ne l'altèrent. Dans tous les pays, les hommes de peine, les manœuvres sont rétribués suivant un principe uniforme. Les services qu'ils rendent, dans lesquels ils emploient purement leurs forces musculaires, sont considérés partout comme la plus simple expression du travail.

Et à propos de ce que le prix de la journée du simple manœuvre n'est pas tout à fait la même dans tous les pays du monde, de ce qu'il est plus élevé dans les uns que dans les autres, et notamment aux États-Unis, qu'il a généralement subi une augmentation depuis les temps anciens, et qu'il paraît encore progresser dans ce sens, il faut faire ici une remarque de la plus haute importance par rapport à l'économie politique.

Les documents historiques les plus anciens, nous montrent le simple manœuvre rétribué par la nourriture la plus chétive, le vêtement le plus indispensable et l'abri le plus précaire.

De longs siècles s'écoulent avant que celui qui l'emploie songe à lui donner une rémunération de ses peines au delà du strict nécessaire, car le travail était alors estimé chose vile et de nulle considération par les puissants, les riches de la terre. Cependant, au fond du cœur de l'homme gisait de toute éternité, en germe, un principe d'équité qui devait se faire jour malgré les instincts de barbarie qui lui sont aussi naturels. Ce principe, indiqué par ces paroles que Térence a mises dans la bouche d'un esclave : « *Rien d'humain ne m'est étranger* [1] », rappelle les droits communs à l'humanité. C'est ce principe que l'esprit du christianisme a su faire sourdre au milieu des violences et des injustices dont le travailleur était accablé. Il a suffi qu'il parvînt à la lumière pour que son existence, quelque débile qu'elle soit restée pendant longtemps, fût assurée, et qu'il devînt une source fécondante. Les puissants de la terre s'aperçurent enfin un jour que sous l'enveloppe rude

[1] *me alienum puto.*

et grossière du manœuvre il y avait une âme semblable à la leur, possédant aussi le même droit à une récompense équivalente à son labeur, le même droit de le faire fructifier, le même droit de le faire servir à l'amélioration de sa condition.

L'antiquité ne connaissait que l'impitoyable esclavage pour exécuter les immenses travaux de tous genres dont elle nous a laissé les ruines. Elle les commandait brutalement par la force, et confondait les travailleurs, tous ensemble, sous le même dédain et dans le même mépris. Le moyen âge exige les travaux du servage avec plus de choix et un peu plus de douceur. Il laisse au moins au travailleur la jouissance d'une partie de leurs fruits : ce n'était qu'une faible amélioration; mais c'en était une. Le servage témoignait déjà d'une sorte de pacte entre les deux parties. Le principe divin de l'égalité des droits était encore méconnu, mais il se montrait en germe. A côté de cette plaie du servage qui souille honteusement encore une partie de notre Europe et qui en couvrait alors presque toute la surface, le travail libre se glisse comme la plante à la lumière, par tous les interstices qu'il peut franchir. Il se fait jour, il demande sa récompense et veut profiter des produits de son labeur.

Alors commence une répartition du salaire, suivant les degrés de service. Longtemps elle a été peu judicieuse, et se ressentait des suites de l'état de gêne où la liberté du travail a pris naissance, dans lequel elle était contrainte de vivre; mais le principe, une fois reconnu, va progressant et atteint bientôt une application plus judicieuse, plus équitable. Peu à peu l'échelle des services se gradue suivant des combinaisons diverses. Le travail du manœuvre reste au pied et en forme le premier degré.

Le travail du manœuvre se borne à l'exercice de ses forces musculaires. C'est celui qui demande le moindre emploi d'intelligence. Il est l'étalon de la valeur. L'étalon de la valeur est donc ce qu'a coûté le travail le plus simple, le moins compliqué.

Il y a une distinction à signaler entre la valeur et la rétribution des services qui sert à déterminer cette valeur. La valeur est toujours une idée simple par elle-même, servant de base. Elle est invariable. Elle laisse de côté toutes les idées accessoires de valeur utile, valeur vénale et autres qui sont quelquefois rattachées à elle et qui désignent quelque chose d'autre que la valeur intrinsèque, la valeur réelle. La rétribution des travaux offre toujours dans son essence une idée complexe formée de deux parties distinctes, l'une fixe, l'autre variable.

Pour le manœuvre, comme pour toute autre industrie, cette rétribution doit comprendre d'abord le nécessaire pour vivre, se vêtir, être abrité, et de plus, suivant les principes d'équité universellement reconnus aujourd'hui, une portion sous dénomination de rémunération des services. Ce qui est indispensable pour entretenir les forces vitales d'un homme est chose fixe en moyenne. Les aliments, de quelque nature qu'ils soient, doivent fournir par l'ingestion une certaine quantité de carbone et d'azote [1] sans lesquels l'existence humaine ne peut persister, et cette quantité est toujours à peu près la même.

Il n'en est point ainsi de la partie qui forme la rémunération ; elle est toujours diverse et facultative. Les éléments d'estimation qui concourent à la composer sont d'une variété infinie, et dépendent de tous les mobiles du cœur humain, depuis la stricte équité jusqu'à la générosité la plus fastueuse et la prodigalité. Or cette partie de la rétribution des services a été longtemps refusée au manœuvre. Il semblait que c'était assez qu'il vécût pour qu'il dût être satisfait. Heureux encore si les éléments de

---

[1] 334 à 350 grammes de carbone et 33 à 35 d'azote. *Histoire d'un grain de blé*, par Louis Millot.

cette vie mise au service d'autrui ne lui étaient pas disputés avec la plus insigne parcimonie.

La vie de l'esclave n'était entretenue que pour prévenir l'extinction de ses forces. Le serf contraint de travailler pour le seigneur pendant un certain nombre de jours de la semaine, trouve dans le surplus de son travail, qu'il lui est loisible d'appliquer à son propre profit, une rémunération insuffisante; le manœuvre, bien que libre, pressé par l'exigence des premiers besoins de la nature, s'est contenté longtemps du nécessaire pour les satisfaire, laissant dans l'oubli toute prétention à la récompense, jusqu'au jour où les sentiments universels, devenus plus équitables à la suite de la civilisation chrétienne, lui reconnaissent enfin des droits à la rémunération et en tiennent compte.

Ce qui lui est concédé à ce titre est resté bien mesquin pendant longtemps, bien disputé souvent, même encore de nos jours. Mais enfin le principe a triomphé, il est devenu inattaquable. Aujourd'hui le salaire du manœuvre est reconnu ne pas consister seulement dans l'absolu nécessaire aux besoins de la vie. Il doit se composer de cette partie, d'abord comme compensation de l'entretien de son existence, et d'un surplus distinct, rémunération de ses peines. Cette reconnaissance introduite par la science moderne, est un fait dont l'économie politique peut s'honorer avec raison.

Dès ce moment le travail a droit à une légitime récompense, qu'il peut toujours revendiquer. Les services du manœuvre sont placés sous la même loi que les services rendus par les arts les plus favorisés. Les âmes sordides peuvent les méconnaître, exercer leur instinct de rapine jusque sur le travail de l'homme nécessiteux, bénéficier de ses sueurs; l'honnête homme les récompense loyalement, comme il convient, et met la pratique de l'équité, en cette occasion, au rang de ses premiers devoirs.

Revenons à notre sujet, en faisant observer que le premier élément de toute valeur quelconque sur la terre est né de l'emploi d'une des facultés humaines, c'est-à-dire du travail. L'analyse retrouve le travail à la source de toute valeur, ce qui avait conduit Fonteyraud, enlevé trop tôt à la science économique, à donner cette définition un peu forcée : L'économie politique n'est que la science du travail et de sa répartition. Il se faisait illusion. Le travail est l'élément de l'économie, la matière de l'échange ; il est au fond de toutes les questions d'économie politique ; il les résoud toutes. Il est le vrai, le seul principe équitable de la propriété; il est une des bases de l'ordre économique.

Liberté, travail, équité sont les trois principes fondamentaux de la science économique entière; principes donnés par la nature même, méconnus longtemps; mais dont la reconnaissance et la prépondérance marchent au triomphe, nonobstant toute opposition intéressée ou systématique.

Nous disions qu'une partie du salaire du manœuvre, ainsi que de tout salaire, est variable, et que cette partie, après lui avoir été longtemps déniée, lui a été enfin reconnue; qu'après l'avoir reconnue, on l'a maintenue à un taux aussi bas que possible, et que, peu à peu, avec la seule aide des idées de justice, elle s'est élevée à une certaine proportion plus équitable.

La distinction de ces deux parties constituantes, l'une fixe, l'autre variable, existe évidemment pour tout salaire, à quelque titre qu'il soit octroyé ou perçu, avec cette différence que, pour le manœuvre, la partie variable est minime, proportionnellement à la partie fixe; tandis qu'elle s'élève quelquefois jusqu'à des proportions énormes, à mesure que les services requièrent une plus grande somme d'intelligence.

Le prix est pour les objets ce que le salaire est

pour les services. Il se compose de deux parties, l'une fixe et l'autre variable. La partie fixe comprend la valeur, c'est-à-dire la somme de travail incorporé dans l'objet; la partie variable est en même temps la partie rémunérative; et il y a toujours, sans aucun doute, pour tous les cas, entre la partie fixe et la partie variable, une proportion d'équité qu'il n'est pas de notre sujet de rechercher ici.

CHAPITRE IV

LE TRAVAIL, MOTIF DE LA VALEUR DE LA MONNAIE

La pièce de cinq francs dont nous avons parlé réunit tous les travaux qui ont collaboré à la produire, et elle les représente tous, de telle sorte que cette pièce devient un intermédiaire réel et sûr entre l'échange d'une quantité de travail équivalant à celui qui l'a produite. Sa valeur est en proportion de ce travail, et quand un échange ordinaire a lieu dans les conditions ordinaires, la pièce de cinq francs et l'objet de l'échange disparaissent pour ainsi dire; l'échange ne se fait qu'entre deux valeurs, celles qui sont en proportion du travail nécessité par l'un et l'autre des deux objets échangés. En un mot, c'est le travail réel, y compris la portion rémunérative, qui est aussi le prix d'un travail, qui s'échange. Cette vérité ne doit jamais être perdue de vue.

Cet ordre d'idées, conforme à la nature des choses, rend évidente la supériorité de la monnaie métallique sur tous les autres moyens d'échange ; car elle a l'avantage de conserver, pendant un temps indéfini, la permanence de la valeur et du travail, et, de plus, elle établit nettement la différence entre la monnaie et le billet, de banque ou autre. Avec la monnaie, l'échange de travail contre travail est toujours réel, tandis que, par le billet, sous quelque forme qu'il se produise, il n'y a que *promesse* de ce travail, promesse garantie, il est vrai, soit par les gouvernements, s'il s'agit d'un papier d'État, par les actionnaires, s'il s'agit d'un banquier, ou par de simples particuliers, s'il s'agit de billets ordinaires. On a nommé avec raison la monnaie de papier une monnaie fiducière, celle en laquelle on a foi. Or, ce qui exige la foi est toujours susceptible d'une certaine incertitude. La monnaie fiducière a besoin de circonstances spéciales pour valoir. A moins de douter de la réalité, il ne peut y avoir d'incertitude à propos de la monnaie métallique ; le travail y est toujours présent, palpable pour ainsi dire, tandis que la monnaie de papier, on ne le sait que trop, a toujours besoin de la confiance.

Cette confiance est parfaitement motivée à l'égard de certains papiers comme ceux de la banque de France, beaucoup moins à l'égard d'autres banques et surtout de billets particuliers : car le particulier qui promet de représenter une certaine somme de travail à un instant donné est sujet lui-même à toutes sortes de chances malheureuses, sans parler du défaut de bonne volonté, toujours à craindre de sa part, et qui ne peut être un objet de suspicion contre les banques convenablement constituées comme l'est la banque de France, par exemple.

Mais, pour le dire en passant, c'est une étrange fiction que la promesse des banques de remboursement *à vue* de leurs billets. Cette promesse, faite de bonne foi dans le principe est illusoire aujourd'hui que l'expérience a parlé. Elle n'est plus qu'une enseigne trompeuse. Il est trop certain pour tous qu'il peut se rencontrer et qu'il se rencontrera presque toujours dans la vie des peuples des circonstances où les banques seront dans l'impossibilité matérielle de remplir cet engagement. Elles ont alors recours à de véritables expédients ; mais elles se sont mises sciemment dans la position fausse, d'un particulier qui signerait des billets à une échéance où il sait ne pas pouvoir les acquitter, et elles sont alors, comme ceux-ci le seraient eux-mêmes, dans l'obligation de recourir à des mesures qui leur permettent de ne pas tenir leur engagement. (note 2.)

Tous nos efforts ont tendu à démontrer ces trois vérités :

1° Que la valeur est toujours en proportion du travail ;

2° Que le travail est fixé sur chaque produit et en détermine la valeur ;

3° Que cette faculté inhérente au travail, de se fixer d'une manière stable et persistante, atteint son plus haut degré dans la monnaie métallique, à ce point que donner en échange de la monnaie métallique, c'est échanger réellement du travail contre le travail qui l'a produite.

Cette vérité ne se révèle-t-elle pas instinctivement dans le langage ordinaire, lorsque l'ouvrier, revenant dans sa famille et montrant la paye du jour qu'il vient de recevoir, s'écrie avec une satisfaction triomphante : C'est le fruit de mon travail, c'est mon travail ! Ce gain est pur, privilégié par excellence aux yeux de toutes les législations, parce qu'il est l'échange direct, l'équivalent le plus absolu du travail nécessaire à le nourrir.

Il pourra bien arriver quelquefois que la pièce de cinq francs sera payée un prix plus élevé que cinq francs. Ce sera toujours par une considération étrangère à notre discussion. La monnaie, au lieu d'être considérée dans sa qualité d'équivalent de la valeur, le sera alors comme marchandise dont on demande un prix plus ou moins élevé, suivant certaines circonstances; mais la valeur réelle n'en sera en rien altérée.

Partant de cette vérité incontestable, que la monnaie n'a de valeur que par le travail et en proportion du travail qui l'a produite, et que les deux idées de monnaie et de travail sont dans une union si intime que l'on peut toujours dire d'une monnaie quelconque, qu'elle représente un certain compte réglé de travail, et de la monnaie en général, qu'elle est l'équivalent du travail qui l'a produite et le représente, nous allons aborder la discussion du sujet qui est le but de nos recherches : l'usure existe-t-elle ?

CHAPITRE V

FAITS CARACTÉRISÉS D'USURE
ANALYSE DU PRÊT — LIBERTÉ DES TRANSACTIONS
TRAVAIL, NAISSANCE DU PRÊT

Le premier soin à prendre avant d'entrer en matière est de reconnaître quels sont les faits ordinairement caractérisés d'usure, de les définir et de les limiter, afin de ne pas en confondre d'autres sous la même dénomination. Faute d'avoir pris cette précaution, la discussion s'est souvent égarée à l'aventure sur des faits incriminés d'usure à tort; les idées à son endroit sont devenues confuses, et la jurisprudence elle-même est restée indécise, épargnant les uns, condamnant les autres, ne reconnaissant d'usure véritable que dans l'habitude de l'exercice de l'usure. D'autres ont vu partout l'usure; d'autres, au contraire, ont méconnu jusqu'à son existence.

Un point cependant sur lequel l'accord est unanime, c'est que toute usure, tout ce que l'on a désigné de ce nom, procède du prêt et en est la conséquence. Il doit y avoir prêt avant qu'il y ait usure.

Il y a plusieurs sortes de prêts qui sont : le prêt simple, le prêt à intérêt et le prêt usuraire. Il existe entre eux une distinction naturelle qu'il importe de rappeler.

Le prêt simple, ou le prêt proprement dit, consiste à permettre l'usage d'une chose qui nous appartient. Il est toujours sous-entendu qu'on nous rendra cette chose après l'usage, que nous n'en avons jamais abandonné la propriété. Le prêt simple est toujours gratuit de sa nature.

Lorsque le prêt est fait à certaines conditions en faveur de celui qui prête, il n'est plus gratuit. A cause de cette condition à l'avantage du prêteur, il est dit intéressé, c'est-à-dire que le prêteur, en consentant au prêt, s'est réservé, outre la propriété de la chose, une part dans les bénéfices que peut procurer la chose prêtée, et il est alors appelé prêt à intérêt.

SA DÉFINITION.

Il devrait certainement y avoir dans ce cas une autre expression que celle de prêt à intérêt, dans laquelle l'antagonisme du mot intérêt détruit l'idée de prêt, dont la gratuité est l'essence. La nouvelle expression devrait emprunter sa force à l'idée de participation au bénéfice résultant de la faculté donnée de se servir, de faire usage de la chose qui nous appartient. En tous cas, cette circonstance serait mieux indiquée par les mots prêt à condition, prêt conditionnel, que par les mots prêt à intérêt. Les mots *prêt à condition* indiqueraient du moins de prime abord et sans ambiguïté que ce genre de prêt n'est pas gratuit puisqu'une condition y est mise ; tandis que les mots prêt à intérêt n'indiquent qu'une conséquence plus éloignée de l'action. Pourtant l'expression de *prêt à condition* aurait encore l'inconvénient de contenir le mot prêt qui a donné lieu à de si étranges confusions.

Employant les appellations telles que l'usage les a consacrées, nous nous contenterons de rappeler ici que le prêt à intérêt est une chose tout à fait différente du prêt simple ou gratuit et qu'il indique formellement le droit réservé par le prêteur d'entrer, d'une façon quelconque, en partage du bénéfice. Pendant longtemps l'opinion catholique, ou au moins une fraction de cette opinion, a dénié ce droit au prêteur, et c'est sur ce point même qu'elle avait la prétention de faire peser la dénomination d'usure. Elle formulait comme une sorte d'axiome : le prêt est gratuit de sa nature, donc il ne doit pas rapporter de profit.

Ne voulant, de propos délibéré, prendre en considération que l'action du prêt simple, indépendamment des circonstances conditionnelles qui en changent la nature dans le prêt à intérêt et en font un acte autre, un acte *sui generis* pouvant être empreint de tous les sentiments de loyauté, d'équité et même de générosité qui justifient et honorent les actions humaines, l'Église prodiguait au prêt à intérêt toutes les malédictions dues aux actes coupables. Cependant aujourd'hui le droit d'entrer en partage des bénéfices auxquels a concouru le prêt, quand la condition en a été stipulée, est universellement reconnu comme légitime, et ce n'est que lorsque l'exercice de ce droit dépasse certaines limites et devient abusif que commence ce que l'opinion générale appelle usure.

Le droit de participer au bénéfice que le prêt a concouru à obtenir est conforme au sens moral universel. Cette vérité devient d'une évidence plus

SA DÉFINITION.

éclatante encore si l'analyse fait pénétrer au fond des choses.

Nous avons vu précédemment qu'une pièce d'argent représente la quantité de travail qui l'a produite. La somme reçue pour rémunération d'un travail quelconque représente ce travail, c'est-à-dire qu'en échange du travail fait par l'ouvrier, on lui donne et il reçoit le travail jugé équivalent, représenté par un certain nombre de pièces d'argent.

Toute somme d'argent représente, pour le possesseur qui l'a gagnée, son propre travail; et, s'il l'a reçue en héritage ou en don, le travail de ceux qui la lui ont donnée ou léguée; mais elle représente toujours, et d'une manière indélébile, le travail : en sorte que prêter de l'argent ou venir en aide par son argent, c'est venir en aide par son travail. C'est rigoureusement joindre son travail, un travail mis en réserve, dont on avait fait provision, au travail de celui qui le sollicite.

Un artisan veut s'établir pour exercer un état; il n'a que son talent, il ne possède ni les instruments ni les matières premières nécessaires à son industrie; il emprunte pour se les procurer. S'il devait employer son travail à confectionner les outils et les matières premières indispensables, c'est-à-dire à faire du cuir ou du drap, s'il est cordonnier ou tailleur, à abattre du bois s'il est menuisier, à explorer des mines s'il est chaudronnier ou orfévre, celui de sa vie entière n'y suffirait pas. Que fera-t-il? S'il avait possédé une provision de travail sous forme d'argent, qu'il l'eût mise en réserve lui-même ou qu'il l'eût reçue en don, il l'aurait donnée en échange du travail de ceux qui ont employé le leur à fabriquer des outils ou produit du cuir, des draps, du bois ou des métaux : n'en ayant pas, il emprunte le travail d'un autre qui en a fait provision, et il l'échange contre celui de ceux dont les produits lui sont nécessaires.

Mais ce travail d'un autre qu'il emprunte et dont il use à sa convenance, pourquoi ne recevrait-il pas sa récompense, son salaire? pourquoi en serait-il privé? Aurait-il été économisé uniquement pour être mis au service d'autrui? Devant ce principe incontestable que tout travail mérite son salaire, le prêteur n'a-t-il pas un droit évident à demander et à recevoir le prix de la coopération du travail qui lui est propre?

Les choses, pourra-t-on dire, ne se passent pas toujours ainsi. L'emprunteur n'est pas toujours un artisan, un homme qui doive employer fructueusement l'argent prêté, et il arrive souvent que le prêteur ignore l'emploi que l'emprunteur doit faire de son argent, autrement dit de son travail. Cela ne signifie autre chose que ceci : que le prêteur, par une raison ou par une autre, contraint ou indifférent, ne s'occupe pas de l'application que fera l'emprunteur de son travail et lui laisse la liberté de l'employer, de le faire collaborer où bon lui semblera comme l'ouvrier qui se loue à tout faire. En mérite-t-il moins sa rémunération?

Les circonstances ont varié; elles n'ont rien changé au fond des choses. Si l'emprunteur demande à emprunter, c'est que n'ayant pas de son propre travail en provision, il sait ou croit avoir besoin, pour quelque motif que ce soit, à tort ou à raison, de l'aide du travail d'autrui. Le travail dont il emprunte le secours, qu'il demande en prêt, lui servira de moyen d'échange contre le travail même qu'il juge lui être nécessaire : et, s'il trouve un prêteur qui consente à lui prêter sans spécification de l'emploi, c'est que ce prêteur a la croyance de la nécessité dans laquelle se trouve celui qui va être son débiteur, d'emprunter, et la confiance que l'adjonction de son travail au sien aura ces conséquences : 1° que le travail économisé qu'il prête sous forme d'espèces lui sera rendu intact comme il l'a fourni, et 2° qu'il participera au profit, que ce travail aura concouru à obtenir.

Si un homme travaille avec un autre à quelque ouvrage, les notions de la plus simple justice indiquent qu'il a droit au partage des fruits de cet ouvrage. Ce droit, il l'acquiert à cause de l'aide fournie par son travail et non à cause de la présence de sa personne même, qui peut être éloignée. Or, si cette même aide arrive par l'intermédiaire des espèces, le fruit n'en appartient-il pas au propriétaire de ces espèces ? En un mot, prêter une somme d'argent à intérêt, c'est toujours, quelles que soient d'ailleurs les circonstances accessoires, fournir du travail en collaboration avec un autre travail pour concourir à un but ; et nous ne croyons pas qu'en présence de cette situation toujours vraie et toujours la même, il puisse s'élever aujourd'hui une seule voix pour nier la légitimité de la récompense, sous forme d'intérêt.

Ainsi l'usure, objet de nos recherches, ne consiste pas et ne peut consister dans le fait du prêt dit à intérêt. La nature des choses le démontre. Le prêt à intérêt est un acte défini, tout autre que le prêt simple. Cette vérité est désormais mise hors de contestation. C'est donc dans la quotité de cet intérêt, dans son espèce qu'il faut chercher l'usure.

Mais cet excès de l'intérêt peut-il exister lui-même? et, s'il existe, à quelle limite commence-t-il? Nous sommes parvenus ici au point principal de nos investigations.

L'école actuelle de l'économie politique assure que l'excès de l'intérêt ne saurait exister, et, par suite, elle professe que l'usure n'est qu'un vain mot, une illusion, un délit plus ou moins imaginaire : or, ce qui est plus ou moins imaginaire est toujours imaginaire, et ne saurait exister.

Elle se fonde, pour asseoir cette opinion, sur ce que la fixation du taux de l'intérêt est toujours l'effet d'un acte libre, la suite d'une convention entre les parties; et le respect de la liberté des conventions, dit-elle, ne permet pas d'incriminer un accord librement consenti de part et d'autre. Les contractants doivent être les seuls juges et sont les meilleurs juges de l'opportunité de leurs transactions; la loi qui prétend restreindre ces transactions dans leurs développements et leur assigner une limite comme barrière infranchissable, qu'elle soit religieuse ou politique, est une loi injuste, contraire à la liberté : elle ne doit pas exister. Tel est le langage de l'école actuelle des économistes. Qu'y a-t-il de vrai dans ces assertions?

L'école a beau se prononcer de très-haut contre l'existence de l'usure et les conséquences pénales de la loi ; elle ne peut cependant pas étouffer la notion de l'usure dans la conscience universelle et y anéantir le sentiment qu'elle inspire d'infraction au principe inné d'équité. La constatation de son mode d'existence, et, par suite, sa définition peuvent être entourées de difficultés telles qu'elles ont fait dire trop magistralement à Bentham que l'usure n'est pas susceptible de définition; mais ce n'est pas une raison suffisante de la méconnaître et de la nier. Ce ne serait pour nous qu'une preuve d'impuissance à la dégager des obscurités qui l'entourent.

Non, l'usure n'est point un vain mot. Elle est avant tout un fait révélé par une souffrance avec laquelle sympathise le cœur humain, et le fait est aussitôt compris et apprécié par l'intelligence. Elle existe, semblable à ces douleurs dont le médecin, auprès du malade, aurait mauvaise grâce à nier la réalité, parce que, ne sachant ni les définir ni en constater l'origine, il serait impuissant à les guérir.

L'accusation d'attentat à la liberté des transactions

pleine de gravité au premier aperçu, va s'affaiblissant et s'annule devant un examen plus approfondi.

Rien n'est plus sacré en effet que la liberté des transactions. Tout ce qui lui fait obstacle et n'a pas de motif fondé sur l'assentiment de la conscience, est une entrave inutile et condamnable apportée au développement des ressources naturelles mises par la Providence à la disposition de l'homme. Mais les transactions dont il s'agit ici, il faut le remarquer, impliquent l'état de société. Ce ne peut être qu'une des libertés sociales que l'on invoque. Or il est sans conteste que toutes les libertés sociales doivent être et sont limitées par rapport aux individus, au point où leur exercice les rend susceptibles de nuire à autrui. Le dommage causé par l'usure est-il réel ? il n'y a pas lieu d'en douter, ainsi que nous le constaterons plus loin.

On objecte, il est vrai, le consentement mutuel des parties, qui a présidé aux transactions relatives aux intérêts, comme devant désarmer la critique contre les conséquences quelquefois déplorables de cette liberté des transactions. On oublie que l'état de société impose nécessairement des sacrifices à la liberté naturelle, et que la liberté naturelle, abandonnée aux instincts grossiers de l'égoïsme, ramènerait bientôt de l'état civilisé à l'état sauvage où cette prétendue liberté n'est plus qu'un droit cruel, le droit de la force ou de la ruse au profit de la violence.

L'un des immenses bienfaits de la liberté sociale, au-dessus de toute comparaison avec les légers sacrifices demandés à la liberté naturelle, est de répartir également ses avantages sur tous, et les restrictions qu'elle impose au nom de tous ne font qu'assurer à chacun une plus grande somme de libertés véritables.

Lorsque la loi sociale, proclamant l'abolition, dans notre Europe, de l'esclavage même volontaire, a détruit le droit d'aliéner sa propre liberté, elle a aussi porté atteinte au droit qui semble naturel de disposer de sa personne à son propre gré : mais, de ce jour aussi, elle a assuré la marche de l'humanité dans la voie du progrès et de la prospérité la plus grande et la plus patente. Se trouverait-il par hasard des économistes tentés de crier à l'attentat de la liberté des transactions parce que la loi bienfaisante ne reconnaît pas même aux parties contractantes le droit d'aliéner leur liberté ?

Et après la liberté de l'homme qui assure la moralité de ses actes, quoi de plus sacré que le travail qui nourrit son corps ? Est-il donc étrange que la société ait cherché à mettre obstacle, nous sommes ici dans le vif de la question, à l'accaparement de ses fruits par la ruse hypocrite du créancier abusant de la détresse de l'emprunteur, ou au moins, qu'elle veille à la répartition des produits du travail suivant les lois naturelles de l'équité?

Veiller à une juste répartition des fruits du travail suivant l'équité doit être la principale fonction de tous gouvernements. C'est le premier motif de leur existence, de leur raison d'être; les autres ne sont que secondaires : et ceux qui ont pris à cœur cette surveillance, qui l'ont sincèrement exercée, n'ont jamais manqué de devenir l'objet de l'affection reconnaissante des peuples.

L'école actuelle de l'économie politique, d'une opinion unanime, traite l'usure de délit plus ou moins imaginaire, elle assure que l'usure n'existe pas. Elle ne serait peut-être pas tombée dans cette erreur, ou au moins elle n'y aurait pas persisté, si elle n'avait laissé s'amoindrir l'une des vérités fondamentales de la science économique évoquée par son illustre fondateur, Adam Smith; ou si lui-même lui avait donné toute la netteté et toute l'extension dont elle est susceptible.

Il avait dit : « Le travail est la mesure réelle de

« la valeur échangeable... Le prix réel de chaque
« chose, ce que chaque chose coûte réellement à
« celui qui veut se la procurer, c'est le travail et
« la peine qu'il doit s'imposer pour l'obtenir... Ce
« qu'on achète par l'argent ou des marchandises
« *est acheté par du travail*, aussi bien que ce que
« nous acquérons à la sueur de notre front. » Il
avait très-bien vu que « dans le seizième siècle,
« lors de la découverte des mines d'or et d'argent
« d'Amérique, ces métaux coûtant moins de travail
« pour être tirés de la mine et apportés au marché,
« ne purent acheter ou commander, quand ils y fu-
« rent venus, qu'une moindre quantité de travail. »

Toutes les vérités sont là ; l'honneur lui revient d'en avoir eu le premier la perception ; mais il lui manque celui d'avoir établi leur empire aussi souverainement qu'elles le méritaient. Il ne semble pas avoir assez hautement proclamé, et l'école actuelle avec lui a failli à ce devoir, que le TRAVAIL est la pierre angulaire ou le pivot de toute l'économie politique.

Adam Smith n'a pas fait non plus une distinction suffisante entre la valeur et le prix. Il n'a pas montré d'une manière assez nette que le travail est la seule mesure de la valeur réelle, intrinsèque ; peut-être n'a-t-il pas assez senti que l'échange le plus équitable avait toujours lieu entre un travail et un autre travail.

Enfin, si le bien-être universel est le but avoué, le but évident de l'économie politique, le TRAVAIL, et toujours le travail, en est le seul et unique instrument, fonctionnant sans cesse sous l'égide protectrice de l'équité.

Le travail est et se révèle partout comme la base de toute œuvre, sa raison d'être. Lui seul mérite la récompense : Le travail peut être parfois détourné de son cours naturel, il peut être usurpé, violenté, volé, ravi frauduleusement à l'aide d'arguties captieuses ou mensongères, ce malheur n'est que trop commun; mais il n'en subsiste pas moins toujours accompagné, paré et rayonnant même dans la contrainte qui l'assujettit, de son droit naturel et imprescriptible, de jouir de ses fruits. Il se retrouve au fond de tout fait économique; car il est le seul et unique lien entre les phénomènes de la nature et la personnalité de l'homme.

LIBERTÉ, TRAVAIL, ÉQUITÉ, comme éléments du bien-être général, résument les principes vrais, immuables et sans restrictions, de l'économie politique dans leur ensemble. Tout le reste leur est subordonné. Acceptez franchement le travail, comme il l'est en réalité, pour fondement de la valeur prise dans son acception rigoureuse; faites-le intervenir comme point de départ toujours escorté de sa compagne obligée l'équité, dans toute question sur les matières de l'économie politique et vous serez étonné de la facilité qu'il apporte à leur solution : vous serez ébloui de la lumière qu'il projette. Tous les faits économiques, quels qu'ils soient, s'accomplissent par l'intermédiaire obligé du travail; ils n'en sont que la transformation.

J. B. Say avait énoncé une idée lumineuse, qu'il a laissée incomplète, lorsqu'il avait défini le capital une accumulation de travail. Comment s'est-il arrêté en si beau chemin? Il aurait pu dire aussi bien et avec la même vérité : La richesse est une accumulation de travail. A ce titre, la richesse ne devient-elle pas chose sacrée, si elle n'est que le travail amassé, emmagasiné, mis en réserve pour l'avenir? Richesse légitime et respectable lorsqu'elle est le produit honorable de nos propres labeurs, de ceux de nos pères, ou encore, quoiqu'à un moindre degré de l'échelle morale, lorsqu'elle nous est venue d'un donateur honnête.

La production et l'épargne sont la conséquence directe de l'exercice du travail, cette faculté donnée à l'être intelligent pour subvenir à ses besoins, à l'encontre de l'instinct chez les animaux.

L'échange est la compensation d'un travail par un autre travail. L'examen de l'échange, considéré dans son procédé le plus simple, laisse toujours apercevoir, en dernier terme, une certaine portion de travail donné en équivalent d'une certaine autre. C'est à quoi se réduit son analyse soigneusement déduite; rien de plus. L'échange est parfait lorsqu'il s'accomplit travail contre travail, à quantités non égales mais équivalentes, en présence d'une équité rigoureuse.

La fantaisie, le calcul intéressé, souvent la mauvaise foi, le besoin même plus ou moins réel, résultat ou non des passions, le tout décoré des noms pompeux d'*offre* et de *demande*, sont des faits accessoires à l'échange purement économique, qui ne le constituent pas. Ils viennent s'y adjoindre comme une superfétation maladive, souvent vicieuse, sans jamais en détruire le principe éternel : travail contre travail, en quantité et en qualité.

La véritable monnaie, la monnaie métallique n'a pas d'autre titre à l'échange que le travail qui l'a produite. Avant d'être frappée à l'effigie qui en indique et spécifie la valeur, la pièce de monnaie était un morceau de métal qui avait, comme tous les produits de l'industrie humaine, exigé une certaine quantité de travail. C'est ce travail, augmenté de celui qui l'a amené à l'état de monnaie, apprécié comme il convient, qui en a déterminé la valeur, ainsi que nous l'avons dit plus haut; ce n'est pas l'empreinte dont il est revêtu. L'empreinte n'est que l'avertissement de la valeur, sa certification; mais elle ne la donne pas. On n'objectera pas qu'une pièce usée conserve cependant sa valeur nominale; tout le monde sait qu'après un certain temps d'usage elle n'a plus la même valeur intrinsèque que le jour de son émission; mais que la perte sera supportée par l'État, c'est-à-dire par la société.

Ainsi la monnaie donnée en échange de tous les travaux et services possibles, n'est qu'un échange de travail contre travail.

Payer une somme d'argent, c'est livrer une certaine quantité de travail toujours disponible, toujours échangeable contre d'autres travaux.

Solder un salaire par une somme d'argent, c'est donner, à la place d'un travail spécial, achevé, qui n'a convenu qu'à un seul et dans certaines circonstances, un autre travail que chacun accepte en échange des travaux particuliers qu'il a fournis.

La somme d'argent que l'ouvrier reçoit comme

paye à la fin de sa journée représente son travail, c'est son travail même. Il ne s'y méprend pas. Il dit souvent lui-même, la montrant avec orgueil : C'est mon travail. Il sait que ne la lui payer qu'à moitié, c'est lui ravir la moitié de son travail, et que si, l'ayant fait travailler une journée entière, on ne lui donnait qu'un demi-salaire, c'est comme si on l'avait fait travailler gratis une demi-journée. Enfin c'est son travail qu'il dépense en menue monnaie, partie par partie, pour subvenir aux diverses nécessités de la vie qui seront satisfaites par le travail d'autrui en échange de celui auquel il s'est livré.

Faire un don, c'est offrir le résultat de son travail direct ou échangé à quelqu'un; c'est toujours travailler pour celui qui le reçoit.

Voler, escroquer, filouter, c'est s'emparer par toutes sortes de moyens du travail d'autrui. Toutes les tromperies, toutes les exactions tendent au même but. Toutes les inventions pour tirer l'argent du public, et elles sont nombreuses, ne sont que des tentatives qui, si elles réussissent, l'auront fait travailler pour leurs auteurs; des essais de s'approprier son travail et ses fruits, de s'emparer des marrons qu'il a tirés du feu.

Faire l'aumône à quelqu'un, c'est lui donner la jouissance, les fruits d'un travail qu'il n'a pas rempli. L'homme qui a recours à l'aumône est celui dont le travail personnel est insuffisant pour subvenir à ses besoins. Les gens auxquels on fait l'aumône sont les infirmes, les malheureux, les incapables. On leur abandonne à toujours et sans retour une partie de son travail pour leur usage. C'est exactement comme si on avait travaillé pour eux.

L'homme a été mis sur la terre avec l'obligation de pourvoir à tous ses besoins par son travail. S'il en est incapable, il n'est qu'un être incomplet comme le sont l'enfance et la jeunesse, comme le rendent la vieillesse et la maladie; ou un être sans moralité comme ceux qui s'approprient par usurpation les fruits du travail d'autrui. Il n'y a d'homme véritable, d'homme méritant l'honneur de ce nom, que celui dont le travail satisfait aux nécessités de sa position. Il n'y a d'homme honorable que celui qui marche sans hésitation et sans défaillance dans la voie du travail vers le noble but de se suffire à lui-même, d'une volonté ferme et constante. L'homme valide, vivant aux dépens d'autrui, est un être sans valeur; s'il vit aux dépens d'une femme, il devient un juste objet de mépris.

Les besoins multiples de l'existence se graduent

naturellement selon leur importance distincte. Au premier rang viennent se ranger ceux de la vie matérielle : la nourriture, le vêtement, l'abri. L'accomplissement des nombreuses satisfactions ne paraît qu'à leur suite. Celui qui néglige de subvenir aux premiers par son travail, pour lui et sa famille, n'accomplit pas son devoir d'homme. C'est à lui seul que ce devoir incombe, puisque chacun a comme lui un devoir semblable à remplir. S'il y manque, il faudra que quelqu'un le remplisse à sa place, en outre de ses propres obligations. Car les premiers besoins de l'existence sont impérieux. Faute d'être satisfaits, la vie s'éteint. Or, la vie de l'homme étant chose sacrée pour ses semblables, il se trouve heureusement toujours des âmes charitables prêtes à se dévouer, à surcharger leur tâche pour accomplir celle des autres.

Mais l'homme qui n'a pas rempli sa tâche obligée, son premier devoir envers lui-même et sa famille doit le savoir : en se laissant tomber sous la protection de la charité, il déchoit du rang de ceux qui ont respecté et conservé en eux, avec un légitime orgueil, la force morale d'accomplir ce devoir en entier.

Que si parfois, dans le cours d'une existence,

surviennent des moments imprévus, où les forces naturelles, des circonstances fâcheuses font défaut au courage et rendent le travail d'un homme insuffisant à fournir aux besoins de la situation, alors il a recours à l'emprunt, c'est-à-dire au secours temporaire du travail d'autrui, avec l'engagement, vis-à-vis de lui-même, de redoubler un jour d'énergie pour parvenir plus tard à combler le déficit.

Ou bien si, pour une cause quelconque, le travail isolé est impossible ou n'est pas assez productif; si ce travail doit recevoir un accroissement notable en résultats, de l'aide du travail d'autrui venant se joindre au travail du premier, alors il peut être d'un esprit judicieux d'avoir recours à l'emprunt.

Ce secours, cette aide peuvent être apportés soit en nature, s'ils sont sollicités d'une personne elle-même, soit en argent, qui est la représentation d'un travail approprié à tout besoin par le moyen de son échange toujours possible. Mais ce secours, cette aide ne seront pas donnés gratis : Pourquoi les autres hommes travailleraient-ils sans récompense au delà de leur tâche obligée? Ce travail qu'ils vont mettre au service d'autrui, qu'il soit personnel, ou indirect sous forme d'argent, il est toujours le fruit de leurs efforts, le produit de la dépense de leur existence. Ils l'ont épargné ce travail, après l'emploi de celui qui a suffi aux besoins journaliers. Quelle raison auraient-ils de dépenser une partie de leur existence au profit d'étrangers qui ne leur en sauraient aucun gré?

CHAPITRE VI

INTÉRÊT — TAUX DE L'INTÉRÊT — TRAVAIL ACTIF
TRAVAIL MUET — USURE

La récompense du travail mis au service d'autrui sous forme d'argent prêté, ou mieux de prêt, est ce que l'on nomme l'intérêt, c'est-à-dire la part du bénéfice que le travail doit recevoir de sa coopération au travail d'autrui. Il est en effet conforme aux plus rigoureux principes d'équité que celui dont le travail a été adjoint au travail d'un autre recueille la partie du bénéfice afférente à son propre travail. Telle est la véritable cause de l'intérêt, il n'y en a pas d'autre.

La difficulté est de distinguer cette partie du bénéfice auquel l'intérêt a droit. Quelle est-elle? Est-elle arbitraire ou bien est-elle fixée par la nature des choses, avant de l'être par la coutume ou par la loi ? Nous sommes ici au plus profond de la question.

Le taux de l'intérêt, comme le prix, semble au premier abord devoir dériver de la liberté d'action inhérente à chaque individu. La volonté de ne vendre qu'à tel prix, celle de ne prêter qu'à tel intérêt, sont deux déterminations identiques qui semblent soumises aux seules volontés du donnant et du prenant.

Il est à remarquer cependant que le fait de vendre et de prêter se décompose en deux actes distincts. Premièrement, la volonté de vendre ou de prêter ; secondement, la fixation du prix ou de l'intérêt.

La liberté des transactions a son plein exercice sur la volonté de vendre ou de prêter. Le fait est personnel, il ne dépend que de l'individu, il est circonscrit à sa personne. Sa liberté est entière, sans limites, s'il n'a pas pris d'engagements antérieurs.

Mais lorsqu'il s'agit du prix ou de l'intérêt, sa situation n'est pas la même : Il n'est plus seul en scène, il y a rapport d'individu à individu. Un fait social se produit, placé sous la domination de la loi qui régit tous les faits sociaux, la loi de l'équité sans l'obligation de laquelle il n'y a pas d'actes légitimes.

En sorte que l'individu, libre de demander ou d'accepter le prix, le taux de l'intérêt, n'a pas le pouvoir de légitimer tel prix ou tel intérêt. En un mot, il est libre de vendre ou de prêter ; mais, après avoir vendu à un prix ou prêté à un intérêt, il n'a pas le pouvoir de faire que ce prix ou cet intérêt soient équitables. Cela ne dépend pas de sa volonté. L'équité dépend du rapport des choses, rapport étranger à son individu.

Or, il y a dans la nature des choses une mesure au prix et à l'intérêt. — Le prix offert qui ne laisse pas un bénéfice équitable est un prix injuste. L'intérêt demandé qui s'attribue plus que la part du bénéfice résultant du travail représenté par la somme prêtée est un intérêt injuste, et peut, dans certains cas, devenir un véritable vol.

Cherchons donc quel est le taux de l'intérêt le plus conforme à l'équité. — Nous examinerons d'abord l'intérêt le plus ordinaire, qui a cours dans le monde entier comme un intérêt modéré, auquel se sont rattachées toutes les législations : celui de 5 pour 100 par an. Il se présente le premier à nos recherches.

Pourquoi 5 pour 100 par an est-il l'intérêt le plus

ordinaire, et non pas 4, ou 3, ou 2, ou bien 6 ou 7, ou un autre nombre? Pourquoi l'intérêt de 5 pour 100 par an est-il un intérêt modéré, et comme tel généralement accepté? Cette question, tout importante qu'elle soit, n'a jamais, que nous sachions, été posée par aucun économiste.

Avant de la résoudre, nous croyons nécessaire de faire d'abord une observation à propos de l'expression elle-même *cinq pour cent par an*. L'intérêt, nous l'avons compris, c'est la rémunération de la coopération d'un travail avec un autre travail. Cette rémunération doit être équitable; elle est quelquefois arbitraire, c'est-à-dire peu en rapport avec le fait qui la motive. Si elle est équitable, aucune objection ne peut s'élever; si elle est arbitraire en plus ou en moins, elle est susceptible de donner matière à réclamations : tout cela est évident. Remarquons seulement que l'idée générale représentée par le mot intérêt, envisagé seul, indique un acte isolé, non circonscrit dans une durée de temps : tandis que dans l'expression, 5 pour 100 *par an*, se trouve comprise l'idée de l'intérêt pendant la durée d'un temps limité, durée qui est étrangère à la valeur du travail et à l'équité de sa rémunération. Le motif principal et la force de cette expression, *cinq pour cent par an*, portent moins sur l'idée de récompense effective d'un travail à un taux équitable ou non, que sur celle d'indiquer le taux de la rémunération convenue pour un travail fourni en coopération *pendant une année entière*. En un mot, c'est l'idée de temps qui domine dans cette expression, bien plus que celle de la rémunération. L'intérêt est fixé pour une année à 5 pour 100 : cet intérêt est-il fort ou faible, la convention n'en parle pas. Ce que l'expression veut indiquer clairement, c'est la durée de la coopération pendant une année.

La fixation de l'intérêt à 5 pour 100 par an paraît être le résultat d'une détermination instinctive, qui n'a pas pour base un travail particulier, qui n'a aucune prétention de correspondre à l'efficacité particulière de ce travail; mais qui trouve son motif d'existence, dans la proportion *annuelle* de travail total produit par un homme et par tous les hommes en général.

L'argent représente une partie du travail d'un homme. Cette partie du travail d'un homme, identifiée avec la nature de l'homme qui l'a effectué, doit produire à peu près le bénéfice qu'aurait produit le travail de l'homme lui-même.

Chacun a la liberté d'estimer son propre travail,

celui d'un instant donné, de tous les instants de sa vie pendant qu'il est vivant, à tel prix que bon lui semble. Les autres sont libres d'accueillir ou de rejeter cette estimation suivant leur appréciation. Mais il est une valeur positive du travail d'un homme sur laquelle ni les uns ni les autres ne peuvent errer, qu'il n'est pas en leur pouvoir de changer; c'est celle du travail de sa vie entière, quand sa vie est close. Cette valeur totale est finie, achevée. Elle ne peut être augmentée ni diminuée. Un homme a valu, économiquement parlant, ce qu'il a gagné pendant la durée de son existence : et l'on peut établir en moyenne que son gain annuel a été le résultat de la division de cette somme totale par le nombre d'années pendant lesquelles il a, non pas vécu, mais travaillé. Tous les hommes, sans exception, sont soumis à cette commune mesure, en rapport avec le nombre d'années de travail. Or quel est ce nombre moyen d'années de travail dans la vie d'un homme?

Si l'on assemble les vies d'un grand nombre d'hommes, on verra que la moyenne de leurs années de travail, limitées par des causes nombreuses et diverses, ne dépasse pas dans les temps ordinaires plus d'une vingtaine d'années. Le bénéfice fait pendant la vie entière doit donc être réparti sur ces

SA DÉFINITION.

vingt ans; c'est-à-dire que le bénéfice d'une année est du vingtième de la somme totale : ce qui équivaut à 5 pour 100.

L'expression 5 pour 100, provient donc d'un tout autre ordre d'idées que de celui de désigner une rémunération proportionnelle au travail. Elle est purement numérative, elle n'appartient qu'à la science des nombres, à la numération décimale qui, en groupant les nombres par dizaines et par centaines, permet à l'esprit de les saisir et de les retenir avec plus de facilité.

L'expression 5 pour 100 n'indique donc autre chose, sinon qu'en moyenne le travail d'un homme rapporte pendant une année de travail le vingtième de ce qu'il aura gagné pendant sa vie entière. Il y aura certainement des années où il aura gagné moins, d'autres où il aura pu gagner plus; mais l'esprit conçoit très-bien et adopte volontiers que son gain annuel, puisque sa vie de travail ne peut être évaluée en moyenne qu'à vingt ans, soit du vingtième ou de 5 pour 100.

Le travail d'une somme d'argent a toute analogie avec celui d'un homme qui a cessé de vivre. Dans l'un et l'autre cas, celui-ci n'est plus là pour présider à l'emploi de son travail. Sa présence et son activité requerraient une rémunération autre que celle attribuée au seul capital, dont les produits ne peuvent être similaires, par rapport à la quotité des bénéfices, qu'avec ceux d'une vie de travail qui est terminée.

En un mot, il y a parité entre le gain annuel d'un homme, supputé après sa mort au vingtième de celui de toute sa vie, et le bénéfice, l'intérêt que doit rapporter un capital, c'est-à-dire un travail économisé par lui, laissé en dehors de sa vie active et venant s'ajouter à celui de sa vie entière. Ce bénéfice ne peut être comme celui du travail de sa vie auprès duquel il vient se ranger, que d'un vingtième par année, ou 5 pour 100 par an.

L'idée du denier vingt, ou son équivalent 5 pour 100 par an, comme rapport de rémunération entre la somme productive et le gain produit, devient donc le terme général appliqué à toute somme ou partie de somme qui représente la vie ou partie de la vie de travail d'un homme. Puisqu'une somme d'argent est, en dernière analyse, une somme de travail non spécifié, assimilé au travail de l'homme envisagé lui-même d'une manière générale, il est tout simple d'exprimer le produit de ce travail par le terme qui exprime la rémunération du travail général de l'homme.

Il y aurait erreur à prendre le chiffre de la vie

moyenne de l'homme en général pour base d'estimation de sa vie de travail, car dans le calcul de la vie moyenne se trouvent comprises des vies telles que celles des enfants, ou de ceux qui ne se livrent à aucune occupation, qui n'ont fourni aucun travail. Les vies des travailleurs seules doivent entrer en ligne de compte, et encore de la vie des travailleurs, faut-il décompter la jeunesse, la vieillesse et les années qui n'ont rien produit.

La moyenne est une quantité essentiellement variable, dépendante des circonstances qui concourent à sa formation. Elle peut varier suivant les différents états, en restant unitaire dans chaque spécialité. Ainsi l'intérêt de commerce, pris d'une manière générale, est indéterminé quand il n'est pas appliqué à une opération spéciale, et il est généralement admis, de convention tacite, à 6 pour 100 par an. C'est comme si la moyenne de la vie commerciale, y compris les cessations par morts, faillites ou autres causes, l'abaissait à 16,66 années de durée, ou la sixième partie du nombre 100.

Dans les temps de tranquillité où la vie du travailleur suit le cours ordinaire de la nature, l'intérêt se pose instinctivement de lui-même au vingtième de la vie de travail, ou 5 pour 100 par an. Dans les temps de troubles, au contraire, où les esprits ont l'idée, la conscience d'une diminution dans la durée de la vie du travailleur, lorsque celle-ci est livrée aux incertitudes résultant de la crainte de violences toujours imminentes, soit contre son existence, soit contre la propriété et la libre jouissance du fruit de ses travaux; ou bien encore lorsque cette durée est raccourcie par suite de mœurs barbares ou d'une hygiène grossière et ignorante des lois de la nature, alors la moyenne de la durée de la vie de travail s'abaisse rapidement, et l'intérêt désigné par le rapport avec le nombre 100, s'élève d'autant. La vie moyenne de travail n'est-elle plus que de quinze années ou de dix, l'intérêt s'élèvera à 7 et 10 pour 100, et dans ces temps d'anarchie où l'existence est devenue précaire, où le travail du jour est incertain de la continuation du lendemain, alors le taux de l'intérêt croît dans des proportions démesurées, atteint jusqu'à 50 et 80 pour 100, et n'a souvent plus pour limites que les instincts rapaces livrés à eux-mêmes.

Tandis qu'au contraire si la vie humaine et les années de travail s'étendent sous l'influence d'une hygiène mieux entendue, d'une protection plus entière et plus efficace, d'une sécurité plus grande sous tous rapports, la somme des années de travail aug-

SA DÉFINITION.

mente en réalité et dans l'opinion, et l'intérêt correspondant diminue, c'est-à-dire que l'intérêt de 5 pour 100, qui est l'intérêt le plus ordinaire, descend à 4, à 3 et même à 2, puisque la confiance dans la moyenne des années de travail est portée de vingt années à vingt-cinq, à trente, cinquante et plus. Il y a entre les années possibles de travail et l'intérêt une corrélation instinctive qui ne fait jamais défaut. Mais le taux de 5 pour 100 peut être regardé comme celui de l'intérêt normal que donne la vie humaine ordinaire. La fixation de ce taux est le produit de la nature même des choses, son indication étant fondée sur la moyenne d'années de travail pendant la durée de la vie de l'homme. Telle est la cause naturelle de l'adoption générale du taux de 5 pour 100. Il est le terme moyen de l'activité humaine.

Cette adoption, toute fondée qu'elle soit, n'empêche pas qu'il ne puisse y avoir, dans l'appréciation de chaque œuvre partielle, une autre raison particulière d'estimation du travail. Car, s'il est vrai que le taux de 5 pour 100 soit le résultat du nombre moyen d'années de travail de l'homme pendant sa vie entière, la somme totale qu'un individu aura gagnée durant son existence sera évidemment en raison de l'intelligence, de l'activité, de la quantité et de toutes les autres qualités de ce travail, c'est-à-dire que chaque fraction de travail aura reçu une récompense en raison de ses aptitudes et de ses circonstances.

Or, une somme d'argent qui représente une de ces fractions de travail disponible et qui, en se substituant à l'homme qu'elle représente toujours, remplit la fonction d'apporter ce travail là où il est nécessaire, méritera une récompense en raison de l'aide qu'il procurera dans ces circonstances nouvelles. Le prix pourra toujours en être débattu et consenti par les parties ; cela est incontestable.

Ainsi il y avait une distinction à faire entre la cause première du taux de l'intérêt à 5 pour 100 par an et les causes de chaque intérêt particulier. L'une dépend d'un phénomène général, les autres dérivent de l'efficacité de chaque partie de travail. Le taux général d'intérêt à 5 pour 100 par an, résulte numériquement de la somme moyenne d'années de travail dans la vie humaine, en rapport avec le nombre 100 ; le taux d'intérêt particulier d'une proportionalité dans les résultats obtenus par le travail : et il s'ensuit rigoureusement que le taux de l'intérêt attribuable à chaque fraction de travail représenté par une somme d'argent, est aussi indéterminé dans la pratique que la rémunération à laquelle il est permis à chacun de prétendre pour prix de ses services.

Cette liberté d'appréciation réciproque de la rémunération du travail est une vérité démontrée et désormais acquise. Mais, encore une fois, il y a loin de là à prétendre que l'usure n'existe pas.

Chacun est libre de demander de ses services la récompense qui lui convient ; mais chacun est libre aussi de ne pas les accepter au prix demandé, et chacun se guide dans l'acceptation selon les avantages qu'il retirera des services offerts ou rendus. Des services offerts qui devraient coûter plus cher qu'ils ne rapporteraient seraient repoussés. Des services à rendre qui devraient coûter plus cher que la rémunération à obtenir seraient refusés.

Une somme d'argent prêtée est dans une position identique, sous un certain rapport, à celle du travail ou du service actif. Elle apporte une aide par le travail qu'elle représente ; celui qui la possède peut discuter son prix, afin que ce prix ne soit pas au-dessous de la rémunération qu'elle mérite; mais il ne peut équitablement exiger une rémunération plus considérable que celle à laquelle a droit l'aide que cette somme apporte. Il ne peut surtout avoir la prétention d'absorber en son nom le bénéfice entier de l'opération à laquelle elle donne son concours ; et, s'il exigeait une récompense disproportionnée avec le service qu'elle a rendu, cette exigence serait en contradiction avec l'équité.

Si un homme convie un autre homme à l'aider dans un travail, consentira-t-il à lui assurer une rémunération qui excéderait le prix de ce travail? Consentira-t-il surtout à lui donner le prix réservé à son propre travail? Assurément non.

De même, l'homme qui appelle une somme d'argent à son aide doit-il rémunérer cette aide d'une récompense autre que celle qui est en rapport avec le bénéfice obtenu. La plus forte qu'il doive lui accorder n'est-elle pas la part qui sera proportionnelle dans ce bénéfice? N'est-ce pas là la limite posée par l'équité?

En deçà, le travail venu en aide est privé d'une partie de la rémunération qui lui appartient; au delà, c'est le travail d'autrui qui est frustré de sa rémunération légitime, obligée, action toujours réprouvée et qui dans ce cas constitue le fait que l'on appelle usure.

Le prêt d'argent a pour but de donner à un autre

le moyen d'exécuter une entreprise. L'argent représente réellement un travail économisé, toujours disponible, toujours applicable à une œuvre quelconque par l'échange.

En payant d'une pièce de vingt francs un objet quelconque, le travail contenu dans cette pièce de vingt francs, qui y est pour ainsi dire emmagasiné, et qui est vôtre, parce que vous l'avez déjà échangé contre votre propre travail, se trouve de nouveau échangé contre le travail qui a produit l'objet désiré.

L'homme, en empruntant dans un but quelconque, demande du travail disponible pour l'appliquer à son entreprise, parce que son propre travail serait insuffisant.

Il y a donc une différence essentielle entre le travail de celui qui a formé et qui conduit l'entreprise, et le travail d'autrui qui est mis à sa disposition. Le premier est agissant, le second est seulement présent. Cette différence ne doit jamais être perdue de vue. Elle doit subsister dans l'expression, afin de ne jamais être confondue : c'est pourquoi nous avons appelé le premier un travail *actif*, et le second un travail *muet*.

Dans toute entreprise régulièrement constituée, on

ne manque jamais de faire une distinction entre le travail et le capital, c'est-à-dire entre le travail que nous venons d'appeler actif et le travail que nous venons d'appeler muet. On leur fait une position différente.

La prospérité de l'entreprise dépend le plus souvent du travail actif, de l'intelligence avec laquelle il est appliqué. Cependant son influence sur le succès n'est pas toujours unique, et son importance, comparée à celle des capitaux ou travail muet, peut être plus ou moins grande ou égale. De là une appréciation toujours nécessaire pour fixer la part qui doit revenir à l'un ou à l'autre dans les bénéfices.

Quelquefois le travail actif supporte à lui seul toutes les difficultés de l'entreprise et peut à bon droit revendiquer la moitié des bénéfices nets. C'est à peu près la limite la plus élevée de ses prétentions, quand le capital ou travail muet est relativement peu considérable et ne court que peu de risques. D'autres fois son concours n'est estimé qu'à 10, 20, 30 ou 40 pour 100 du bénéfice.

Après la supputation des frais généraux qui comprennent toutes les dépenses et tous les frais de l'entreprise, le bénéfice net se trouve établi. Sur ce bénéfice se prélève la part attribuée au travail actif, et le reste est dévolu à la rémunération du travail muet, autrement dit des capitaux.

Si le bénéfice du travail muet n'atteint pas pour le moins 5 pour 100 du chiffre des capitaux qui le représentent, l'entreprise est dite peu avantageuse, parce que le produit ne répond pas à la production ordinaire du travail pendant une vie d'homme ; mais, si ce travail muet absorbait au contraire telle partie du bénéfice, qu'il ne restât plus rien pour le travail actif, celui-ci aurait fonctionné gratis ; et, si le travail actif était lié par des clauses qui l'obligeassent à continuer des efforts toujours infructueux, il serait tombé à l'état de véritable servage. Le maintenir, dans cette position avec une volonté persistante, serait une iniquité.

Dans les entreprises constituées en sociétés, il n'en est point ainsi : le travail actif, représenté par le gérant, jouit d'une rémunération fixe, et n'est pas responsable du bénéfice plus ou moins considérable afférent au travail muet.

Mais dans les entreprises particulières il en est tout autrement. Celui qui a conçu l'entreprise, la conduit le plus ordinairement pour son compte particulier. C'est alors que, voulant s'adjoindre un travail dont il puisse disposer, un travail muet, il recherche l'adjonction de capitaux. Il en devient l'emprunteur en son nom personnel et se rend responsable du bénéfice convenu qui doit leur revenir, sous le nom d'intérêt. Il prend l'engagement de le solder, et cet engagement est rendu par le détenteur du travail muet aussi sérieux que possible; en sorte que, si le bénéfice stipulé n'est pas atteint, ou s'il vient à manquer totalement, l'emprunteur est obligé d'y subvenir de son propre bien. S'il s'est trompé dans ses calculs et ses espérances, il doit épuiser ses propres ressources jusqu'à la dernière; et, au nombre des causes qui le ruineront sûrement, il faut compter souvent l'obligation à laquelle il s'est engagé de payer des intérêts plus élevés que ne rapporte le travail ordinaire.

Permis à tout chacun de rémunérer le travail de tel intérêt, de telle récompense qu'il voudra, à condition que cet intérêt ou cette récompense ne ressorte pas au détriment d'autrui. Permis de demander un taux d'intérêt élevé si l'affaire le comporte dans sa totalité : mais il n'est pas permis de l'exiger plus élevé que l'affaire ne le rapportera au metteur en œuvre, c'est-à-dire à l'emprunteur qui représente le travail actif.

Le pacte tacite et honnête entre lui et le prêteur est celui-ci : le premier a dit : Mon travail personnel, travail actif, et celui que j'ai économisé, travail muet, mon capital n'étant pas suffisant pour atteindre le but que je me propose, il faut que je m'adjoigne le travail muet d'autrui : je lui assurerai dans les bénéfices des avantages proportionnels à ce travail.

Le prêteur a répondu : Je consens à joindre le travail sous forme d'argent économisé par moi, dont je puis disposer, au travail d'un autre, à la condition de recevoir une part des bénéfices proportionnelle à mon travail, après la rémunération due au travail actif.

L'usurier est celui qui dit au contraire, implicitement : Je joindrai mon travail muet, représenté par une somme d'argent, au vôtre : mais, j'exige pour rémunération, telle part des bénéfices qu'il désigne, bien qu'elle soit supérieure à la partie proportionnelle du bénéfice que l'entreprise peut rapporter, et qu'il n'ignore pas qu'il faille prélever le surplus exigé par lui, sur le travail d'autrui. C'est exactement comme s'il disait : Je veux profiter du travail des autres : et de plus il étreint l'emprunteur dans l'obligation juridique d'exécuter cet inique engagement, ou de le payer de sa ruine.

En sorte que l'emprunteur, souvent forcé par les circonstances de recourir à son aide, est contraint de sacrifier, de se laisser dérober le fruit de son travail, ainsi dévoré par l'excès de l'intérêt, qui n'est autre que l'usure; entendant par excès de l'intérêt, non pas celui qui dépasse l'intérêt légal, mais celui qui déborde le bénéfice proportionnel.

L'excuse la plus ordinaire alléguée par les usuriers est celle-ci : On est venu à moi, on m'a sollicité de prêter mon argent; je ne le voulais pas : on m'en a supplié, je n'ai cédé qu'aux instances, bien loin d'avoir obligé à le prendre. Dès lors, j'étais libre de proposer les conditions qui me convenaient. Je suis innocent du reste.

Les économistes de l'école actuelle, se fondant sur la liberté des transactions, assurent qu'il était dans son droit; que c'était à l'emprunteur à refuser un prêt qui devait lui être onéreux. Puisque celui-ci a accepté le taux de l'intérêt demandé par l'usurier, ce taux devient légitime à leurs yeux.

Il y a de leur part une méprise : elle consiste à faire dépendre la légitimité du taux de l'intérêt du consentement de l'emprunteur. Le consentement à subir une action n'en altère pas la nature. Elle reste la même : le meurtre est toujours un meurtre en toutes circonstances, c'est-à-dire une action qui enlève la vie à un autre individu, sauf à juger le degré de culpabilité de celui qui l'a commise. L'usure est toujours l'usure, une *exaction* par sa nature. Elle n'est pas incriminée quant au consentement ou non de l'emprunteur, à une violence exercée sur celui-ci qui deviendrait une aggravation ; mais parce que c'est un acte en dehors des lois de la conscience et de l'équité : et c'est un acte en dehors des lois de la conscience et de l'équité, parce que l'usurier s'attribue un bénéfice, le fruit d'un travail étranger qui ne lui appartient pas. Car le travail dont il consent à prêter le concours, sous forme d'argent, ne rapportera qu'un certain bénéfice, et, pour prix de ce service qui est limité, il exige qu'on lui abandonne le prix d'un labeur plus considérable que le sien, il enlève le surplus sciemment, de vive force, à celui auquel il devrait revenir. Il joue le rôle du lion de la fable, en s'attribuant la plus grande part des bénéfices; avec cette différence, qu'il n'a pas supporté la plus forte partie du travail pour les créer. Et de plus encore, afin de ne pas laisser échapper la proie tombée dans ses filets, il a eu soin de placer l'emprunteur sous le joug créé par la loi pour assurer l'exécution des transactions légitimes ordinaires; de l'enserrer dans des obligations écrites, bien dûment signées, et autant que possible portant contrainte. Inutile de dire que si ces obligations usuraires ne sont pas remplies, il sévit sans pitié contre l'emprunteur jusqu'à la consommation de sa ruine.

N'est-il donc pas légitime, demandera-t-on, de faire des conventions où l'un sacrifie à l'autre sa part des bénéfices réels qui devront lui appartenir, dans la vue d'obtenir une aide payée cher, il est vrai, à un instant donné, mais qui permettra de parvenir à des temps plus propices où d'autres bénéfices nouveaux compenseront ceux dont on fait aujourd'hui le sacrifice.

Assurément ce sont là des calculs permis à l'emprunteur. Il lui est loisible d'assurer le sort de son existence et de diriger ses affaires comme il l'entend. Il n'a de responsabilité qu'envers lui-même; nous n'avons point ici à le juger : mais la position du prêteur est distincte. Si d'un côté il est loisible à l'emprunteur de choisir à sa volonté entre tous les moyens en son pouvoir, même entre ceux qui sont aléatoires, depuis la spéculation jusqu'au jeu (nous ne faisons ici que constater le champ de son action), celui qu'il juge propre à rétablir ses affaires, le prêteur honnête homme ne le suivra pas dans cette voie. Il n'est pas tenu de saisir les occasions de lucre, qui se présentent, quelque tentantes qu'elles soient; pas plus qu'il ne se trouverait forcé d'acheter des objets offerts à vil prix, évidemment le produit du vol, quand les offres qui lui sont faites mettent dans le cas d'enfreindre la probité, quand elles excitent évidemment à ravir les fruits du travail d'autrui.

Le prêteur en un mot, devant sa conscience et la conscience publique, ne peut jamais sortir de la position où le place la vérité des choses, qui est celle d'être appelé à concourir à un but par une portion de travail muet, représenté par la somme qu'il prête; position dont la conséquence est, que tout ce qu'il s'approprie dans les bénéfices au-dessus de la proportion qui lui revient, il l'enlève au travail d'un autre ; et s'il a su l'exiger et réussi à s'en emparer sous un prétexte ou par un artifice quelconque, il a commis une violence qui se traduira par la contrainte; et cette violence existe encore même lorsqu'elle semble couverte du consentement écrit de l'emprunteur. L'abandon de ses droits, maîtrisé qu'il est ordinairement par les circonstances, n'est jamais que l'effet d'un consentement forcé, ayant de l'analogie avec celui de l'homme auquel sur la grande route un coquin laisse le choix entre la bourse ou la vie, ou comme serait celui du malade à la souffrance duquel le médecin, profitant de l'excès de sa douleur, arracherait, avant de le soulager, des sacrifices au-dessus de la juste rémunération de ses services.

Celui qui prête est dans un cas semblable : le travail dont il apporte le concours a un prix naturel, comme le conseil d'un médecin, comme tout service; et les prix, en toutes occasions, sont fixés par des éléments en dehors des services rendus. Il ferait beau voir le service rendu à un affamé, par la vente d'un morceau de pain, être taxé d'après le bienfait de la prolongation de la vie.

On prétendra que l'argent est une marchandise dont les prix peuvent varier suivant l'offre et la demande.

C'est encore par un préjugé résultant de la confusion des éléments propres des choses que l'on parle ainsi.

L'argent en lingots est une marchandise, comme métal servant à mille usages divers.

L'argent monnayé, sous différentes formes ou sous des formes appartenant à divers pays, soit pour échanger les grosses pièces contre de petites, ou le contraire, ou bien des pièces de monnaie d'un pays contre celles d'un autre pays, est encore une marchandise.

Mais l'argent offert ou donné en prêt n'est jamais une marchandise, puisqu'il représente un travail, un service. Sous cette forme, ce sont de véritables ouvriers qui se substituent l'un à l'autre. Dira-t-on que les ouvriers disponibles en trop grand nombre pour un même ouvrage peuvent s'offrir au rabais ? Quel que soit le nombre des ouvriers qui s'offrent, il est impossible de ne pas admettre aux salaires une limite forcée par la nature même des choses. La limite en moins est celle où la rémunération serait insuffisante à la satisfaction des premières nécessités de la vie. Vous ne sauriez sans crime faire travailler des gens auxquels vous refuseriez la ration entière de nourriture indispensable à l'existence; et quand bien même vous auriez leur consentement, motivé pour eux par une cause, un entraînement quelconques, vous n'en feriez pas moins un acte d'inhumanité, justiciable de toute conscience, en recueillant pour vous le fruit d'un travail complet, et n'en rétribuant que la moitié, souvent même du salaire le plus minime. La limite en plus est celle où la rémunération aurait lieu au détriment du même travail concourant au même but.

Il y a donc une limite obligatoire de la rémunération des services qui se joue de la loi de l'offre et de la demande; et, quelque grand que soit le nombre d'ouvriers qui s'offrent pour le même service, qu'ils soient rares ou trop nombreux, l'équité naturelle se révolte à la pensée de faire travailler les uns sans le salaire nécessaire à leur nourriture, et les autres avec un excès de salaire enlevé à celui de leurs compagnons.

Que cette limite soit ou non difficile à distinguer, ce n'est pas encore ce qui nous préoccupe; elle existe, cela n'est pas contestable.

Que diriez-vous de l'ouvrier exigeant à titres égaux un surplus de paye et l'imposant au travail de ses compagnons? qui souffrirait de pareilles prétentions en dehors de toute justice?

Examinez l'analogie de la position de celui qui apporte ses services sous forme de prêt. Il devient l'ouvrier, concurremment avec d'autres, d'un travail dont les résultats sont circonscrits par les bénéfices, et dont, par conséquent, le salaire a des bornes. L'offre et la demande sont, jusqu'à un certain point, de vains mots, sans valeur lorsqu'il s'agit de rémunération des services, au moins pour l'honnête homme qui sait que tout travail doit trouver sa juste récompense, et que cette récompense ne doit pas exister aux dépens de celle due au travail d'autrui.

L'usurier, au contraire, demande une paye plus forte que celle qui doit revenir à son travail, sans souci de l'existence de ceux au travail desquels il s'associe; et le surplus, dont il s'empare, il le dérobe à la paye de ceux qui ont travaillé comme lui et souvent plus que lui.

On a voulu assimiler un prêt d'argent à intérêt avec la vente d'un instrument de travail. On vend l'usage de l'argent, a-t-on dit, comme on vend l'usage de cet instrument. Il y a cependant une différence essentielle. L'objet *vendu*, comme une pioche, une charrue, sont des choses finies, déterminées, des instruments directs de travail, qui ne feront jamais retour au vendeur, dont l'acquéreur, une fois l'achat conclu, s'approprie personnellement l'usage comme il l'entend; il n'a pas à en rendre compte.

Une somme d'argent n'est pas un instrument direct de travail. C'est un travail en disponibilité, se joignant à un autre travail insuffisant. Le travail n'abandonne jamais son droit à la rémunération; mais ce droit ne devient véritable que quand le travail aura produit ses effets. L'intérêt prélevé d'avance est toujours un fait irrégulier, s'il n'est une tromperie. Dans toute transaction honnête, l'intérêt ne sera payé qu'après un certain temps où le travail aura pu fonctionner. Le prélèvement de l'intérêt effectué d'avance a presque toujours pour but d'aggraver l'intérêt normal d'une manière détournée.

Le vendeur d'un instrument de labour ou autre ne conserve aucune prétention au partage de ses produits : celui qui prête une somme d'argent n'abandonne au contraire jamais cette prétention, pas plus que son droit de rentrer en possession de la somme prêtée, après un temps désigné.

Le taux le plus commun de l'intérêt, et qui répond le plus généralement aux circonstances naturelles dans lesquelles l'homme se trouve placé, est celui de 5 pour 100 par an. C'est l'intérêt modéré adopté aujourd'hui par presque tous les législateurs; à défaut de stipulations particulières et motivées, c'est celui que tout honnête homme se contente de recevoir pour la coopération de son argent, c'est-à-dire de son travail muet, au travail actif d'autrui; parce que ce taux se trouve être la moyenne de la rémunération du travail de la vie entière d'un homme.

Cependant, l'intérêt de 5 pour 100 par an, qui est le taux le plus convenable dans les opérations indéterminées, ou dans celles où le taux de l'intérêt

SA DÉFINITION.

n'a pas été convenu, ne peut pas être prescrit par la loi comme un taux fixe.

Il ne faut pas oublier que l'intérêt, dans toute affaire particulière se règle sur le bénéfice prévu ou possible, et qu'il ne doit en être qu'une partie proportionnelle. Or, le bénéfice étant variable de sa nature, plus ou moins élevé suivant les chances heureuses ou malheureuses, suivant le degré de soins, d'habileté, du travail actif, le taux de l'intérêt peut toujours varier avec lui. Il peut s'élever avec justice au-dessus de 5 pour 100 par an, et suivre l'élévation des profits jusqu'à un taux quelconque, illimité, surtout si le prêt a encouru les éventualités du résultat.

Mais fixer et exiger d'avance un intérêt dépassant l'intérêt ordinaire, fondé sur une volonté et une exigence personnelle, non motivé par les profits possibles et probables de l'entreprise, intérêt qui ne peut être satisfait qu'au détriment du travail d'autrui, et le plus souvent du travail actif; intérêt que le prêteur lui-même serait incapable de produire d'une manière honnête; et s'en assurer le payement par des moyens artificieux qui dégénéreront au besoin en coercition définitive; c'est assurément là l'usure : l'usure égoïste, impitoyable sur ses effets, impitoyable dans la poursuite et la réalisation de son lucre sordide, illégitime; celle que la conscience universelle a de tout temps réprouvée, flétrie et condamnée : tandis que l'intérêt est la rémunération légitime d'un prêt soumis à toutes les épreuves de l'examen et de l'équité.

De ces considérations résultent ces notions certaines : 1° Il y a des limites naturelles au salaire des services rendus par le prêt d'argent, c'est-à-dire à l'intérêt, et celui qui exige un taux dépassant ces limites est ce que l'on nomme un usurier. 2° Les limites de l'intérêt ne sont pas fixes; mais elles sont toujours appréciables. 3° D'où il suit que L'USURE EST TOUJOURS UN FAIT D'APPRÉCIATION.

Il y a entre l'intérêt et l'usure une différence radicale, impossible à méconnaître quand une fois la distinction en a été faite et que l'analyse l'a signalée. C'est faute de s'être livrée à cette analyse que l'économie politique a jusqu'à présent méconnu l'existence de l'usure. Vous la chercheriez en vain dans les ouvrages de ceux qui font autorité dans l'école sur la matière. Le *Mémoire de Turgot* sur les prêts d'argent, la *Défense de l'usure*, de Bentham, n'en offrent pas de traces. Leurs écrits répondaient seulement aux besoins du moment.

CHAPITRE VII

TURGOT, SON MÉMOIRE. — BENTHAM, SA DÉFENSE DE L'USURE.

Le *Mémoire de Turgot* sur les prêts d'argent a précédé de près de vingt ans l'ouvrage de Bentham : il a été composé dans un temps où l'opinion religieuse exagérée exerçait encore tout son empire. Elle dominait la loi civile de toute sa rigueur, elle l'embrassait, elle faisait corps avec elle. Turgot en a opéré la séparation. Le premier, il a eu le mérite de faire sortir la question du prêt à intérêt du cercle des idées religieuses, où elle était enserrée depuis des siècles, et de l'avoir produite aux regards, sur le terrain de l'économie politique, qui est le sien propre, et d'où elle ne peut plus désormais disparaître.

La haute position de Turgot dans l'administration, l'éminent esprit d'observation qui le distinguait, lui permirent plus qu'à un autre de reconnaître les conséquences désastreuses des lois alors en vigueur sur les prêts d'argent; l'honnêteté de son caractère, dont tous les actes de sa vie portent l'empreinte, fut révoltée des abus de confiance et des injustices monstrueuses qu'elles autorisaient, injustices dont un grand nombre s'étaient passées sous ses yeux; elles éveillèrent dans son cœur le courage naturel aux âmes élevées, de chercher par tous les moyens en son pouvoir le remède à des maux aussi réels, aussi flagrants, et de rétablir la vérité faussée depuis des siècles.

Dans son mémoire, adressé au conseil d'État, en 1769, il a démontré, bien avant Bentham, la légitimité des prêts d'argent portant intérêt, comme conséquence immédiate de la *propriété* des sommes prêtées, et il a victorieusement réfuté les faux raisonnements des scolastiques et de quelques légistes qui, à leur exemple, condamnaient la perception de l'intérêt dans toutes les circonstances.

Mais, pas plus qu'eux, il n'a su établir la distinction qui existe entre l'usure véritable et l'intérêt légitime; et, tout en se dégageant de l'erreur qui proscrivait à tort toute espèce d'intérêt de l'argent, il est tombé dans cette autre non moins féconde en résultats funestes, qui légitimait tout intérêt, et qui s'est accréditée sous l'autorité de son nom.

Il est curieux de voir Turgot recherchant l'origine de l'opinion qui condamne le prêt à intérêt, en attribuer la cause à ce qui n'en est que l'effet, à ce qui rend l'usure véritablement condamnable et odieuse; comme l'énormité des usures, la dureté avec laquelle les lois autorisaient la poursuite des débiteurs, la faculté donnée, au créancier de réduire en esclavage son débiteur insolvable, au débiteur de vendre ses propres enfants pour se libérer. Dans sa pensée, le prêt à intérêt est toujours confondu avec l'usure; tous deux étaient défendus, tous deux doivent être permis; il ne semble pas percevoir la première idée de leur différence.

Il est encore moins heureux dans son exposé, chapitre XXIX, lorsqu'il attribue la source du préjugé des théologiens à l'endroit de l'usure, et conséquemment de l'opinion établie contre elle, à ce « qu'il est doux, dit-il, *de trouver à emprunter, tandis* « *qu'il est dur d'être obligé de rendre.* » C'est envelopper toute la nature humaine dans une même condamnation et méconnaître ses diversités. Trop souvent, il est vrai, l'ingratitude est la récompense des services rendus; mais si le cœur humain a ses faiblesses, il a aussi ses triomphes; il serait d'une philosophie chagrine de prétendre que la reconnaissance du débiteur est moins fréquente que son ingratitude.

En somme, le mémoire de Turgot, très-concluant contre les abus enfantés par des lois édictées sous l'influence de l'opinion religieuse exagérée qui dominait alors et proscrivait tout intérêt comme un péché, n'est d'aucune portée contre l'usure proprement dite, dont il ne constate pas même l'existence.

Bentham, dans sa défense de l'usure, et plus particulièrement dans la lettre X, emprunte évidemment au mémoire de Turgot quelque chose du fond et de la forme; mais il y joint les saillies originales, le persiflage et les excentricités que lui suggère l'*humour* dont il était doué à un haut degré.

Turgot, à l'exemple de plusieurs de ceux qui l'avaient précédé dans la discussion de cette question, avait fait remonter l'origine de l'opinion qui condamne le prêt à intérêt, aux théologiens scolastiques; Bentham va plus loin, c'est le christianisme lui-même qu'il met en cause à ce sujet.

Il prétend, *lettre* X, et nous laissons cette prétention sous sa responsabilité, qu'une règle générale du christianisme est celle-ci : « *Ne fais pas ce*

« *que tu voudrais faire, ou, en d'autres termes, ne
« fais pas ce qui pourrait tourner à ton avantage.* »
Il ajoute encore : « La preuve que l'Être doué de
« toute-puissance et de toute bonté avait résolu de
« rendre heureux, dans une vie future, le petit
« nombre de ses favoris, résultait justement de sa
« volonté déterminée qu'ils demeurassent aussi
« étrangers que possible au bonheur, dans la vie
« actuelle. » Or gagner de l'argent est un moyen
d'être heureux, donc gagner de l'argent par l'intérêt fut jugé un acte répréhensible, et d'autant plus, ajoute-t-il, que c'était se conduire comme faisaient les juifs, d'où cette manière judaïque de gagner de l'argent en prêtant à intérêt fut considérée comme trop odieuse pour être tolérée. Puis, dans la suite, c'est toujours Bentham que nous citons, le parti anti juif, c'est-à-dire le christianisme, trouva un appui dans le célèbre païen Aristote, dont l'empire était despotiquement établi sur le monde chrétien, sur tous les points où le paganisme n'avait pas détruit sa compétence. Or Aristote avait porté condamnation de l'intérêt, en posant comme principe que, « de sa nature, tout argent est sté-
« rile, » et dès lors la condamnation de l'usure fut irrévocable.

Il est impossible, il est vrai, de réfuter avec plus de verve que ne le fait Bentham cette espèce d'axiome posé par Aristote : *De sa nature, tout argent est stérile.*

« Une considération qui ne s'est point présentée
« à l'esprit de ce grand philosophe, dit-il, et qui,
« si elle s'y fût présentée, n'aurait pas été tout à fait
« indigne de son attention, c'est que, bien qu'une
« darique fût aussi incapable d'engendrer une autre
« darique que d'engendrer un autre bélier ou une
« brebis; un homme cependant, avec une darique
« empruntée, pouvait acheter un bélier et deux bre-
« bis, qui, laissés ensemble, devaient probablement
« au bout de l'année produire deux ou trois agneaux;
« en sorte que cet homme, venant, à l'expiration de
« ce terme, à vendre son bélier et ses deux brebis
« pour rembourser sa darique, et donnant en outre
« un de ses agneaux pour l'usage de cette somme,
« devait encore se trouver de deux agneaux, ou d'un
« au moins, plus riche que s'il n'avait point fait ce
« marché. » Personne, nous le croyons, pas même Aristote, n'aurait été tenté de contester la justesse de ce raisonnement; mais ce n'est pas tout à fait là ce dont il s'agit.

Plus loin Bentham est pourtant obligé d'avouer que la profession de prêteur d'argent, bien qu'elle n'ait été proscrite, selon lui, que depuis l'établissement du christianisme, n'a pourtant été populaire *à aucune époque et dans aucun pays*. La principale raison qu'il donne de cette répulsion universelle, dont l'idée première est de *Turgot*, ainsi qu'on a pu le voir, est que « ceux qui sacrifient le présent à « l'avenir sont naturellement les objets de l'envie de « ceux qui ont sacrifié l'avenir au présent, comme les « enfants qui ont mangé leur gâteau sont les ennemis « naturels de ceux qui ont conservé le leur. Tant « qu'on espère obtenir l'argent dont on a besoin, on « regarde celui qui prête comme un bienfaiteur ; « quand il faut payer, ce n'est plus qu'un tyran et « un oppresseur. » Puis viennent des considérations sur la faveur qui suit le dissipateur et refuse toute justice à l'homme économe, sur la relation intime entre l'idée de dépense et celle de mérite. Il en trouve la preuve dans ce qui se passe au théâtre, où l'emprunteur est toujours recommandé à la faveur du public, à son admiration, à son amour ou à sa pitié, tandis que l'homme économe est bafoué et voué à l'infamie.

Telles sont les causes que Bentham assigne à ce qu'il appelle les préjugés contre l'usure, à la répulsion générale dont les usuriers sont l'objet. Nous ne pensons pas qu'il soit nécessaire de les réfuter en détail. La conscience publique proteste contre de semblables allégations. Il n'est pas vrai que ceux qui sacrifient le présent à l'avenir soient les objets de l'envie de ceux qui sacrifient l'avenir au présent, pas plus que les enfants qui ont mangé leur gâteau ne deviennent les ennemis de ceux qui ont conservé le leur. Nous croirions plutôt le contraire. Les sentiments du débiteur envers son créancier dépendent le plus souvent de la conduite de celui-ci, et c'est cette conduite même que nous cherchons ici à caractériser ; enfin toute faveur n'est point accordée au dissipateur, comme il s'en faut que toute justice soit refusée à l'homme économe. D'ailleurs, remarquons-le, aucune de ces raisons ne va au but, celui de donner la définition de l'usure.

Dans les treize lettres dont est composé l'ouvrage de Bentham, la question de la véritable usure n'est pas une seule fois sérieusement abordée. Bien plus, il ne paraît pas même avoir entrevu, pas plus que Turgot, en quoi consiste l'usure. « Je ne puis imagi-
« ner, dit-il (*lettre II*), comme définition possible
« de l'usure que les deux suivantes : 1° Stipula-
« tion d'un intérêt plus élevé que celui permis par
« la loi ; cette définition peut être appelée *politique*
« ou *légale* ; 2° stipulation d'un intérêt plus élevé que
« celui que l'usage a consacré dans les transactions
« pécuniaires : celle-ci peut être appelée *morale*. »

Ni l'une ni l'autre de ces définitions ne comprennent l'usure. L'usure ne gît pas dans le fait d'une stipulation d'intérêt plus ou moins élevé, comme le croit Bentham, suivant un véritable préjugé partagé du vulgaire : l'usure gît dans le fait d'accaparer les bénéfices du travail d'autrui sous le prétexte de lui venir en aide. Toute stipulation de part dans des bénéfices est permise, quand ces bénéfices existent ou doivent exister ; mais ces bénéfices ne peuvent exister qu'après la rémunération du travail actif, et c'est la frustration de cette rémunération exercée par l'usurier qui constitue le délit de l'usure. Il est défendu au tribunal de toute conscience de s'approprier les fruits d'un labeur qui n'est pas le sien, de s'en assurer la possession par les moyens juridiques qui enchaînent la victime, et plus l'action sera subreptice, plus s'accroîtra la gravité du délit.

Bentham cependant semble avoir une vague idée de cette différence, décelée par la précaution qu'il a soin de prendre dans sa lettre première. « Une règle « générale, dit-il, dont personne encore n'est assez « dépourvu de sens pour constater la justesse, c'est « que les contrats doivent être exécutés. » Assurément il ne viendrait à la pensée de personne de contester une proposition ainsi énoncée. Mais, quand le législateur dit que les contrats doivent être exécutés, il est évident qu'il n'entend parler que de contrats légitimes. Bentham le comprend si bien ainsi, qu'il est obligé d'ajouter lui-même : *Cette règle toutefois est susceptible d'exception.* Ces cas d'exception, il ne les voit que dans la possibilité que les mesures dont il s'agit, c'est-à-dire les mesures contre l'usure, constitueraient une de celles qu'exigent le *bien-être* et la *sûreté* de toute société; mais il ne vient pas à la pensée de l'apôtre de l'utile de distinguer le contrat résiliable par justice quand ses clauses couvrent une immoralité telle que le vol, comme le contrat de l'usurier.

Les seules raisons qu'il soit possible d'imaginer, selon lui, en faveur des restrictions imposées par les lois à l'esprit de liberté dont il se fait le défenseur, se réduisent pour lui aux cinq suivantes :

1° Nécessité de réprimer l'usure ;

2° Nécessité de réprimer la prodigalité ;

3° Nécessité de mettre l'indigence à l'abri de l'extorsion ;

4° Nécessité de réprimer la témérité des hommes à projets ;

5° Nécessité de protéger la simplicité contre la fraude.

Il suffit de jeter les yeux sur l'énoncé des quatre

dernières raisons pour se convaincre que Bentham a entièrement déplacé la question. C'est à douter du sérieux d'une pareille argumentation.

Quoi! Ce serait pour réprimer la prodigalité, pour mettre l'indigence à l'abri de l'extorsion, pour réprimer la témérité des hommes à projets, pour protéger la simplicité contre la fraude, que l'on poursuivrait l'usure! Il n'y aurait pas un motif plus intime, plus direct à la réprobation universelle qui s'attache à l'usure! Ce serait pour ses conséquences, et non pour elle-même, qu'elle serait honnie! Autant vaudrait-il dire que le voleur n'est pas poursuivi pour le vol lui-même, mais à cause du déficit produit dans la bourse de l'homme volé. C'est qu'aux yeux de Bentham la moralité de l'action n'existe pas. Une action n'est ni bonne ni mauvaise, elle n'est répréhensible suivant lui qu'à cause des mauvais effets qu'elle produit. Telle est la tendance fatale de la pernicieuse doctrine de l'utilité, d'anéantir la responsabilité personnelle, le don le plus précieux et en même temps le plus glorieux fait à l'homme; la conscience le premier mobile de toutes nos actions.

Il n'est pas besoin de suivre Bentham sur le terrain des quatre dernières nécessités. La question n'est pas là, et nous croyons inutile de démontrer qu'aucune loi n'a eu un but semblable.

Bornons-nous donc à l'examen de la première raison imaginée par l'auteur : la nécessité de réprimer l'usure.

Il se dit convaincu que, dans le sens lui-même du mot usure, réside principalement la force d'argumentation contre l'usure ou mieux de l'empire de l'opinion à propos d'usure. Suivant lui, l'opinion qui condamne l'usure n'aurait pas de meilleur argument que ceux-ci : « L'usure est une mauvaise chose ; comme « telle, elle doit être supprimée. Les usuriers sont « des hommes vicieux ; comme tels, ils doivent être « punis et *anéantis.* » Ce mot anéanti, qui outrepasse la mesure de répression désirable contre l'usure, semble l'indice d'un persiflage peu digne de la gravité de la question. Ce qui nous semble bon à noter, c'est la reconnaissance par Bentham de l'universalité de l'opinion réprobatrice de l'usure. Or, comment, un homme habitué comme lui à scruter le fond secret des choses, a-t-il pu croire qu'un blâme moral aussi universel se soit établi sans cause plausible, et n'a-t-il pu imaginer d'autres définitions possibles de l'usure que les deux dont nous avons déjà parlé : 1° Stipulation d'un intérêt plus élevé que celui permis par la loi ; 2° stipulation d'un intérêt plus élevé que celui que l'usage a consacré dans les stipulations pécuniaires. De ce qu'il a borné son horizon à ces deux définitions, il imagine qu'il n'est pas plus étendu. Cependant il a raison de dire : pour que l'usure puisse être prohibée légalement, il faut que la loi qui est destinée à remplacer la règle morale détermine d'une manière positive en quoi consiste l'usure. Mais il erre de nouveau quand il ajoute qu'une loi qui punit l'usure suppose d'abord une loi qui fixe le taux permis de l'intérêt ; car encore une fois l'usure, s'il avait analysé l'action qui la produit, ne consiste pas dans un taux quelconque d'intérêt.

Dire plus loin que l'usure ne peut avoir d'existence antérieurement à la coutume résultant des conventions particulières, c'est dire que le délit ne peut avoir lieu avant l'existence du corps de délit, c'est proférer une vérité banale : mais en tirer la conclusion que l'usure, considérée sous un point de vue moral, n'est pas susceptible de définition, n'est pas même concevable, c'est montrer qu'on s'en est tenu à la surface de la question, sans l'approfondir suffisamment.

La coutume qui fixe le taux de l'intérêt, quoique variable d'âge en âge, ou dans les différents pays, n'est pas aussi aveugle ni aussi arbitraire que Bentham le suppose. La loi de l'intérêt le plus général, 5 pour 100, tire sa source d'une phase de la longévité humaine ordinaire. Elle lui est toujours corrélative, dans les temps où cette longévité est raccourcie ou même seulement menacée de l'être; et cette loi déduite de la nature même des choses est susceptible de toutes les modifications que les choses elles-mêmes apportent : en sorte que l'intérêt de 8, de 10, de 25 pour 100, peut être aussi naturel, suivant les circonstances, que l'intérêt à 5 et à 4 pour 100.

Mais placer de l'argent à intérêt n'est pas, comme le dit notre auteur, simplement « échanger de l'ar« gent actuel contre de l'argent futur. » Placer de l'argent est une action bien plus composée, qu'il a omis d'analyser, et dont les conséquences lui échappent.

Placer de l'argent à intérêt, c'est joindre son travail accumulé dans cette somme d'argent, au travail d'autrui ; et l'intérêt n'est autre chose qu'une part du bénéfice provenant de leur réunion. Que le bénéfice soit grand, l'intérêt pourra être proportionnellement élevé et il sera toujours hors d'atteinte de tout blâme : mais, si l'intérêt empiète sur le bénéfice revenant au travail d'autrui; alors il y a usure, c'est-à-dire que l'usurier aura usé du travail d'autrui à son profit, action que la justice naturelle condamne.

Bentham termine sa lettre II par cette question qui sent bien son humoriste : « Pourquoi le législa-
« teur a-t-il plutôt limité le taux de l'intérêt quant
« au *maximum* que quant au *minimum*? pourquoi
« n'a-t-il pas tout aussi bien porté des peines con-
« tre celui qui offrirait moins de 5 pour 100 que
« contre celui qui accepterait un intérêt plus élevé? »
Cette question a-t-elle besoin de réponse? Ne tombe-t-il pas sous le sens qu'il est toujours loisible à celui qui offre un salaire de l'élever autant qu'il le juge convenable, quand ses motifs sont purs et qu'il ne sacrifie que ce qui lui appartient. Il n'est pas non plus hors de propos de faire remarquer qu'il n'est pas toujours loisible à celui qui a sincèrement à cœur de se maintenir dans la ligne de l'honnêteté et ne transige pas avec sa conscience, de l'accepter.

Est-ce là une sérieuse discussion de l'usure, comme semblait l'annoncer le titre du livre de Bentham? Assurément non. Pour lui l'usure n'est qu'un mot; et, quand *il en a fini des mots*, comme il le dit lui-même (*lettre III*), il passe à la discussion de toutes les conséquences des lois qui limitent l'intérêt.

Sur ce terrain, Bentham est irréprochable. Les lois qui ont confondu l'intérêt avec l'usure et en vertu desquelles un taux a été fixé à l'intérêt ont été très-préjudiciables au développement du commerce et de l'industrie. Cela ne fait pas et n'a presque jamais fait un doute : mais la question de l'intérêt est entièrement distincte de celle de l'usure. Le tort de Bentham est de n'avoir pas su les distinguer l'une de l'autre, faute que l'école enseignante a commise à sa suite : et, n'eussions-nous fait qu'établir rigoureusement cette distinction, nous croirions avoir rendu un service notable à la science.

Le livre de Bentham, intitulé assez fastueusement *Défense de l'usure*, ne traite de l'usure que d'une manière toute fugitive; il fait seulement ressortir combien ont été nuisibles les lois qui ont prohibé les stipulations facultatives de l'intérêt de l'argent, sans tenir compte des nécessités et des profits.

Le livre de Bentham offre encore une singularité remarquable. Dans toute son argumentation il s'occupe beaucoup plus de l'emprunteur que du prêteur. C'est l'emprunteur seul, à l'entendre, qui a été l'objet de la sollicitude des lois contre l'usure, et il ne paraît pas imaginer le moins du monde que le prêteur puisse devenir l'objet des recherches du législateur.

Selon lui, « le préjugé est à la fois la cause et l'ef-
« fet des lois contre l'usure; le préjugé a accumulé
« la défaveur, le discrédit et l'ignominie sur une

« classe d'hommes non-seulement innocents, mais
« même *estimables*, qui mérite plutôt l'éloge que le
« blâme. « Ce ne peut être une chose indifférente,
« dit-il, de voir de tels hommes relégués parmi les
« infâmes, et frappés d'une réprobation qui ne de-
« vrait tomber que sur ceux-là seulement dont la
« conduite dans sa tendance est la plus opposée à
« la leur » (*lettre VI*). Ces lignes caractérisent la
pensée de Bentham et l'on ne peut être surpris,
après les avoir lues, qu'il soit devenu le coryphée
des sectateurs de l'usure.

Encore s'il avait fait une distinction entre les
usuriers et les banquiers chez lesquels l'argent est
rassemblé pour être mis ensuite à la disposition
de ceux qui en ont besoin à des conditions, et
suivant certaines règles à peu près équitables !
Mais ce sont bien les véritables usuriers, réputés
tels, dont le sort le préoccupe; et par là il leur a
donné le droit de se prévaloir de l'autorité de son
nom. Ils n'y ont pas manqué.

CHAPITRE VIII

USURE, ABSENCE DE CONCURRENCE. — L'OFFRE ET LA DEMANDE. — RÉCAPITULATION.

Un autre argument employé par ceux qui se refusent à reconnaître l'usure comme un vice anti-économique consiste à dire [1] : « Ce que l'on ap-
« pelle usure n'est que le taux de l'intérêt en l'ab-
« sence de concurrence suffisante. Ce gain est de
« même nature que celui du négociant qui profite
« de la rareté de la marchandise dont il est en pos-
« session sur le marché pour en porter le prix au-
« dessus du taux ordinaire ; ou du travailleur qui
« surélève le prix de son travail quand il possède

[1] *Dictionnaire d'économie politique.* Article Usure.

« un talent extraordinaire ou simplement même
« quand les bras sont rares. Ces trois cas, assurent-
« ils, ne présentent aucune différence essentielle,
« le marchand monopoleur et l'ouvrier monopoleur
« sont aussi bien des usuriers que le capitaliste
« monopoleur. Si celui-ci prête à usure, ceux-là
« vendent et travaillent à usure. Serait-on fondé
« cependant à en conclure que le profit et le salaire
« sont illégitimes? Il reste à savoir maintenant si les
« trois usuraires dont il vient d'être question sont,
« oui ou non, condamnables ; s'ils peuvent, oui ou
« non, user légitimement du pouvoir que leur con-
« fère la situation du marché. C'est là évidem-
« ment une question dont la solution peut varier
« selon les circonstances. *Comme elle est du ressort*
« *de la morale* plutôt que de l'économie politique,
« nous ne l'examinerons point ici. »

Pour nous, nous ne pouvons admettre cette fin de non-recevoir.

Prenons acte ici de l'incertitude naïvement exprimée, de savoir si, dans certains cas, le profit et le salaire sont légitimes ou non, si les trois usures dont il est question sont ou non condamnables. Le doute amènerait déjà la discussion de la question : et il ne nous paraît pas possible, pour l'éviter, de se retrancher derrière la question de moralité : car, s'il fallait conclure que ces trois usures sont immorales, c'est-à-dire condamnables, il n'est pas admissible qu'elles puissent être tolérées dans l'enseignement de l'économie politique. Force est donc de discuter leur légitimité.

En vain l'on s'efforcerait de soustraire ces questions à l'examen dans un livre d'économie politique, sous le prétexte que ce livre n'est pas consacré à la morale; nous croyons avoir établi que l'économie politique est une science complexe, dont les éléments épars appartiennent à des sciences diverses; éléments qui constituent la science de l'économie politique, dès qu'ils concourent au bien-être universel. Or la science de la morale se compose de bien autre chose que de la simple équité : mais l'équité dans la morale est la partie qui concourt au bien-être matériel de l'humanité en présidant à la répartition des fruits du travail; et il nous paraît, pour cette cause, impossible de la disjoindre de l'enseignement de l'économie politique.

Revenons à la question. Éloignons d'abord la comparaison du talent extraordinaire de celle de la rareté de la marchandise ou des bras.

Le talent extraordinaire a droit à une récompense plus grande parce qu'il lui a fallu plus d'efforts pour acquérir un talent dont les produits sont plus parfaits. Pour cette dernière raison chacun consent volontiers à en donner un prix plus élevé : la solution est évidente.

La comparaison de l'usure n'existe plus qu'avec le marchand qui surélève le prix de sa marchandise parce qu'elle est rare, et le travailleur qui surélève le prix de ses services parce qu'il est seul à les offrir. Cependant ces deux situations offrent une différence sensible.

Le travailleur qui offre le concours agissant de son travail ne peut entrer en comparaison avec une marchandise dont le travail est achevé, consommé pour ainsi dire. Le travailleur actif conserve toujours, comme une faculté qui lui est propre, quand il n'a pas d'engagements, l'estimation de sa propre valeur. Il l'augmente ou la diminue suivant l'appréciation des circonstances dont il est le seul juge, le seul arbitre ; lui seul en doit supporter la perte ou le profit. L'estimation de la marchandise est finie, inerte, et n'éprouve d'accroisssement que par le transport dont le chiffre est toujours arrêté. La personne du travailleur est inhérente à la valeur de ses services. Sa liberté d'appréciation sur lui-même existe toujours, elle ne peut être engagée que par lui même : le marchand est étranger à la valeur de la marchandise, cette valeur est et subsiste sans lui, hors de lui ; le caprice non plus que la hausse et la baisse ne peuvent effectuer le changement. La valeur réelle n'éprouve de variations que par des causes déterminées, comme la longue conservation qui améliore ou détériore la qualité : mais ce ne sont pas là les causes ordinaires qui entraînent la hausse ou la baisse momentanées.

Ce n'est donc pas avec le travailleur, dont la liberté d'appréciation sur sa propre valeur est inaliénable, que l'on pourra comparer le capital, chose achevée, finie, offrant matière à l'usure : il ne peut être comparé qu'avec la marchandise dont la valeur est achevée, finie comme la sienne.

La question se transforme en celle-ci : Le profit des capitaux par l'intérêt est-il aussi légitime que le profit des marchandises par la hausse, et, si le premier est condamnable, le second l'est-il aussi ?

La parité est exacte : seulement les deux effets à comparer ont reçu des noms différents. Le profit des capitaux au delà de l'intérêt constitue la question de l'usure ; celui des marchandises, la question de l'offre et de la demande. L'énoncé de la difficulté qui nous occupe peut donc être modifié de la manière suivante : l'usure doit être aussi bien permise que l'offre et la demande; ou, si l'usure est condamnable, l'offre et la demande le sont-elles donc aussi ? Sous cette forme nouvelle, le fond de la question est identiquement le même et la difficulté à résoudre reste entière.

Nous avons démontré que l'intérêt, légitime dans son principe et sa période, arrive par l'excès de ses prétentions à l'usure. L'usure n'est que le résultat d'artifices pour s'attribuer les fruits du travail d'autrui, s'en emparer : or s'emparer du bien d'autrui au moyen d'artifices quelconques est un des signes caractéristiques de l'escroquerie.

La question de l'offre et de la demande est trop grave pour être traitée incidemment. S'il fallait l'envisager sous ses différents aspects, elle demanderait une étendue que nous ne sommes pas préparé à lui donner ici ; mais, si l'intérêt légitime dégénérant en usure peut devenir condamnable, nous comprendrons, par analogie, que l'offre et la demande, légitimes quand elles sont l'effet naturel des circonstances, puissent devenir antiéconomiques au même degré quand elles seront mensongères. Personne, nous le supposons, ne voudra nier que l'offre et la demande factices ne deviennent souvent le prétexte de nombreuses roueries d'une improbité commerciale.

Il conviendrait d'examiner dans quels cas la hausse et la baisse sont l'effet d'une offre ou d'une demande naturelles; cet examen nous conduirait plus loin que nous n'avons dessein de nous avancer. Il nous suffit pour l'instant d'avoir constaté qu'il y a des profits provenant de l'offre et de la demande qui sont aussi illégitimes et aussi condamnables que ceux de l'usure, et d'en déduire, comme une vérité évidente, que l'offre et la demande ne sont des éléments ni certains ni constitutifs de la valeur.

Récapitulons en quelques mots ce qui a été dit jusqu'ici.

La monnaie métallique, objet du prêt, sous quelque forme qu'il ait lieu, présente plusieurs aspects : 1° Comme métal, tiré d'abord du sein de la terre, affiné à un certain titre et pouvant servir à tous les emplois où il est usité; 2° Comme monnaie proprement dite, revêtue d'un signe caractéristique indiquant son poids et son prix nominatif. Ce signe donne la confiance que ce poids et ce prix seront acceptés de tous sans contestation;

3° Comme marchandise pour servir aux besoins des transactions et dont les changeurs font le trafic;
4° Comme représentant dans chaque pièce certaine quantité de travail qui a été nécessaire pour faire arriver le métal à l'état de monnaie.

Nous avons démontré que cette quantité de travail forme la valeur intrinsèque de chaque pièce de monnaie; que c'est elle qui est prise en considération dans chaque échange et qui établit la différence entre la monnaie réelle et la monnaie fiduciaire.

Partant de cette vérité démontrée, que la monnaie réelle représente une certaine quantité de travail qui est la matière même de tout échange, nous en avons déduit cette autre vérité, que posséder le nombre de monnaies qui composent une somme d'argent, c'est avoir à sa disposition une quantité de travail disponible à volonté, pour ainsi dire, en magasin; et nous en avons conclu que prêter une somme d'argent à quelqu'un, c'est transporter de sa propre disposition à la sienne le travail qu'elle représente.

Or tout travail agréé, employé par autrui, mérite un salaire. Ce que l'on nomme intérêt n'est autre chose que ce salaire. Donc recevoir l'intérêt

SA DÉFINITION.

d'une somme que l'on a prêtée est une action très-légitime.

Mais le salaire de ce travail partiel, c'est-à-dire l'intérêt, ne peut être prélevé que sur le seul bénéfice du travail complet auquel il a concouru; et la plus simple notion d'équité indique qu'il ne doit pas l'absorber tout entier, puisqu'il faut que le travail d'autrui, auquel il s'est adjoint pour obtenir le bénéfice total, reçoive aussi son salaire, et qu'il n'en peut prétendre qu'une partie déterminée. Donc il y a une limite à l'intérêt que doit rapporter une somme d'argent prêtée.

Pour parvenir à la connaissance de cette limite, on considérera que tout le travail qui a créé le bénéfice total est représenté par un capital, c'est-à-dire une somme totale dans laquelle se trouve comprise la somme prêtée. Chaque unité monétaire représente ce que l'on pourrait appeler une unité de travail déterminée, qui ont chacune les mêmes droits au partage du bénéfice. D'où il suit rigoureusement que le bénéfice afférent à la somme prêtée doit être proportionnel dans le bénéfice total au nombre de ces unités monétaires; et il ne peut être plus grand que ce que lui assigne cette proportion, parce qu'il empiéterait sur le bénéfice également dû aux autres unités de travail. Voilà une limite d'intérêt certaine par rapport aux sommes concomitantes. Voyons ce qu'elle peut être par rapport à la quotité.

Puisque le bénéfice est variable de sa nature, la somme formant le bénéfice total à partager proportionnellement entre les diverses unités de travail étant variable, la somme partielle qui représente l'intérêt de chaque somme sera également variable.

Cette variabilité dont l'intérêt est susceptible est limitée par la nature des choses dans les différents cas où il peut être perçu.

Si plusieurs personnes en nombre indéterminé ont formé une société pour exécuter une entreprise, après que toutes les dépenses de matériaux, de matières premières, de main-d'œuvre ou de services, autrement dit de travail actif, auront été soldées, le reste des produits formant le bénéfice net sera réparti entre les diverses unités du travail muet ou capital, et le chiffre de la répartition, qui n'est autre que celui de l'intérêt, se trouvera ainsi à l'abri de toute critique. Il n'y a matière ici ni à usure ni à usurier.

Lorsqu'une entreprise, formée dans un but quelconque par un ou plusieurs individus, n'a que d'insuffisants moyens d'action, elle recherche, pour suppléer à cette insuffisance, des aides, des capitaux (des travaux muets), qui pourront n'être pas appelés au partage des bénéfices de l'entreprise. Ces capitaux apporteront leur concours à des conditions fixes ; et c'est dans la fixation de ces conditions que pourra se révéler l'usure.

Celui qui consentira à livrer les économies de son travail à la disposition d'un autre, en concédant le pouvoir d'en user à son entière convenance, a certes le droit de mettre des conditions à cette concession ; et la première de toutes sera de fixer un terme où cette concession cessera, où le capital sera rendu à son propriétaire.

A cette phase du prêt vient se rattacher la question aujourd'hui oiseuse, mais si longtemps débattue, de savoir à qui reste la propriété, le *dominium* de la somme prêtée, au prêteur ou à l'emprunteur. L'obscurité n'avait pu naître que de la confusion résultant de ce que la somme rendue n'était plus matériellement la même que celle qui avait été prêtée ; mais il est évident que la propriété, le dominium de la somme prêtée représentant le travail du prêteur, lui appartient toujours, et qu'il ne s'est dessaisi que temporairement de son usage ;

puisque des époques sont assignées où elle doit lui faire retour.

Le devoir de l'emprunteur est de la conserver intacte au prêteur sans aliénation quelconque ; et la première condition qui lui est imposée par le contrat du prêt est de la représenter et de la rendre à certaines époques déterminées. La seconde est de payer un prix rémunératoire des services que doit rendre le travail disponible inclus dans le capital. Ce prix n'est autre chose que l'intérêt.

Dans certains cas circonstanciés, on ne saurait assigner à l'intérêt aucune limite précise et théorique. Il dépend de l'élévation des bénéfices; mais, quand ces circonstances particulières de bénéfices n'existent pas, il est assimilé à celui que produit annuellement le capital de l'activité humaine ordinaire, c'est-à-dire, à un vingtième de ce capital, ou cinq pour cent par an. Cette évaluation, en l'absence des circonstances susdites, est la seule équitable, parce qu'elle est fondée sur la nature des choses. Toute autre serait arbitraire, et le plus souvent inique et criminelle. C'est le taux des capitaux ramené à la comparaison des produits des services de la vie ac-

SA DÉFINITION.

tive qu'il n'est pas donné à l'homme d'élever au-dessus d'un chiffre borné par les lois de la nature elle-même.

En sorte que le prêteur qui ne peut s'autoriser de circonstances particulières, et elles sont *toujours appréciables*, n'a aucun droit de demander un taux d'intérêt plus fort que l'intérêt ordinaire, qui est cinq pour cent par an.

Si l'emprunteur, sur la foi de gains fantastiques, en offre un plus élevé, le prêteur doit savoir ce qu'il y a d'illusion dans cette promesse; mais, si le prêteur l'impose sans motifs dérivant des bénéfices plus considérables de l'entreprise, c'est un intérêt usuraire qu'il demande, c'est une usure qu'il commet. A quelque tribunal qu'il porte sa cause, il est un usurier.

Ainsi un usurier est celui qui prélève un intérêt plus élevé que ne le comportent les bénéfices ou sa position dans l'entreprise à laquelle l'associe son travail sous forme d'argent.

CHAPITRE IX

PRODIGUES. — HÉRITAGE. — HOMMES A PROJETS. RISQUE. — HAINE CONTRE CELUI QUI A PRÊTÉ.

Tout le monde connaît les manœuvres des usuriers. Un jeune homme sous la pression de besoins, toujours urgents suivant lui, vient trouver un de ces individus qui font profession de prêteurs d'argent. La réponse invariable de celui-ci est qu'il n'en a pas, mais qu'il pourra peut-être en trouver, avec beaucoup de peine, il est vrai, si le jeune homme consent à des sacrifices. A l'entendre, ce n'est pas lui qui fait l'affaire, il y est étranger, il n'est que l'obligeant intermédiaire. Le véritable prêteur, à ce qu'il prétend, ne veut pas se faire connaître, et demande un pour cent par mois, souvent deux, quelquefois trois ou quatre, et jusqu'à cinq pour cent par mois : soixante pour cent par an ! Le jeune homme accepte tout en aveugle, il a une passion à satisfaire. La transaction est librement consentie; l'école actuelle dira qu'il n'y a pas usure. C'est la première fois que le prêteur est en cause, il n'y a pas d'habitude prouvée; la loi ne se croira pas en droit de sévir.

Examinons de plus près cette situation, à l'aide des lumières nouvelles. L'intention du prêteur est évidemment d'exiger un intérêt conventionnel. Supposons que, par une circonstance quelconque, le cas soit porté devant les tribunaux.

Après avoir reconnu le taux stipulé, le juge demande au prêteur s'il avait connaissance du but dans lequel il avait apporté le concours de son argent, autrement dit de son travail muet.

Nul doute que celui-ci ne réponde qu'il ne s'en est pas inquiété, qu'il avait toute confiance dans l'emploi que devait en faire l'emprunteur. Cet aveu placerait, dès l'abord, le prêt dont il s'agit dans la catégorie de ceux dont le taux de l'intérêt est indéterminé. Le prêteur qui exige un intérêt conventionnel ne doit pas ignorer le but auquel il apporte le concours de ses capitaux, c'est-à-dire de son travail. Il est même tenu de ne l'ignorer dans aucune circonstance; car, si ce concours de son travail devait servir d'auxiliaire, même à son insu, à une action criminelle, la justice aurait à lui demander compte de ses intentions. Et s'il se contentait de répondre : j'ai eu confiance; cette confiance serait pour le moins taxée d'aveugle. Mais le juge serait autorisé à conclure avec raison que, le but du prêt ayant été inconnu, l'intérêt devait à bon droit en être indéterminé, et non pas conventionnel.

S'il sait dans quel but il a prêté le concours de son travail sous forme d'argent, il a pu demander un intérêt conventionnel, proportionné au bénéfice à obtenir ; mais alors, le cas d'accusation d'usure échéant, l'objet de l'appréciation du juge serait de rechercher si le but invoqué par l'emprunteur était véritable, et s'il y avait chance d'atteindre des bénéfices qui permissent de réaliser l'intérêt stipulé. Si la bonne foi du prêteur est mise hors de doute, il a pu stipuler un intérêt conventionnel, même élevé, conforme aux bénéfices. Il s'est trompé ou il a été trompé ; le taux de l'intérêt sera réduit à celui de l'intérêt naturel ; mais il n'est pas un usurier. S'il est évident, au contraire, qu'il n'a eu aucun motif suffisant de croire à la réalité du but ou à la possibilité des bénéfices indiqués, et que de plus il se soit assuré par artifice, par des précautions coercitives cachées, sinon frauduleuses, les moyens de s'approprier un intérêt plus élevé que celui des prêts dont le but est indéterminé, à coup sûr, il est un usurier.

Posons le cas cité par Bentham (*lettre* VI) de l'héritage d'une terre, à la charge d'acquitter une dette avec les intérêts de cette somme jusqu'au jour du payement. Le créancier, dit-il, aurait volontiers attendu si la loi lui eût permis d'accepter de l'héritier un intérêt plus élevé que cinq pour cent. Ne le pouvant pas, il a redemandé le capital. L'héritier a été forcé ou de vendre ou d'emprunter pour payer. Le moment est supposé défavorable à la vente; il perdra 30 ou 40 pour 100, tandis qu'en empruntant la somme à rembourser même à un intérêt plus élevé, l'héritier eût pu trouver un bénéfice très-grand. Ce bénéfice pourtant n'est l'objet que d'une espérance aléatoire. Il pourra se faire que le mouvement favorable attendu quelque probable qu'il soit, n'arrive pas; ou que la patience du créancier se lasse. Celui-ci serait fondé à demander une part dans les bénéfices de la vente, mais non à exiger un intérêt qui absorberait plus que le produit net du bien. Ce qui le dépasserait serait assurément usuraire.

Un homme a formé un projet qu'il ne veut pas faire connaître. Il a besoin de fonds pour tenter des expériences. Dans l'assurance du succès, commune d'ordinaire à tous les inventeurs, il ne marchande pas sur l'intérêt de sommes que l'imagination lui montre productives au centuple. Par le fait, il n'y a que des espérances de bénéfices ; le prêteur ne peut être admis à stipuler que l'intérêt ordinaire. Qu'il s'assure s'il le veut une part dans les bénéfices éventuels que se promet l'inventeur; rien de mieux, il est dans son droit : mais, s'il a exigé des intérêts au-dessus du taux ordinaire, et surtout s'il s'est réservé les moyens de coercition pour se les approprier, il a fait l'usure.

De deux choses l'une : l'intérêt doit être ordinaire ou extraordinaire, c'est-à-dire conventionnel. Il ne peut être extraordinaire que lorsque les bénéfices l'autorisent. En un mot, le prêteur est toujours justifiable de son action; il encourt toujours la responsabilité de son prêt ; il ne peut la fuir sous prétexte d'ignorance. Il a un guide toujours assuré : le but auquel il se propose de concourir par son travail sous forme de monnaie, et les bénéfices que ce travail doit rapporter.

Venons au risque. — Je cours un risque, dit l'usurier, en prêtant mon argent à cet individu, parce qu'il inspire peu de confiance, ou que son industrie est chanceuse, qu'il est peu fortuné et qu'il a peu de ressources devant lui.

D'abord, si vous n'avez pas confiance, vous êtes libre de ne pas lui prêter. Il est certain que vous avez tout droit de ne pas remettre le fruit de votre travail entre des mains que, par une raison ou une autre, vous ne tenez pas pour aussi sûres que les vôtres. Mais le peu de confiance qu'inspire l'emprunteur, l'incertitude de sa réussite, son état de fortune et son manque de ressources ne vous autorisent pas à exiger de lui un intérêt élevé, auquel il ne pourra satisfaire qu'en le prélevant sur le fruit de son propre travail.

Je cours un risque, dites-vous, il faut bien le faire payer : je me serais contenté de 5 pour 100, si l'emprunteur offrait la solidité d'un Rotschild ; il n'y a rien par derrière lui, je demande 10 pour 100, à cause de ce manque de ressources.

Le raisonnement de l'usurier n'est-il pas admirable ! Parce que l'emprunteur est pauvre, parce qu'il n'a d'autres ressources que son travail pour lequel il demande un aide, est-ce une raison de rendre sa position plus difficile encore, et de lui dire en réalité : parce que tu n'as presque rien, je te prendrai encore un peu de ce que tu as? sa pénurie est-elle un motif de le pousser sur la pente de sa perte en tirant de lui un intérêt souvent au-dessus de ses forces, qu'on n'eût pas pensé à demander à un autre plus fortuné, et d'exiger le sacrifice de ce gain même qui l'aurait peut-être sauvé ou mis à l'aise ? N'est-ce pas l'accabler inhumainement de propos délibéré ?

Matériellement le risque que l'on prétend couvrir par un supplément d'intérêt au-dessus du taux légitime n'est qu'un moyen dérisoire et sans portée. Car, si ce risque a sa raison d'être, et que cette raison entraîne la perte du capital, quelle compensation apportera la perception, même pendant quelques années, de ce supplément d'intérêt, en comparaison de la perte du capital lui-même ? D'ordinaire ces entreprises grevées d'intérêts usuraires échouent et n'ont profité qu'aux seuls usuriers, par suite des mesures de sûreté dont ils ont eu l'habileté de se précautionner. Et, à vrai dire, le risque dont ils se targuent n'est qu'un artifice de plus; ou, si quelquefois ils en courent la chance comme celle d'une loterie, elle ne doit leur donner aucun droit sur le créancier malheureux.

Il y a consenti, dites-vous : ce consentement n'indique que son désir d'obtenir la somme qu'il implore. Dans son aveuglement il aurait peut-être consenti à plus encore : ce consentement ne vous amnistie pas. Vous qui prêtez, vous savez bien dans votre conscience que ce n'est pas le risque que vous faites payer. Vous êtes trop avisé pour aventurer votre argent, et, si vous pensiez qu'il y ait chance de le perdre, vous vous garderiez de le prêter. D'ailleurs vous avez pris vos sûretés, comme on dit.

Vous avez tout simplement saisi l'occasion de réaliser, peu vous importe comment, un gros gain, sans qu'il vous en coûte la moindre peine, de profiter des produits d'un travail qui vous est étranger, comme le frelon s'empare du miel de l'abeille. Vous tirez lucre de la circonstance qui s'est présentée fortuitement, si vous ne l'avez même amenée.

Ce risque, que vous présentez pour excuse de votre exigence, n'existe pas pour vous; ce n'est en réalité qu'un mensonge, même à vos propres yeux. Vous ne croyez pas à l'éventualité d'une perte; encore une fois, vous ne prêteriez pas, si vous la croyiez possible, vous avez eu soin de prendre des précautions pour l'éviter. Ce n'est qu'un prétexte dont vous essayez de vous couvrir, devant le public et devant votre propre conscience, une action dont vous ressentez intérieurement la honte; et cette action, c'est celle de l'usure. Tous les usuriers agissent ainsi. Or l'usure a tous les caractères d'une escroquerie, l'usurier la commet en s'emparant, à l'aide de moyens frauduleux, de ce qui ne lui appartient pas; des fruits d'un travail qui n'est pas le sien, fruits privilégiés dans toute législation, sacrés pour ce qui a l'âme droite et honnête. Ne dites pas que le malheureux dont vous tarissez l'existence en épuisant son travail dans sa source y a consenti. Il était dans le cas d'un homme qui livre sa bourse et son manteau pour sauver sa vie. Le brigand dépouillant le voyageur sur la grande route aurait tout aussi bonne grâce à se targuer d'un pareil consentement.

S'il vous avait fait abandon d'un bénéfice acquit, vous pourriez peut-être le revendiquer avec quelque apparence de droit, bien que le marché eût été un marché de dupes ; mais ici, par l'usure, vous vous emparez d'un germe, vous le faites couver à votre profit, vous réduisez l'emprunteur à l'état d'esclave, suant réellement pour vous, et toujours, et sans rémission ; car, s'il s'arrête, vous êtes préparé à l'immoler, — le glaive de la loi en main.

On a quelquefois cherché à se rendre raison de la haine assez ordinaire d'un débiteur ruiné contre son créancier : n'est-elle pas motivée le plus souvent par la conduite de ce dernier ?

Au jour de l'emprunt, celui qui reçoit, fasciné par l'espérance d'améliorer son sort, descend à toutes les supplications, consent à tous les sacrifices pour obtenir ce qu'il croit un aide, un secours. Mais, quand il vient à reconnaître qu'il a été leurré; que ce qu'il a pris pour un secours parce qu'on le lui a présenté comme un bienfait n'était que l'occasion d'une tromperie sur sa personne et un élément de plus de sa ruine; que, sous le prétexte de lui venir en aide, ce prétendu bienfaiteur n'a fait qu'assouvir sa propre âpreté au lucre, se souciant peu d'ailleurs d'enlever d'avance à l'emprunteur confiant les dernières ressources de son travail, oh! alors, la haine qu'il conçoit pour lui n'a plus rien qui puisse étonner.

Mais que le prêteur, doué de probité, n'ait jamais demandé et reçu que la rémunération légitime due au concours de son aide, sans enfreindre la limite de ses véritables droits, sous les différents et vains prétextes de risque ou de rareté des espèces, manœuvres habituelles aux usuriers; et surtout qu'il n'ait jamais méconnu dans son for intérieur que prêter, c'est toujours associer en quelque façon, à un degré ou à un autre, son travail à un travail et à une entreprise d'autrui, dont les éventualités de perte peuvent vous atteindre, après que l'emprunteur, à bout

SA DÉFINITION.

de loyaux efforts, a sacrifié tout ce qu'il possède; qu'il porte dans son cœur la conviction de n'avoir droit de poursuivre que la mauvaise foi ; que ces pensées d'équité lui soient présentes au jour des revers de l'emprunteur, pour modérer son action contre lui ; rien alors ne suscitera les mouvements d'animadversion du débiteur malheureux, ou au moins rien ne les justifierait. La puissance de la vérité suffira pour le maintenir dans les sentiments de convenance, sinon de reconnaissance.

Si le débiteur est un malhonnête homme, il pourra toujours se soustraire au payement de sa dette, recourir, comme cela se voit trop souvent aussi, à toutes les finesses frauduleuses du banqueroutier pour s'approprier les sommes qui lui ont été confiées; mais alors c'est lui qui est le voleur ou l'escroc, et le créancier reste pur, avec la conscience d'être honnêtement venu en aide, sans avoir transgressé les limites de l'équité.

CHAPITRE X

L'USURE, ÉLÉMENT ANTIÉCONOMIQUE.

L'usure méconnue, reniée jusqu'à ces temps par l'enseignement de l'économie politique, est cependant un des éléments, négatifs, il est vrai, mais constitutifs, de l'existence de la science. Le but que celle-ci poursuit est le bien-être universel obtenu par toutes les fins que la nature a mises en la puissance de l'homme, gouvernées et gérées suivant les principes de l'équité, sans lesquels nulle société ne saurait prospérer. Or l'usure est une violation manifeste de l'équité, un véritable vol que les lois doivent poursuivre et réprimer comme une infraction aux prescriptions et aux lois les plus impérieuses et les plus élevées de la conscience humaine.

Elle est, économiquement parlant, plus qu'un vol simple, plus qu'un vol ordinaire. Le vol ordinaire s'approprie ce qui existe, ce qui est fini ; il ne touche que ce qui est, il n'entame pas l'avenir, il laisse la voie ouverte et libre à de nouveaux efforts : l'usure barre cette voie, confisque le travail à son usage et dévore ses fruits dans leur fleur. Elle ruine à sa naissance l'œuvre que ce travail devait édifier. Souvent l'entreprise la mieux édifiée en apparence s'écroule tout à coup au grand étonnement de la foule ébahie : l'usure sournoise et tortueuse l'avait sapée dans ses fondements.

Y a-t-il un élément plus antiéconomique que l'usure, un dissolvant plus efficace de toutes les entreprises les mieux combinées, un destructeur plus assuré des espérances de réussite le plus justement fondées ? A ces titres au moins, devrait-elle être signalée par la science comme un principe malfaisant, comme un écueil à éviter, comme l'ivraie à détruire, avec autant d'insistance par exemple qu'elle enseigne que la division rationnelle du travail est une condition de succès à rechercher. Et son existence n'est pas même reconnue par l'école actuelle ! elle est niée en présence des faits les plus évidents, les plus monstrueux ! Il n'y a pas d'usure, dit-on : il n'y a que des conditions librement acceptées. Autant vaudrait nier la maladie parce qu'elle a été follement affrontée!

Mais l'usure existe en dépit de toutes les assertions contraires. Il y a des usuriers, et ce ne sont pas ceux-là seuls qui font métier de spoliation en spéculant sur les vices de la jeunesse ou les nécessités de la misère, s'imaginant masquer aux yeux de la loi, sinon de leur conscience, leurs manœuvres frauduleuses par des ventes forcées d'objets souvent excentriques, comme des animaux vivants, des crocodiles empaillés, ou des jouets d'enfants; ou même d'objets de valeur plus réelle, comme des diamants : ceux-là font bien voir qu'ils comprennent eux-mêmes la turpitude de leur ignoble commerce, par le soin qu'ils prennent de le dissimuler; et l'économie politique n'a pas à s'en occuper. Mais il existe des usuriers dans le sens économique du mot, c'est-à-dire des gens qui demandent, qui exigent, qui, sous le prétexte de *chacun pour soi*, sans souci de l'équité, font entrer dans leurs comptes un intérêt plus élevé que les lois économiques ne le permettent. Par cette exigence calculée, ils font travailler à leur profit, ils s'emparent sciemment des produits du travail d'autrui, ils font en réalité verser des sueurs dont, seuls, ils recueilleront les fruits, et insèrent un germe destructeur dans toutes les entreprises auxquelles ils ont accès. Ce sont de véritables usuriers. Ils aspirent sans bruit, cachés sous l'apparence trompeuse de droit et de libre volonté, les forces des malheureux qui se sont confiés à eux, ils les épuisent jusqu'à l'anéantissement, et puis après, avec la plus grande indifférence, ils les laissent choir dans l'abime. Ce sont ceux-là que la rumeur populaire a de tous temps signalés comme usuriers. Elle ne pouvait sévir contre eux que par ses imprécations, parce que ce genre de méfait, difficile à signaler, masqué qu'il est de semblants de services, services d'un instant toujours suivis de malheurs, avait échappé à toute forme, à toute définition qui permît de le saisir. Il ne se reconnaît qu'aux ruines qu'il laisse après lui, aux larmes des infortunés, à la ruine des familles.

Une fois en contact avec les usuriers, les efforts les plus vigoureux et les plus persévérants suffisent à peine à se dégager de leurs étreintes, sans cesse renouvelées; car l'usure, toujours incessante, se multiplie et se propage comme la vermine. Comme elle aussi le préjugé la prend quelquefois pour un bienfait, un aide de la nature : lorsque le voile tombé laisse apercevoir les ravages de l'affreuse maladie, l'horrible réalité n'en devient que plus odieuse. Le vulgaire ne se trompe pas sur les résultats de l'usure; mais il ignore où la surprendre dans la perpétration de son œuvre infernale. Il en a la conscience sans avoir pu jusqu'à présent la montrer elle-même et dire : la voilà !

Le but de nos efforts a été de subvenir à cette impuissance du vulgaire à préciser l'usure, de répondre au cri accusateur et universel d'usure, par le corps du délit rendu tangible, de le caractériser comme un vol, par escroquerie, des fruits du travail d'autrui.

CHAPITRE XI

RÉSUMÉ

Toutes les morales, toutes les religions, ont porté la condamnation de l'usure ; la morale chrétienne entre toutes, et l'Église catholique plus sévèrement qu'aucune autre. Jamais celle-ci n'a faibli devant elle ; jamais elle n'a cessé de la pourchasser sous toutes les formes dont elle a essayé de se revêtir ; de la frapper de ses malédictions. Dans la véhémence de son action, elle s'est quelquefois, il est vrai, fourvoyée à sa poursuite, et a fait quelque temps fausse route ; mais elle ne l'a jamais perdue de vue. Le regard toujours attaché sur sa trace, elle n'a pas un seul instant ralenti son ardeur à l'atteindre, ni ses efforts à l'anéantir. Honneur à elle !

Mieux éclairée aujourd'hui sur le véritable caractère de l'usure, sur les circonstances qui en différencient l'intérêt, elle a modifié ses condamnations. *Nolite inquietare*, N'inquiétez pas, a-t-elle dit; ce ne peut être son dernier mot. Et le jour où elle reconnaîtra canoniquement la légitimité de l'intérêt, elle ne cessera de maudire encore l'usure, de lui infliger ses rigueurs les plus sévères, comme au vol des fruits du travail d'autrui.

La législation, à demi éclairée sur les éléments qui définissent l'usure et la séparent de l'intérêt, a eu le tort de prescrire un même intérêt fixe dans toutes les transactions conventionnelles ; parce que le bénéfice, qui est la seule mesure certaine du taux possible de l'intérêt, est lui-même essentiellement variable. Aussi, malgré cette prétention à la fixité, la loi est-elle journellement débordée par la puissance des choses, éludée par les volontés. Les gouvernements eux-mêmes qui l'ont promulguée, forcés par les circonstances, n'en ont jamais tenu compte dans leurs emprunts.

Mais la législation a une autorité incontestable à désigner une moyenne fixe du taux de l'intérêt pour l'appliquer dans les transactions où le taux est indéterminé, et celui de cinq pour cent est le plus rationnel, donné qu'il est par la moyenne de l'ensemble du travail de la vie humaine.

Qu'on ne croie pas cependant que l'usure échappe à la juridiction pénale. L'usure n'est pas insaisissable comme le serait un délit plus ou moins imaginaire. L'usure est au contraire un délit toujours appréciable. Le législateur est inhabile, il est vrai, à désigner un taux fixe dans les innombrables transactions particulières d'où doit ressortir un intérêt; mais le juge, lui, est toujours apte à distinguer, par l'étude des circonstances concomitantes, si le taux exigé est intérêt ou usure. — N'y a-t-il pas une foule de cas où pareille appréciation est requise de lui? Ici, il ne peut se tromper; car cette appréciation repose sur un principe fixe et certain. Le taux est intérêt, s'il résulte de bénéfices prévus et possibles; il est usure, s'il égale ou dépasse tous les produits présumables.

L'économie politique, surmenée, du temps où elle a entrepris de résoudre la question de l'usure, par les exagérations de l'opinion religieuse, a, comme elle, dépassé le but, mais dans un sens opposé. Elle a négligé de recourir à la voie de l'analyse, elle a aussi confondu ensemble l'usure et l'intérêt. L'Église, au nom du principe religieux, les avait défendues l'une et l'autre; l'économie politique a exagéré l'opinion contraire en permettant toutes les transactions au nom de la liberté naturelle; elle n'a pas distingué celle-ci de la liberté sociale, qui n'a droit de s'exercer que sous l'empire de l'équité, — et l'équité commande qu'à chacun revienne le fruit de son travail. Or l'usure, en dérobant les fruits du travail d'autrui, viole l'équité.

Toute l'existence de l'économie politique roule sur le travail. Elle doit le protéger. L'usure l'anéantit ou le désespère.

La dernière leçon de l'école actuelle est de traiter l'usure de délit plus ou moins imaginaire, c'est-à-dire évidemment de délit qui n'existe pas; — et l'usure est une variété du vol, un vol par escroquerie.

Le prêt, le prêt à intérêt, et l'usure, sont trois choses essentiellement distinctes l'une de l'autre.

Le prêt simple est un acte de bonté, de charité. Il n'implique aucune idée de profit, de bénéfice, de rémunération quelconques : *mutuum date, nil inde sperantes*, prêtez sans en rien espérer.

SA DÉFINITION.

Le prêt à intérêt est toujours une participation au travail d'autrui.

L'intérêt est la part revenant dans les bénéfices produits par le travail muet à chaque portion du capital après le prélèvement de toute la portion destinée à rémunérer le travail actif.

L'intérêt légal, indiqué à 5 pour 100 par la moyenne du travail humain pendant une année, est le plus convenable et le plus équitable dans les occasions où le taux de l'intérêt n'est pas ou ne doit pas être déterminé.

L'intérêt conventionnel n'a d'autre limite que le bénéfice loyalement probable ou possible.

L'USURE EXISTE : elle est l'accaparement subreptice, au nom du capital, de la partie des bénéfices destinée à rémunérer, soit les autres parties du capital, soit le travail actif — ou plus brièvement, *l'usure est un vol sur les fruits du travail d'autrui.*

L'usurier enfin prélève injustement un intérêt plus fort que la part proportionnelle qui doit revenir au travail muet de son capital, il dérobe ce qui ne lui appartient pas.

Nous sommes arrivé au terme de la tâche que nous nous étions imposée. Nous avons fait reconnaître l'usure, nous l'avons montrée du doigt à l'opinion, nous avons pénétré dans son essence, nous avons porté la lumière sur ses conséquences odieuses et antiéconomiques. L'usure, il nous semble, ne peut plus être rangée désormais par personne au nombre des faits imaginaires...

Mais n'eussions nous réussi qu'à éclairer quelques usuriers de bonne foi, de ceux qui se sont laissés guider par les enseignements imparfaits de l'école actuelle; ne fussions-nous parvenu qu'à provoquer de leur part un examen plus attentif et plus approfondi, qu'à éveiller dans leur conscience le respect et la pitié pour les labeurs de leurs semblables, qu'à les ramener à des sentiments plus honnêtes et plus équitables; eussions-nous seulement épargné à quelques victimes les tourments rongeurs de l'usure : nous nous croirions encore suffisamment payé de nos peines.

FIN.

NOTES

I

SANCTISSIMI DOMINI NOSTRI BENEDICTI PAPÆ XIV

LITTERÆ ENCYCLICÆ

AD PATRIARCHAS, ARCHIEPISCOPOS, ETC., ITALIÆ

SUPER CONTRACTIBUS

BENEDICTUS PAPA XIV

VENERABILIS FRATER, SALUTEM, ET APOSTOLICAM BENEDICTIONEM

Vix pervenit ad aures nostras, ob novam controversiam (nempè, an quidam contractus validus judicari debeat) nonnullas per Italiam disseminari sententias, quæ sanæ doctrinæ haud consentaneæ viderentur; cùm statim nostri Apostolici muneris partem esse duximus, opportunum afferre remedium, ne malum ejusmodi, temporis diuturnitate ac silentio, vires magis acquireret; aditumque ipsi intercludere, ne latiùs serperet, et incolumes adhuc Italiæ civitates labefactaret.

§ 1. Quapropter eam rationem, consiliumque suscepimus, quo Sedes Apostolica semper uti consuevit. Quippè rem totam

I

LETTRE ENCYCLIQUE

DE N. S. P. LE PAPE BENOIT XIV

AUX PATRIARCHES, ARCHEVÊQUES, ETC., D'ITALIE

SUR LES CONTRATS

BENOIT XIV, PAPE

VÉNÉRABLE FRÈRE, SALUT ET BÉNÉDICTION APOSTOLIQUE

A peine avons-nous appris qu'à l'occasion d'une nouvelle controverse (dont l'objet consiste à savoir si un certain contrat doit être jugé valide), il se répandait en Italie quelques opinions qui sembleraient n'être pas conformes à la sainte doctrine, que nous avons pensé qu'il était du devoir de notre ministère apostolique d'apporter un remède convenable à ce mal, de peur qu'à la faveur du temps et du silence, il ne prît de nouvelles forces; et de lui fermer le chemin, pour l'empêcher de s'étendre plus loin et de gagner les villes d'Italie où il n'a pas encore pénétré.

§ 1. C'est pourquoi nous avons pris les moyens et suivi la méthode dont le Siége apostolique s'est toujours servi en pareil cas.

explicavimus nonnullis ex venerabilibus Fratribus nostris sanctæ Romanæ Ecclesiæ Cardinalibus, qui sacræ Theologiæ scientiâ, et canonicæ disciplinæ studio ac peritiâ plurimùm commendantur; accivimus etiam plures Regulares in utrâque Facultate præstantes quorum aliquos ex Monachis, alios ex Ordine Mendicantium, alios demùm ex Clericis Regularibus selegimus; Præsulem quoque Juris utriusque laureâ præditum, et in foro diù versatum adhibuimus. Diem quartam indiximus Julii, quæ nuper præteriit, ut coram Nobis illi omnes convenirent, quibus naturam totius negotii declaravimus; quod illis anteà cognitum perspectumque deprehendimus.

§ 2. Post hæc præcepimus, ut omni partium studio, omnique cupiditate soluti, rem totam accuratè perpenderent, suasque opiniones scripto exararent; tamen non expetivimus ab ipsis, ut judicium ferrent de contractu qui controversiæ causam initio præbuerat, cùm plura documenta non suppeterent, quæ necessariò ad id requirebantur; sed ut certam de usuris doctrinam constituerent, cui non mediocre detrimentum inferre videbantur ea, quæ nuper in vulgus spargi cœperunt. Jussa fecerunt universi; nam suas sententias palàm declarârunt in duabus Congregationibus, quarum prima coram Nobis habita est die 18 Julii; altera verò die primâ Augusti, qui menses nuper elapsi sunt; ac demùm easdem sententias Congregationis Secretario scriptas tradiderunt.

§ 3. Porrò hæc unanimi consensu probaverunt.

I. Peccati genus illud, quod usura vocatur, quodque in contractu mutui propriam suam sedem et locum habet, in eo est repositum, quòd quis ex ipsomet mutuo, quod suâpte naturâ tantumdem duntaxat reddi postulat, quantùm receptus est, plus sibi reddi velit, quàm est receptum; ideòque ultrà sortem, lucrum aliquod, ipsius ratione mutui, sibi deberi contendat. Omne

Car nous avons expliqué toute l'affaire à quelques-uns de nos vénérables frères les cardinaux de la sainte Église romaine, qui se sont acquis une plus grande considération par leur profond savoir en théologie et en droit ecclésiastique ; nous avons aussi appelé plusieurs réguliers qui tiennent le premier rang dans les deux facultés, et que nous avons pris en partie chez les moines, en partie chez les religieux mendiants, et enfin parmi les clercs réguliers ; nous avons même employé un prélat qui est docteur en droit civil et canon, et qui a longtemps suivi le barreau. Nous les avons tous assemblés en notre présence le 4 juillet dernier, et, leur ayant fait un détail bien exact de l'affaire pour laquelle ils étaient convoqués, nous nous sommes aperçus qu'ils la connaissaient déjà parfaitement.

§ 2. Ensuite nous leur avons ordonné d'examiner à fond cette affaire, sans partialité et sans passion, et de mettre par écrit leurs opinions ; et toutefois nous ne les avons pas chargés de donner leur jugement sur le contrat qui avait occasionné la première dispute, parce qu'on manquait de plusieurs documents qui étaient absolument nécessaires pour cela : mais nous leur avons enjoint de déterminer en fait d'usure les points de doctrine auxquels les bruits qu'on a dernièrement répandus dans le public semblaient donner atteinte. Ils ont tous sans exception exécuté nos ordres ; car ils ont exposé publiquement leurs sentiments dans deux congrégations, dont la première s'est tenue devant nous le 18 juillet, et la seconde le 1ᵉʳ août derniers ; et enfin ils les ont laissés par écrit entre les mains du secrétaire de la Congrégation.

§ 3. Or voici les choses qu'ils ont approuvées d'un commun accord.

I. L'espèce de péché qu'on appelle *usure*, et qui a sa demeure et sa place dans le contrat de prêt, *mutuum*, consiste en ce qu'une personne veut qu'en vertu du prêt même, qui par sa nature demande qu'on rende seulement autant qu'on a reçu, on lui rende plus qu'on n'a reçu, et soutient conséquemment qu'il lui est dû quelque profit, en considération du prêt même. C'est

proptereà hujusmodi lucrum quod sortem superet, illicitum et usurarium est.

II. Neque verò ad istam labem purgandam, ullum arcessiri subsidium poterit, vel ex eo, quòd id lucrum non excedens et nimium, sed moderatum, non magnum, sed exiguum sit; vel ex eo, quòd is, à quo id lucrum solius causâ mutui deposcitur, non pauper, sed dives existat; nec datam sibi mutuo summam relicturus otiosam, sed ad fortunas suas amplificandas, vel novis coemendis prædiis, vel quæstuosis agitandis negotiis, utilissimè sit impensurus. Contrà mutui siquidem legem, quæ necessariò in dati atque redditi æqualitate versatur, agere ille convincitur, quisquis eâdem æqualitate semel positâ, plus aliquid à quolibet vi mutui ipsius, cui per æquale jam satis est factum, exigere adhuc non veretur; proindèque si acceperit, restituendo erit obnoxius ex ejus obligatione justitiæ, quam commutativam appellant, et cujus est in humanis contractibus æqualitatem cujusque propriam et sanctè servare, et non servatam exactè reparare.

III. Per hæc autem nequaquàm negatur, posse quandòque unà cum mutui contractu quoddam alios, ut aiunt, titulos, eosdemque ipsimet universim naturæ mutui minimè innatos, et intrinsecos, forté concurrere, ex quibus justa omninò legitimaque causa consurgat quiddam ampliùs suprà sortem ex mutuo debitam ritè exigendi. Neque item negatur, posse multoties pecuniam ab unoquoque suam, per alios diversæ prorsùs naturæ à mutui naturâ contractus, rectè collocari et impendi, sive ad provendos sibi annuos conquirendos, sive etiam ad licitam mercaturam, et negotiationem exercendam, honestaque indidem lucra percipienda.

pour cette raison que tout profit de cette sorte qui excède le capital est illicite et usuraire.

II. Et certes, pour ne pas encourir cette note infamante, il ne servirait à rien de dire que ce profit n'est pas excessif, mais modéré; qu'il n'est pas grand, mais petit; que celui à qui on le demande avec instance à cause du seul prêt, n'est pas pauvre, mais riche; ou bien même qu'il ne doit pas laisser oisive la somme qu'on lui a prêtée, mais qu'il doit l'employer très-avantageusement pour augmenter ses biens, pour acquérir de nouveaux héritages, pour faire des affaires lucratives. Car la loi du prêt ayant nécessairement pour objet l'égalité entre ce qui a été donné et ce qui a été rendu, tout homme est convaincu d'agir contre cette loi quand, après avoir reçu un équivalent, il n'a pas honte d'exiger encore quelque chose de plus de qui que ce soit en vertu du prêt même, dont on a déjà rempli toutes les obligations par le remboursement d'une chose qui vaut autant que celle qu'il avait livrée; et par conséquent si une personne quelconque reçoit plus qu'elle n'a donné, elle sera obligée à restituer pour satisfaire au devoir que lui impose la *justice commutative*, vertu qui ordonne de maintenir scrupuleusement dans les contrats de commerce l'égalité particulière à chacun, et de la rétablir parfaitement quand on l'a rompue.

III. Mais par là on ne nie point qu'il ne puisse quelquefois se rencontrer par hasard avec le contrat de prêt certains autres titres qui ne sont pas nés en général avec le prêt, qui n'appartiennent pas à sa nature, qui ne lui sont pas intrinsèques, pour parler le langage ordinaire, et en vertu desquels on a une raison très-juste et très-légitime d'exiger, suivant les formalités ordinaires, quelque chose de plus par-dessus le principal qui est dû à cause du prêt. On ne nie pas non plus qu'il n'y ait d'autres contrats d'une nature tout à fait différente de celle du prêt, par le moyen desquels chacun peut placer et employer plusieurs fois son argent sans reproche, soit pour en lever les revenus tous les ans, soit pour faire un commerce et un négoce licite, et en retirer des profits honnêtes.

IV. Quemadmodùm verò in tot ejusmodi diversis contractuum generibus, si sua cujusque non servatur æqualitas, quidquid plus justo recipitur, si minùs ad usuram (eò quòd omne mutuum tàm apertum quàm palliatum absit), at certè ad aliam veram injustitiam restituendi onus pariter afferentem, spectare compertum est; ità si rità omnia peragantur, et ad justitiæ libram exigantur, dubitandum non est quin multiplex in iisdem contractibus licitus modus et ratio suppetat humana commercia, et fructuosam ipsam negotiationem ad publicum commodum conservandi ac frequentandi. Absit enim à Christianorum animis, ut per usuras, aut similes alienas injurias florere posse lucrosa commercia existiment; cùm contrà ex ipso oraculo Divino discamus, quòd *justitia elevat gentem, miseros autem facit populos peccatum.* (Prov. 14, 34.)

V. Sed illud diligenter animadvertendum est, falsò sibi quemquam, et non nisi temerè persuasurum, reperiri semper, ac præstò ubique esse, vel unà cum mutuo titulos alios legitimos, vel secluso etiam mutuo, contractus alios justos, quorum vel titulorum, vel contractuum præsidio, quotiescumque pecunia, frumentum, aliudve id generis alteri cuicumque creditur, toties semper liceat auctarium moderatum, ultrà sortem integram salvamque recipere. Ità si quis senserit, non modò Divinis documentis et Catholicæ Ecclesiæ de usurà judicio, sed ipsi etiam humano communi sensui, ac naturali rationi procul dubio adversabitur. Neminem enim id saltem latere potest, quòd multis in casibus tenetur homo simplici ac nudo mutuo alteri succurrere, ipso præsertim Christo Domino edocente : *Volenti mutuari à te, ne avertaris* (Math. 5, 42), et quòd similiter multis in circumstantiis, præter unum mutuum, alteri nulli vero justoque contractui locus esse possit. Quisquis igitur suæ conscientiæ consultum velit, inquirat priùs diligenter, oportet verène cum mutuo justus alius titulus, verène justus alter à mutuo contra-

IV. En effet, comme il est certain que dans tant de diverses sortes de contrats, si l'égalité propre à chacun n'est pas maintenue, tout ce que l'on reçoit de trop aboutit, sinon à l'usure (parce qu'il n'y a point de prêt manifeste ni pallié), au moins à une autre véritable injustice qui impose pareillement l'obligation de restituer; de même si tout y est fait dans les formes, et pesé à la balance de la justice, il ne faut pas douter que ces mêmes contrats ne fournissent une multiplicité de moyens et de manières licites de faire rouler le commerce, et de donner aux spéculations du négoce une activité aussi avantageuse au public qu'aux particuliers qui s'y livrent. A Dieu ne plaise en effet que les chrétiens s'imaginent que les usures ou d'autres semblables injustices puissent faire fleurir les branches du commerce ; puisqu'au contraire les oracles de la sainte Écriture nous apprennent que *la justice élève les nations, et que le péché plonge les peuples dans la misère!* (Prov. 14, 34.)

V. Mais il faut observer avec attention qu'il y aurait autant de témérité que de déraison à se persuader qu'il se trouve toujours avec le prêt d'autres titres légitimes, ou bien, sans parler du prêt, qu'il se présente partout d'autres contrats justes, à l'aide desquels titres ou contrats, toutes les fois que l'on confie à autrui de l'argent, du blé, ou toute autre chose de cette espèce, il est toujours permis de recevoir une augmentation modérée en outre et par-dessus le capital recouvré sain et sauf. Si quelqu'un pense ainsi, il sera certainement contraire, non-seulement aux enseignements divins et au sentiment de l'Église catholique sur l'usure, mais encore au sens commun et à la raison naturelle. Car personne ne peut au moins ignorer que dans plusieurs cas l'homme est tenu de secourir son prochain par le prêt pur et simple, puisque c'est de Jésus-Christ que nous avons reçu cette instruction particulière : *Ne refusez point celui qui vous demande à emprunter* (Matth., 542), et qu'il est aussi plusieurs circonstances où il ne peut y avoir lieu de faire d'autre contrat juste et vrai que celui du prêt. Il faut donc que tout homme qui veut agir en sûreté de conscience examine d'actus occurrat, quorum beneficio, quod quærit lucrum, omnis labis expers et immune reddatur.

§ 4. His verbis complectuntur, et explicant sententias suas Cardinales, ac Theologi, et Viri Canonum peritissimi, quorum consilium in hoc gravissimo negotio postulavimus; Nos quoque privatum studium nostrum conferre in eamdem causam non prætermisimus antequàm Congregationes haberentur, et quo tempore habebantur, et ipsis etiam peractis; nam præstantium Virorum suffragia, quæ modò commemoravimus, diligentissimè percurrimus. Cùm hæc ità sint, adprobamus, et confirmamus quæcumque in sententiis superiùs expositis continentur; cùm Scriptores planè omnes, Theologiæ et Canonum Professores, plura Sacrarum Litterarum testimonia, Pontificum decessorum nostrorum Decreta, Conciliorum, et Patrum auctoritas, ad easdem sententias comprobandas penè conspirare videantur. Insuper apertissimè cognovimus Auctores, quibus contrariæ sententiæ referri debent, et eos pariter, qui illas fovent ac tuentur, aut illis ansam, seu occasionem præbere videntur; neque ignoramus, quantâ sapientiâ et gravitate defensionem veritatis susceperint Theologi finitimi illis regionibus, ubi controversiæ ejusmodi principium habuerunt.

§ 5. Quare has Litteras encyclicas dedimus universis Italiæ Archiepiscopis, Episcopis, et Ordinariis ut hæc tibi, Venerabilis Frater, et cæteris omnibus innotescerent; et quoties Synodos celebrare, ad Populum verba facere, eumque sacris doctrinis instruere contigerit, nihil omninò alienum proferatur ab iis sententiis, quas superiùs recensuimus. Admonemus etiam vehementer, omnem sollicitudinem impendere, ne quis in vestris Diœcesibus audeat litteris, aut sermonibus contrarium docere : Si quis autem parere detrectaverit, illum obnoxium et subjectum declaramus pœnis per sacros Canones in eos propositis, qui mandata Apostolica contempserint ac violaverint.

bord avec soin s'il se rencontre véritablement avec le prêt un autre titre légitime, ou s'il peut passer un contrat juste et différent du prêt, à la faveur desquels titre ou contrat il puisse, sans craindre d'offenser Dieu, se procurer le profit qu'il ambitionne.

§ 4. C'est en ces termes que les cardinaux, les théologiens et les grands canonistes, dont nous avons demandé l'avis sur cette affaire importante, se sont résumés et ont expliqué leurs sentiments. De notre côté, nous n'avons pas négligé d'étudier en particulier la même cause, avant, pendant et après la tenue des congrégations; car nous avons parcouru avec le plus grand soin les jugements des hommes habiles que nous venons de rapporter. Cela étant ainsi, nous approuvons et confirmons tout ce qui est contenu dans les avis ci-dessus exposés, attendu que tous les écrivains, les professeurs en théologie et en droit canon, plusieurs passages de l'Écriture sainte, les décrets des pontifes nos prédécesseurs, l'autorité des conciles et des Pères, semblent quasi conspirer à établir les mêmes sentiments. De plus, nous connaissons parfaitement les auteurs à qui l'on doit rapporter les sentiments contraires, aussi bien que ceux qui les protégent et les défendent, ou semblent chercher l'occasion de les répandre; et nous n'ignorons pas avec quelle sagesse et quelle force des théologiens voisins des contrées où se sont élevées ces contestations ont pris la défense de la vérité.

§ 5. C'est pourquoi nous avons adressé cette lettre encyclique à tous les archevêques, évêques et ordinaires d'Italie, afin que vous soyez, vénérable frère, ainsi que tous les autres, instruit de tout cela, et que, quand il arrivera de tenir des synodes, de parler au peuple et de lui faire des instructions sur la doctrine chrétienne, on n'avance jamais rien de contraire aux sentiments que nous avons relatés. Nous vous exhortons encore à employer tous vos soins, pour que, dans vos diocèses, personne n'ait la hardiesse d'enseigner le contraire de vive voix ou par écrit. Que si quelqu'un refuse d'obéir, nous le déclarons sujet et soumis aux peines décernées par les saints canons contre ceux qui méprisent et transgressent les ordres apostoliques.

§ 6. De contractu autem, qui novas has controversias excitavit, nihil in præsentiâ statuimus; nihil etiam decernimus modò de aliis contractibus, pro quibus Theologi et Canonum Interpretes in diversas abeunt sententias; attamen pietatis vestræ studium, ac Religionem inflammandam existimamus, ut hæc, quæ subjicimus, executioni mandetis.

§ 7. Primùm gravissimis verbis populis vestris ostendite, usuræ labem ac vitium à divinis litteris vehementer improbari; illud quidem varias formas atque species induere, ut fideles, Christi sanguine restitutos in libertatem et gratiam, rursùs in extremam ruinam præcipites impellat. Quocircà si pecuniam suam collocare velint, diligenter caveant, ne cupiditate omnium malorum fonte rapiantur, sed potiùs ab illis, qui doctrinæ ac virtutis gloriâ supra cæteros efferuntur, consilium exposcant.

§ 8. Secundo loco, qui viribus suis, ac sapientiæ ità confidunt, ut responsum ferre de iis quæstionibus non dubitent (quæ tamen haud exiguam Sacræ Theologiæ et Canonum scientiam requirunt); ab extremis, quæ semper vitiosa sunt, longè se abstineant: Etenim aliqui tantâ severitate de iis rebus judicant, ut quamlibet utilitatem ex pecuniâ desumptam accusent, tanquam illicitam, et cùm usurâ conjunctam; contra verò nonnulli indulgentes adeò, remissique sunt, ut quodcumque emolumentum ab usuræ turpitudine liberum existiment. Suis privatis opinionibus ne nimis adhæreant; sed priùsquàm responsum reddant, plures Scriptores examinent, qui magis inter cæteros prædicantur; deindè eas partes suscipiant, quas tùm ratione, tùm auctoritate planè confirmatas intelligent. Quòd si disputatio insurgat, dùm contractus aliquis in examen adducitur, nullæ omninò contumeliæ in eos confingantur, qui contrariam sententiam sequuntur, neque illam gravibus censuris notandam asserant, si præsertim ratione, et præstantium virorum testimoniis minimè careat; siquidem convicia, atque injuriæ vinculum christianæ charitatis

§ 6. Mais nous ne statuons rien à présent sur le contrat qui a fait naître ces nouvelles disputes. Nous n'arrêtons rien non plus à cette heure sur les autres contrats dont la légitimité partage les théologiens et les canonistes : nous croyons néanmoins devoir animer le zèle que vous avez pour la religion et pour la piété, afin que vous exécutiez ce que nous ajoutons ici :

§ 7. Premièrement, faites bien voir à vos peuples, par la gravité de vos paroles, que le vice de l'usure est condamné par l'Écriture sainte; qu'il prend même différentes formes, afin de précipiter encore une fois dans les derniers malheurs les fidèles qui ont été remis en liberté et en grâce par le sang de Jésus-Christ. C'est pourquoi, s'ils veulent placer leur argent, qu'ils se gardent bien de se laisser emporter par l'avarice, source de tous les maux; mais plutôt qu'ils demandent conseil aux personnes qui sont fort renommées par leur érudition et par leur mérite.

§ 8. En second lieu, que ceux qui ont assez de confiance dans leurs forces et dans leur sagesse pour répondre hardiment sur ces questions (qui demandent néanmoins une grande connaissance de la théologie et des canons) évitent avec le plus grand soin les extrêmes, qui sont toujours vicieux ; car quelques-uns jugent ces affaires avec tant de sévérité, qu'ils blâment tout intérêt tiré de l'argent comme illicite et allié avec l'usure : Au contraire, quelques autres sont si indulgents et si relâchés, qu'ils pensent que tout profit est exempt d'usure. Qu'ils ne tiennent pas trop à leurs opinions particulières; mais qu'avant de répondre ils consultent plusieurs écrivains de grand renom; qu'ils embrassent ensuite le parti qu'ils verront clairement appuyé non-seulement sur la raison, mais encore sur l'autorité. S'il s'élève une dispute au sujet de quelque contrat dont on fait l'examen, qu'on évite soigneusement de rien dire d'injurieux et d'offensant à ceux qui suivent un sentiment contraire; et qu'on se garde bien d'assurer qu'il mérite d'être fortement censuré, surtout s'il n'est pas dénué d'autorités et de raisons; parce que les injures et les outrages rompent le lien de la charité chré-

infringunt, et gravissimam populo offensionem, et scandalum præ se ferunt.

§ 9. Tertio loco, qui ab omni usuræ labe se immunes, et integros præstare volunt, suamque pecuniam ità alteri dare, ut fructum legitimum solummodò percipiant, admonendi sunt, ut contractum instituendum anteà declarent, et conditiones inserendas explicent, et quem fructum ex eâdem pecuniâ postulent : Hæc magnoperè conferunt non modò ad animi sollicitudinem et scrupulos evitandos ; sed ad ipsum contractum in foro externo comprobandum : hæc etiam aditum intercludunt disputationibus, quæ non semel concitandæ sunt, ut clarè pateat utrùm pecunia, quæ rite data alteri esse videtur, reverà tamen palliatam usuram contineat.

§ 10. Quarto loco, vos hortamur, ne aditum relinquatis ineptis illorum sermonibus, qui dictitant de usuris hoc tempore quæstionem institui, quæ solo nomine contineatur, cùm ex pecuniâ, quæ quâlibet ratione alteri conceditur, fructus ut plurimùm comparetur. Etenim quàm falsum id sit et à veritate alienum, planè deprehendimus, si perpendamus naturam unius contractûs ab alterius naturâ prorsùs diversam et sejunctam esse, et ea pariter discrepare magnoperè inter se, quæ à diversis inter se contractibus consequuntur. Reverà discrimen apertissimum intercedit fructum inter, qui jure licito ex pecuniâ desumitur, ideòque potest in utroque foro retineri ; ac fructum, qui ex pecuniâ illicitè conciliatur, ideòque fori utriusque judicio restituendus decernitur. Constat igitur haud inanem de usuris quæstionem hoc tempore proponi ob eam causam, quòd ut plurimùm ex pecuniâ, quæ alteri tribuitur, fructûs aliquis excipiatur.

tienne, et sont pour le peuple des pierres d'achoppement et de scandale.

§ 9. En troisième lieu, il faut avertir ceux qui veulent se préserver de la souillure du péché d'usure, et confier leur argent à autrui, de telle manière qu'ils n'en retirent qu'un intérêt légitime ; il faut les avertir de déclarer, avant toutes choses, le contrat qu'ils veulent passer, d'expliquer clairement et en détail toutes les conditions qui doivent y être insérées, et quel profit ils demandent pour la cession de ce même argent. Ces explications contribuent beaucoup, non-seulement à éviter les scrupules et les anxiétés d'esprit, mais encore à prouver dans le for extérieur (*tribunal de justice*) le contrat qui a eu lieu. Elles ferment aussi la porte aux discussions qu'il faut quelquefois élever pour voir clairement si un placement d'argent, qui paraît avoir été fait dans les règles, renferme néanmoins une usure réelle, mais palliée.

§ 10. En quatrième lieu, nous vous exhortons à ne point accueillir les discours impertinents de ceux qui disent sans cesse qu'aujourd'hui la controverse sur les usures n'est qu'une dispute de nom, vu que l'on retire ordinairement un profit de l'argent que l'on cède à autrui, par quelque traité que ce puisse être. Car nous voyons clairement à quel point cela est faux et éloigné de la vérité, pourvu que nous fassions attention que la nature d'un contrat est tout à fait différente et distinguée de la nature d'un autre contrat, et qu'il y a pareillement une grande différence entre les conséquences des contrats qui sont opposés entre eux. En effet, il y a une différence évidente entre le revenu qu'on tire de l'argent en vertu du droit que donne la loi, et qui, pour cette raison, peut être gardé devant tout tribunal, et entre le revenu qu'on tire de l'argent en allant contre les lois, et dont à cause de cela le *for extérieur* et le *for de la conscience* ordonnent la restitution. Il est donc certain qu'on a tort de dire que la question proposée de nos jours sur les usures est une question vaine et frivole, par cette raison que l'on tire pour l'ordinaire quelque profit de l'argent que l'on cède à autrui.

§ 11. Hæc potissimùm vobis indicanda censuimus, sperantes fore, ut mandetis executioni quæcumque per has Litteras à nobis præscribuntur, opportunis quoque remediis consultetis, uti confidimus, si fortè ob hanc novam de usuris controversiam in Diœcesi vestrâ turbæ concitentur, vel corruptelæ ad labefactandum sanæ doctrinæ candorem et puritatem inducantur. Postremò vobis, et gregi curæ vestræ concredito, Apostolicam Benedictionem impertimur.

Datum Romæ, apud Sanctam Mariam Majorem, die primâ novembris, 1745; Pontificatûs nostri anno sexto.

§ 11. Voilà ce que nous avons cru devoir principalement vous marquer, dans l'espérance où nous sommes que vous exécuterez tout ce que nous prescrivons par cette lettre ; et nous avons aussi la confiance que, si par hasard il s'élève des troubles dans votre diocèse à l'occasion de cette nouvelle controverse sur les usures, ou si l'on cherche à ternir l'éclat et la pureté de la saine doctrine, vous saurez y apporter les remèdes les plus convenables.

Nous vous donnons enfin, et au troupeau qui vous est confié, notre bénédiction apostolique.

Donné à Rome le 1ᵉʳ novembre 1745, et l'an 6 de notre pontificat.

II

DE LA
BANQUE DE FRANCE

La Banque de France, considérée sous le rapport économique, est certainement l'établissement financier le plus important par l'influence qu'il exerce sur le crédit public et les services qu'il est susceptible de lui rendre. La position qui lui a été faite est-elle ce qu'elle doit être pour atteindre ces résultats? C'est ce qu'une analyse attentive pourra nous révéler.

Le but principal de la Banque de France, défini dans sa simplicité, celui pour lequel elle a été instituée, est d'être toujours à même d'escompter les effets de commerce en billets revêtus de sa signature et de faire payer ce service au prix le plus modéré.

Ses billets doivent naturellement jouir d'un crédit plus étendu que les billets ou effets particuliers contre lesquels ils sont échangés. La publicité de ses opérations, les preuves toujours évidentes d'une solvabilité permanente, leur donnent une garantie de valeur au-dessus de toute prévision de perte possible, tandis que les billets ou effets des particuliers qu'ils sont appelés à remplacer, ceux-mêmes dont les signatures sont réputées les meilleures, d'abord, ne sont ordinairement connus et appréciés que dans un cercle plus ou moins étendu, et ensuite portent toujours avec eux l'espèce d'incertitude qui suit le secret des affaires privées.

C'est donc une belle et grande idée économique que celle de substituer un crédit largement établi, basé sur des faits patents, sur une honorabilité[1] incontestée et sur la confiance générale qui en est la suite, au crédit, toujours mesquin en comparaison et circonscrit, de chaque individu.

L'opération de la Banque consiste à prendre directement le papier des particuliers, à le conserver en portefeuille et à émettre à la place son propre papier dans la circulation. C'est la fonction principale de la Banque. Elle la remplit en vertu du contrat qui renferme les conditions de ses engagements.

Il n'est pas indifférent de reconnaître avant tout avec qui elle a réellement passé ce contrat. Est-ce avec le gouvernement, comme on dit vulgairement, ou bien n'est-ce pas plutôt en réalité avec le public? Un contrat est toujours passé entre les parties agissantes. Quelles sont-elles ici, si ce n'est le public d'une part et la Banque de l'autre? La Banque peut toujours émettre ses billets; mais que le public s'abstienne de les recevoir, et le contrat restera sans effet ni valeur. Dans la transaction passée entre le public et la Banque, le gouvernement ne fait que l'office de notaire représentant le public, présidant à la rédaction des clauses du contrat, indiquant ce qui est légalement permis et veillant à l'exécution.

Une fois le contrat accompli, il ne reste plus au gouvernement le droit d'en changer les conditions pendant le temps de sa durée.

Cette situation des parties a des conséquences obligées.

---

[1] Le mot *honorabilité*, d'une formation régulière, signifie et exprime très-bien le degré d'estime accordé à une maison de commerce ou à un individu suivant qu'ils ont toujours fait honneur à leur signature.

Les conditions principales conclues entre la Banque et le public sont celles-ci :

1° La Banque s'engage à escompter tous les billets particuliers à trois signatures et à deux ou trois mois au plus de date, en donnant ses propres billets en échange;

2° La Banque prélèvera un escompte dont le taux sera fixé par son conseil d'administration;

3° Pour garantie de ses billets, la Banque formera un capital qui répondra, ainsi que les bénéfices disponibles de l'escompte, de la valeur de ses billets, et pour que cette valeur ne puisse jamais être mise en suspicion, elle échangera à bureau ouvert les billets contre des espèces.

4° L'émission de ses billets est limitée au triple de son encaisse métallique.

5° Le public acceptera les billets de la Banque,

6° Il payera l'escompte déterminé par le conseil d'administration de la Banque.

Il résulte de l'examen de ces conditions les considérations suivantes :

1° Les billets de la Banque ne sont autre chose que des billets de commerce payables à vue et garantis par un capital *qui doit toujours être disponible.*

2° En principe, la Banque ne peut refuser d'escompter des billets à trois signatures et à trois mois de date; mais en fait elle reste et doit rester seule juge du degré de confiance à accorder aux billets des particuliers et de la limite jusqu'où doit s'étendre cette confiance pour chacun : ce qui la rend maîtresse de l'étendue de ses opérations.

3° Le capital de la Banque, quel qu'il soit, et tout ce qu'elle possède, forme la garantie de ses billets; rien de plus juste.

La Banque a pris l'engagement d'échanger ses billets à vue contre des espèces. Voilà un engagement téméraire, que le gouvernement-notaire n'aurait pas dû laisser inclure dans le contrat, au moins sous cette forme. Pour qu'il pût être rempli, il aurait fallu que la Banque se soit engagée à former un capital égal à la somme de ses billets, ce qui eût rendu son privilége illusoire. Mais son capital métallique restant le tiers de ses billets, si le public venait à s'entendre et à passer directement du bureau d'émission des billets au guichet de change en monnaie métallique, afin de les réaliser immédiatement, comme il en aurait le droit, il est certain que la Banque ne pourrait exécuter cette condition, et bien moins encore, si l'effet d'une panique, comme cela s'est vu, faisait lui redemander à la fois la valeur de tous ses billets. Dans ce cas, elle a été obligée de faire violence à la teneur de son contrat en se faisant autoriser à des mesures exceptionnelles par le gouvernement-notaire qui n'en avait pas plus le droit légal qu'un notaire ordinaire dans une affaire ordinaire, et qui avait eu le tort de laisser la Banque prendre un engagement que celle-ci ne pouvait matériellement tenir et n'avait pas aperçu les conséquences funestes que cette fausse mesure devait entraîner.

On avait compté sur l'indifférence du public à posséder soit des billets de la Banque dont la valeur est si bien garantie, soit de la monnaie métallique; et l'on avait raison de croire qu'un tiers au plus en monnaie suffirait pour satisfaire aux opérations de détail; mais l'on avait compté sans l'esprit de spéculation des gros banquiers toujours à l'affût des occasions de lucre, surtout dans les temps de crises, qui ne se feraient aucun scrupule de soutirer l'or des coffres de la Banque entr'ouverts à leur convenance.

Ces messieurs savent bien que le but de l'institution de la Banque n'a jamais été de leur offrir des facilités pour se procurer des espèces métalliques. Qu'ils les rassemblent comme le fait la Banque, avec les mêmes peines, au prix des mêmes sacrifices, rien de mieux; ils le peuvent en toute sûreté de conscience; mais ils devraient comprendre qu'il y a une espèce d'indélicatesse, si ce n'est de déloyauté, à abuser d'un manque de clairvoyance et de prévision de la Banque et de son notaire pour s'emparer de l'or qu'elle a imprudemment exposé à leur convoitise.

Dans quelle position la Banque devrait-elle être maintenue?

La Banque escompte à trois mois au plus, ce qui signifie que tout son capital fait son évolution et rentre dans sa caisse en trois mois. Le seul engagement qu'elle eût donc pu prendre, avec la certitude de n'y jamais manquer, eût été d'effectuer le remboursement de ses billets en trois mois ou quatre-vingt-dix jours. Le capital en numéraire qu'elle doit tenir à la disposition du public étant de 180 millions, il suit qu'elle ne peut être rigoureusement obligée qu'au remboursement de 2 millions par jour, et encore, ces deux millions doivent-ils être fractionnés entre le nombre présumable de personnes pouvant se présenter à l'échange, c'est-à-dire à 2,000 ou 1000 francs par personne; ce qui est assurément suffisant pour les besoins ordinaires.

En suivant ces prescriptions, qui sont celles de la raison et de l'équité, la Banque se maintiendrait toujours dans un calme parfait, et on ne la verrait plus éprouver de ces crises contre lesquelles elle aurait dû se prémunir par des moyens directs au lieu du moyen détourné de l'élévation du taux de son escompte.

4° L'émission des billets de la Banque est limitée au triple de son encaisse métallique.

Cette mesure n'a aucune portée. La Banque a été instituée pour faciliter le commerce dans toute l'étendue de ses besoins, et non pas jusqu'à une certaine limite. Les billets qu'elle émet ne sont pas créés par elle à volonté, mais toujours cautionnés de trois signatures qu'elle a contrôlées, c'est-à-dire de trois valeurs réelles qui répondent de la sienne. Ainsi le chiffre de l'émission des billets de la Banque importe peu, s'il est toujours en harmonie avec un travail *réel effectué*, dont les billets de Banque ne sont que l'escompte.

D'un autre côté, ce chiffre de l'émission des billets de la Banque se trouve naturellement restreint par la surveillance de l'admission à l'escompte qui limite le chiffre de chacun et par conséquent le chiffre total d'après des motifs dont le conseil d'admission est seul juge et n'a pas à rendre compte. La seule loi qu'il ne doive jamais enfreindre, c'est de n'émettre ses billets que contre trois signatures qu'il regarde comme véritablement bonnes, représentant trois valeurs équivalentes à celle du billet, ou bien contre des valeurs métalliques, et de n'avoir jamais de complaisance pour les personnes.

5° L'engagement du public d'accepter les billets de la Banque est la contre-partie de l'engagement de la Banque de les émettre.

Que servirait en effet à la Banque d'émettre ses billets, si le public ne les acceptait pas? Cette obligation du public dérive directement du contrat dans lequel le gouvernement-notaire l'a engagé. Tout le public jouit, par la facilité des transactions, des bienfaits de ce contrat; il est juste qu'il en accepte les conséquences. Le cours des billets ne doit pas être *forcé*, selon l'expression généralement employée, vilain mot qui rappelle l'odieux de la violence; mais ce cours est *obligatoire* en vertu du contrat synallagmatique qui lie le public et la Banque;

6° Le contrat dit encore que le conseil de surveillance déterminera le taux de l'escompte. Il était sous-entendu : suivant les prescriptions de la loi par rapport à l'intérêt légal.

Mais le nouveau contrat de la Banque passé en 1857 porte, art. 8 : « La Banque de France pourra, si les circonstances l'exi« gent, *élever au-dessus* de 6 pour cent le taux de ses escomptes
« et l'intérêt de ses avances. Les bénéfices qui seront résultés
« de l'exercice de cette faculté seront déduits des sommes an« nuellement partageables entre les actionnaires et ajoutées au
« fond social. »

Profitant de cette autorisation, la Banque a élevé son escompte jusqu'à 8 pour 100.

Appliquons à la Banque les véritables principes des intérêts tels que nous les avons déduits.

Dans les prêts et avances que fait la Banque, elle ne participe à aucune opération commerciale. Elle s'en garde avec soin et avec raison. Elle prend les sûretés les plus grandes. Elle les prend triples d'une signature ordinaire, et se réserve encore d'user de toute la rigueur des lois contre les trois signataires qui manqueraient à leurs engagements envers elle. Ces moyens, renforcés d'une surveillance active, de tous les instants, ont un tel succès, que les pertes essuyées par elle, sur un chiffre de transactions s'élevant à des milliards depuis sa fondation, sont insignifiantes.

Elle ne se préoccupe en rien de l'emploi de ses avances, elle ne veut pas le connaître. Le taux de l'intérêt ne peut pas être conventionnel; il doit être indéterminé. Elle ne peut donc prétendre vis-à-vis de ses emprunteurs qu'à la rémunération d'un capital muet, c'est-à-dire au rapport moyen de l'activité humaine, ou 5 pour 100 par an. Tout ce qu'elle prélève au-dessus de 5 pour 100 par an doit être regardé comme usuraire, parce qu'elle ne participe à aucun travail, qu'elle ne court aucune chance et qu'elle s'est réservé toute action contre son débiteur.

Elle peut refuser d'escompter; elle n'a aucun droit de prélever un intérêt au-dessus de 5 pour 100 par an. Ce qu'elle exigerait au delà serait une véritable usure; il en a tous les caractères, qu'aucune influence ne saurait effacer ou affaiblir.

La loi a bien senti cette fausse position de la Banque prélevant un intérêt plus fort qu'elle ne le devrait. Sa pudeur s'est révélée dans la prescription faite à la Banque de ne pas partager annuellement entre ses actionnaires les profits au-dessus de l'intérêt légal. Elle ordonne de les réunir au fonds social. Pourquoi cette restriction, si ce gain est légitime? Mais, d'ailleurs, ce correctif d'une mauvaise nature n'est qu'apparent, puisque les intérêts produits par le fonds social sont partagés entre les actionnaires.

Remarquons encore comment la Banque en est venue à entrer dans la voie de l'usure. Ce n'est pas, il faut lui rendre cette justice, avec l'intention de surfaire ses profits, comme les usuriers ordinaires. Elle n'en a pas la moindre velléité. Elle n'ignore pas non plus que le taux de son escompte doit toujours être inférieur au taux ordinaire pour que les emprunteurs viennent volontiers à elle, et que c'est alors seulement qu'elle remplit dignement les fonctions pour lesquelles elle a été instituée. Si elle se résoud à élever malgré elle le taux de son escompte, c'est *pour éviter l'épuisement de son numéraire.*

Ainsi parce que, par imprudence et dans le but de produire une illusion sur la possibilité de remboursement à vue de ses billets, elle a commis la faute de laisser la caisse toujours ouverte et accessible à une spéculation déloyale vis-à-vis d'elle sur l'or, elle aurait recours à un expédient blâmable, elle priverait le commerce honnête de secours promis par contrat, qu'il est en droit d'attendre d'elle ; et elle prélèverait sur lui une usure d'autant plus funeste qu'elle s'exercerait dans des temps plus calamiteux, sans se soucier des souffrances dont elle serait cause !

Le remède serait simple. Revenir à sa position naturelle, se replacer sur sa base; ne jamais perdre de vue le but de son institution, l'escompte, au moyen de ses billets, des effets de commerce au taux de 5 pour 100 au plus ; ne prendre l'engagement de rembourser ses billets qu'en 90 jours, moyennant 2 millions par jour à 1,000 francs par présentation. D'un autre côté, faire reconnaître le cours de ses billets comme obligatoire.

En suivant ces prescriptions, qui sont celles de la raison, de la droiture et de l'équité, la Banque de France se maintiendrait dans le calme d'une dignité qui convient à sa prééminence entre les établissements financiers, et répandrait sur tous et toujours, avec la prévoyante uniformité de la providence, le bienfait de ses escomptes. Elle serait soustraite aux atteintes de ces crises violentes qui ne sont que l'effet de la spéculation faisant dégorger le monde de ses économies à époques périodiques. Sa conduite sage, droite, équitable, toujours à la hauteur de la plus parfaite honorabilité, perpétuerait la confiance que rien ne rend inaltérable comme l'intelligence alliée à la droiture et à l'équité.

FIN DES NOTES

BIBLIOGRAPHIE

DES PRINCIPAUX OUVRAGES QUI ONT TRAITÉ DE L'USURE
ET DE SES INTÉRÊTS

Le signe + indique que l'auteur est favorable à l'intérêt modéré; le signe —, qu'il est contraire à tout intérêt.

Années

322 **Aristote,** Polit., 1, 3, 23.
av. J. C.

  18 **Tite-Live,** liv. VII, 42.

  64 **Cicéron,** liv. V, epist. 21, liv. VI, epist. 1 — 2 — 3 —

  80? **Plutarque.** Œuvres morales, 3. (Il ne faut pas emprunter à usure.)

 134 **Tacite,** livre VI, ann. 16.

 397 **Saint Ambroise,** + Éloge de Tobie.

1274 **Saint Thomas d'Aquin,** + Opera ejus, opuscul : LXXIII de usuris. Ed. de 1612 antverp. (Anvers).

1414 **Gerson,** + De contractibus, 7, 3, page 185, in 3ᵈ parte.

1492 **Ange de Chivas,** + (De Clavasio, frère mineur), Summa angelica. Nuremberg. —

1516 **J. Mair** (Major), + In quæstionibus sententia. Éd. de 1516. Quæstio 49, foglio 125.

      Défenseur des trois contrats.

1519 **Luther,** + Sermone vom Wucher.

1520 **Luther,** + Tractat vom Kaufhandel und Wucher.

1540 **Calvini,** + Opera. Commentaires sur l'Écriture sainte et lettres. Éd. de 1667.

1566 **Charles Dumoulin,** + mort en 1566. Tractatus commerciorum et usurarum redituumque pecuniæ constitutorum et monctorum, Carolo Malinæo auctore Parisiis. In-4°, éd. 1584 et 1608.

Son traité fut imprimé à Rome sous le nom de Gaspard Cabalin, par l'ordre de Grégoire XIII.

1585 **Barthelmi de Medina,** Praxis Theologica de contractibus et resolutionibus. Ed. Salmant, 1585.

1598 **Cardinal Tolet,** + Summa seu de instructione sacerdotum et peccatis mortalibus. Edit Rothomagi, 1636, lib. V, cap. xli, page 876.

1602 **L. Molina,** + jés. De justitia et jure. Tract. ii. Ed. Mogunt, 1602.

1601 **Navarre** + (Martin-Azpileneta), Instructio confessariorum. Éd. Venet, 1601. Manuale confessariorum et pœnitentium Paris, 1602.

Défenseur des trois contrats.

60s **Gouget,** + Réformation des décrets pour le bien et commodité des créanciers et débiteurs. Paris, in-8°.

1623 **Thomas Culpeper,** + A tract against the high rate of usury.

1624 **Grotius,** + De jure pacis et belli. Trad. par Courtin en 1703, Barbeyrac en 1746, liv. II, chap. xii.

1628 **Emm. Rodriguez,** + franciscain. Summa casuum conscientiæ. Venet, 1628.

1638 **Claude Saumaise,** + De usuris. Leyde, in-8°.

1639 **Cl. Saumaise,** + De modo usurarum. Leyde, in-8°.

1640 **Cl. Saumaise,** + De fœnore trapezetico. Leyde.

1640? **Billuare,** + De contractibus dissertatio IV, art. VI de restitutione usurorum.

1643 **Lopez,** + de l'ordre des Frères Prêcheurs. Tractatus de contractibus et negotiationibus. Lugdunum.

1645 **Cl. Saumaise,** + Confutatio diatribæ de mutuo, auctore Jacobo Vissembachio. Leyde, in-8°.

1648 **Henri Holden**, ✝ docteur de la Faculté théologique de Paris. De resolutione fidei. Divinæ fidei analysis. Epistola (de naturâ fœnoris), data 5 septembris, anni 1648.

1650? **Cardinal de Lugo**, ✝ De mutuo et usuris.

1657 **Gibalin** (Joseph), ✝ De usuris commerciis deque æquitate et usu fori Lugdunensis. Lugdun. 1657.

1661 **Léotardi**, — De usuris et contractibus cum dissertatione et appendice Zech e soc. Jes. Venet, in-f°.

1663 **Bail**, ✝ sous-pénitencier de l'Église de Paris. De triplici examine.

1770 **Dom Bultean**, — Défense des sentiments de Lactance sur le sujet de l'usure. Paris, in-12. Nov. ed., 1677.

1671 **Nicole**, ✝ Essais de morale, 8ᵐᵉ traité. Si c'est usure que de vendre plus cher à crédit. Art. 3 et 4. Tome VI, édit. 1720.

1672 **Pufendorf**, ✝ luthérien. De jure naturæ et gentium. Trad. par Barbeyrac, 1712, liv. V, chap. vii. Du prêt à consomption et des intérêts. 2 vol. in-4°.

1673 **Dutertre**, — devenu le Père Thorentier, oratorien. L'usure expliquée et condamnée par les Écritures saintes et la tradition. Paris, in-12. Nouv. éd. en 1689.

1673 **Le père Emmanuel Maignan**, Minime. ✝ De usu licito pecuniæ, Dissertatio theologica. Toulouse, in-18 de 231 pages, mis à l'index à Rome en 1674.

1673 **Domat**, — Lois civiles dans leur ordre naturel, éd. 1717.

1674 **Beziau Arroy**, ✝ Traité de l'usure, dédié à Messieurs du consulat. Lyon.

1675 **Le père André de Colonia**, ✝ Éclaircissement sur le légitime commerce des billets. Lyon, in-3° de 274 pages.

Condamné par le cardinal Le Camus, évêque de Grenoble, 17 février 1676.

1675 **Raymond Bonnal**, ✝ doct. en théologie, de Toulouse. Cours de théologie morale, traité XVI du Prêt et de l'Usure. Paris.

1675 **De Marlolles**, ✝ docteur en théologie. Traité de la nature de l'usure selon la loy de Dieu et la doctrine des saints Pères, où est réfuté le livre du sieur Dutertre. Avignon, in-8°.

1678 **Anonyme,** + Negotiatio et mutatio licita pecuniæ seu tractatus de æquitate trium contractuum qui exercentur in negotiatione et cambio Lugdunensi.

1679 **Jacques de Fieux,** — évêque de Toul. Lettres pastorales sur le prêt usuraire de l'argent par obligation.

1680 **Factum,** + ou propositions succinctement recueillies des questions qui se forment aujourd'hui sur la matière de l'usure, et réimprimé en 1703.

Condamné par Henry de Billy, successeur de J. de Frey, évêque de Toul, depuis évêque de Meaux et cardinal.

1682 **Anonyme** (LECORREUR, + prêtre de Saint-Germain-l'Auxerrois.) Traité de la pratique des billets entre les négociants. Louvain, in-18. 2me éd. Mons, 1684.

1688 **Jacques Gaite,** — docteur en théologie et chanoine de Luçon. Tractatus de usurâ et fœnore. — L'Isle, in-4°.

1688 **Dom Bulteau,** — Le faux dépôt. Nouv. éd. en 1697.

Imprimé anonyme en 1688 et avec le nom de dom Bulteau en 1697.

1689 **Saintebeuve,** — De resolutionibus casuum conscientiæ. In-4°, t. II, cas. 121.

1690 **Collet,** + avocat au Parlement de Dijon. Traité des usures ou explication des prêts et des intérêts, par les lois qui ont été faites en tous les siècles. In-12.

1692 **Laplacette,** protestant. + Nouveaux essais de morale. Traité de l'intérêt.

1693 **Le père Thomassin.** — Traité du négoce et de l'usure. Paris, in-8°.

1695 **Philipones,** + Usura explicata seu de conscientiâ explicatâ in concessione pecuniæ. Londou.

1698 **Carrel,** — prêtre, docteur en théologie. De la pratique des billets.

Réfutation de l'ouvrage du même titre par Lecorreur.

1699 Consuetudines Anglicæ de concedendâ ad usum pecuniâ. Londini.

1700? **Grimaudet,** + Traité des usures et contrats pignoratifs.

1702 **Anonyme** (LEMAIRE, chanoine de Beauvais), — Réfutation du traité de la pratique des billets entre les négociants. (Voir 1682.) Paris, in-12.

1706 **Gerard Noodt,** ✝ De fœnore et usuris.
Recueil de ses œuvres. 1 vol. infoglio.

1710? **Anonyme.** Discussio responsionis ad difficultates quasdam propositas in materiâ de usuris. ✝

1710 **Anonyme** (ARTHUR DE LA GIBONAYS). — De l'usure, interest et profit qu'on tire du prest, ou l'ancienne doctrine opposée aux nouvelles opinions. Paris, in-12.

1717 **Anonyme** (LE PÈRE SEMELIER), — Conférences ecclésiastiques de Paris, sur l'usure et la restitution, où l'on concilie la discipline de l'Église avec la jurisprudence du royaume de France, par ordre du cardinal de Noailles, archev. de Paris.
Réimprimées en 1758. 4 vol. in-12.

1720 **Feu Nicole** (L. BULTEAU). ✝ Traité de l'usure..... La question du faux dépost y est traitée à fond. Paris, in-12.

1723 **Pothier,** ✝ jurisconsulte. Traité du prêt de consomption (dans ses œuvres), dernière éd., 1845.

1727 **Anonyme** (DUGUET). — Réfutation d'un écrit pour l'usure. Paris in-12.
Faisant partie d'un volume intitulé: *Dissertations théologiques*.

1729 **Nic. Broedersen,** ✝ chanoine d'Utrecht et pasteur de Delft. Tractatus brevis de redditibus utrinque redimibilibus. Delphis, nova editio, 1743.

1730 **Dogma** Ecclesiæ circa usuram expositum et vindicatum. — L'Isle, in-4°.
Par une réunion d'auteurs.

1730 **Godefroy Valkenburg,** — chanoine d'Utrecht, Discussio responsionis ad difficultates quasdam propositas in materiâ de usuris. Delphis.

1730 **Anonyme** (PETITPIED), — Lettres touchant la matière de l'usure, par rapport aux contrats de rente rachetables des deux côtés. Éd. 1731. Lille, in-4°.

1730 **Anonyme.** Défense des contrats de rente rachetables des deux côtés ou réflexions sur la lettre de M...... (PETITPIED.) ✝ D' de Sorbonne, touchant la matière de l'usure par rapport à ces contrats.

1730 **L'abbé Mignot,** Et., — docteur en théologie de la Faculté de Paris. Traité des prêts de commerce ou de l'intérêt légitime et illégitime de l'argent. Édit. de 1759. 4 vol. in-12...., plus un 5ᵉ vol.

1730 **Bossuet**, mort en 1704, — Traité de l'usure, ouvrage posthume (éd. de ses œuvres, 1753).
Réimprimé à Caen vers 1800.

173? **Pierre Archdéacon**, ✝ (Arcedekne), franciscain. Examen abrégé de la pratique de donner de l'argent à intérêt, ou méthode de rassurer les consciences de ceux qui donnent de l'argent à intérêt, et de les délivrer du crime de l'usure, lorsqu'ils n'exigent point un intérêt ou un profit illégitime, et qu'ils se contentent de celui qui est accordé et permis par les lois et la coutume. Londres (en anglais).

1741 **Anonyme** (Le père Grangier), ✝ Examen théologique sur la société du prêt à rente. Dialogue entre Bail et Pontas. Nouv. éd., 1762. Nancy, in-12.

1743? **Le père Moneta.**—Adversus Catharos et Valdenses. Romæ, 1743?

1744 **Maffei** (Le Mⁱˢ. Scipion...) Del impiego del danaro. De l'emploi de l'argent.
Réimprimé à Rome avec permission. Trad. en fr. en 1787.

1745 **Benoist XIV**, ✝ L'Encyclique *Vix pervenit*.

1746 **Le père Daniel Concina**, — Usura contractus trini dissertationibus historico-theologicis demonstrata adversus mollioris ethicis casuistas et Nicolaum Bracdersen. Accedunt appendices duæ ad commentarium authoris adversus usuram. Romæ, in-4°.

— In epistolam encyclicam Benedicti XIV adversus usuram commentarius, quo, illustratâ doctrinâ catholicâ, Nicolai Brœdersen et aliorum errores refelluntur. Romæ, in-4°.

— Expositione del dogma che la chiese Romana propone a credersi interno l'usura. Exposition du dogme que l'Église romaine propose de croire sur l'usure, contre le livre intitulé *De l'emploi de l'argent*, par le Mⁱˢ de Maffei. Naples, in-4°.

1747 **Anonyme** (2ᵉ éd. de Lecoureur), ✝ Examen théologique et canonique du traité de la pratique des billets et du prêt d'argent entre négociants, par un docteur en théologie, imprimé à Mons en 1684.

1747 **Ballarini** (Pierre, prêtre de Vérone). — De jure divino et t naturali circa usuram, libri sex. Bologne, 2 vol. in-4°. (Contri Bracdusen).

1748 **Benedicti XIV**, Pont. opt. Max. olim Prosperi card. de Lambertinis, etc. + — De synodo Diœcesanâ libri octo, nunc primùm editi ad usum academiæ liturgicæ conimbricensis. Romæ, in-4°.

1748 **Petit Didier**, — Dissertations théologiques et canoniques sur les prêts par obligation. Nancy, in-12.

1750 **J.-B. Gastumeau**, + Dissertations sur la légitimité des intérêts d'argent qui ont cours dans le commerce. La Haye, in-12.

1750 **Massie** (Joseph.) + An essay on the governing causes of the natural rate of interest. London, in-8°.

1750 **Dupuy de la Serra?** L'Art des lettres de change, suivant l'usage des plus célèbres places de l'Europe et la jurisprudence du Royaume, avec le recueil des édits, arrêts et ordonnances sur le fait du commerce. Paris, nouv. éd. en 1768, 1789, 1792.

1751 **Formey**, de l'Académie de Berlin, + Examen de l'usure, suivant les principes du droit naturel. Utrecht, Sarly, in-12.

1751 **Zech**, jésuite, + Rigor moderatus doctrinæ Pontificæ circa usuras. Ingolstadt, in-4°.

1753 **Anonyme** (Delau), — L'Usure condamnée par le droit naturel. Réponse à M. Formey. Paris, in-12.

1754 **Gournay**, + Traité sur le commerce et sur les avantages de la réduction de l'intérêt de l'argent, suivi d'un traité contre l'usure par Th. Culpeper, traduit par Gournay, en 1754. Paris, in-12.

1755 **Benedicti XIV**, De Synodo, 2° édition avec préface nouvelle. + et —
Cette édition a été réimprimée par l'abbé Migne.

1756 **Buché de Pavillon**, + Essai sur les causes de la diversité du taux de l'argent chez les peuples. Un vol. in-12. Paris et Londres.

1757 **Anonyme** (l'abbé Gua de Malves), + Discours pour et contre la réduction de l'intérêt naturel de l'argent. Trad. de l'anglais. Wesel, 1757, 1 vol.

1758 **M. Charles D. M. C*****, avocat au Parlement, ✝ Les principes des rentes constituées. Nîmes, in-12.

1760 **D. Hume,** ✝ Essai sur l'intérêt de l'argent. (Coll. des princ. économistes.)

1761 **Leotardi,** — De usuris et contractibus cum dissertatione et appendice Zeche, soc. Jes. Venet, in-f°.

1765 **Encyclopédie,** ✝ XVII° volume, article Usure.

1767 **Anonyme** (Pierre Lecoq) Eudiste. — Dissertations théologiques sur l'usure du prêt de commerce et sur les trois contrats, contre l'auteur du dialogue entre Bail et Pontas. Rouen, in-12.

1769 **Turgot,** ✝ Mémoire sur les prêts d'argent, présenté au Conseil d'État. Collection des principaux économistes.

1769 **L'abbé de La Porte,** — Principes théologiques, canoniques et civils sur l'usure. Paris, 4 vol. in-12. Nouv. ed. en 1772.

1769 — Nouvelles lettres à un ami sur les prêts usuraires du commerce. Amsterdam et Paris, in-12.

1769 **Anonyme,** ✝ Traité de l'usure. Cologne.

1769 **Anonyme** (Laforest, curé de Ste-Croix, à Lyon), ✝ Traité de l'usure et des intérêts. Lyon, in-12. Nouv. éd. en 1776.

1770 **Prost de Royer,** — procureur général de la ville de Lyon. Du prest à interest.

1770 **Faigrut de Villeneuve,** ✝ Légitimité de l'usure légale, où l'on prouve son utilité. Amsterdam, in-12.

1770 **Anonyme** (Le Gros), — Lettres théologiques contre le traité des prêts de commerce.

1771 **Anonyme.** Réflexions sur le prêt de commerce.

1774 **Liger,** — Lettres critiques et dissertations sur le prêt de commerce. Caen, in-12.

1775 **Auguste de Saint-Lô,** — Examen et réfutation des réflexions sur le prêt de commerce. Vire, in-12.

1775 **Anonyme** (Pierre Lecoq).—Remarques sur le traité de l'usure et des intérêts de l'abbé de la Forest, avec l'analyse des réflexions sur le prêt de commerce, pour servir de supplément à la dissertation théologique sur l'usure. Amsterdam, in-12.

1775 **Un avocat au Parlement** (de Saint-Lucien), ✝ Moyens

d'extirper l'usure ou projet d'établissement d'une caisse de prêt public. Paris, in-12.

1776 **Étienne Souchet**, † Traité de l'usure servant de réponse à une lettre sur ce sujet, publiée en 1770 sous le nom de Prost de Royer, et au traité anonyme sur le même sujet. 1re éd. Cologne, 2e éd. Paris, in-12.

1779 **Carpuac**, — Examen et réfutation du Traité de l'usure et des intérêts. 1 vol. in-12.

1780 **Paucton**, † Métrologie, ou traité des mesures, poids et monnaies des anciens peuples et des modernes. Paris, in-4°.

7801 **Anonyme.** (**Rulié**, curé de Saint-Pierre de Cahors, auteur de la Religion chrétienne prouvée par un seul fait.) †. Théorie de l'intérêt de l'argent, tirée des principes du droit naturel, de la théologie et de la politique, contre l'abus de l'imputation d'usure. Paris, in-12. J. L.

Gouttes a fait une 2e édition en 1782.

1782 **Carpuac**, — L'Usure expliquée et condamnée par l'Écriture. Toulouse, in-12.

1782 **L'abbé de Laporte** (ET MAULTROT), — Le défenseur de l'usure confondu ou réfutation de la théorie de l'intérêt de l'argent, par l'abbé de L..., avec un recueil d'ordonnances contre l'usure par Maultrot. 1 vol. in-12.

1782 **Capmas**, — curé de Saint-Jacques de Montauban. L'intérêt de l'argent dans le prêt ou l'usure et réfutation d'un écrit intitulé : Théorie de l'intérêt de l'argent contre l'abus de l'imputation d'usure. Nouv. éd., 1829, in-12.

1783 **L'abbé Prigent** ? Observations sur le prêt à intérêt dans le commerce. Paris, in-12.

1786 **L'abbé de Laporte**, — Le défenseur de l'usure derechef confondu par l'auteur des principes sur l'usure, réfutation de la théorie de l'intérêt de l'argent. Paris, in-12.

1786 **L'abbé Beurrey**, † Question de l'usure éclaircie. P., 4 vol. in-12.

1787 **L'abbé Rossignol**, † ancien jésuite. De l'usure. Turin, in-12, nouv. éd. en 1803, une autre avec addition en 1804.

1787 **Bentham**, † jurisconsulte. Defense of usury. Défense de l'usure par Bentham, réunie en mémoire sur les prêts d'argent par Turgot. Paris, 1828. In-8°, et dans la Collection des économistes.

1788 **L'abbé Bergier**, † Dictionnaire théologique. Article Usure. (Remarquer la différence de la première édition et de la seconde donnée en 1819).

1788 **Gasquet**, capucin. — L'usure démasquée ou exposition des erreurs opposées à la doctrine catholique sur l'intérêt du prêt. Paris, 2 vol. in-12.

1789 **L'abbé Rougane.** — Les nouveaux patrons de l'usure réfutés, y compris le dernier défenseur de Calvin sur le même sujet. Ouvrage dédié aux états généraux. Paris, in-12.

1789 **Bailly**, sa théologie † de contractibus. Nouv. éd. en 1799.

1790 **Gratiani?** De contractibus fœneratiis. Paris, in-12.

1799 **Aviau**, — archevêque de Vienne. Réponse de M. d'Aviau, arch. de Vienne, sur les prêts de commerce, réimprimé en 1817.

1806 **M***** (baron Ambroise Rendu, jurisconsulte). — Considérations sur le prêt à intérêts par un jurisconsulte. Paris, in-8°.

1806 **De Bonald**, † Dans le *Mercure de France* du 13 sept. et du 1er nov. Considérations politiques sur l'argent et le prêt à intérêt et dans les œuvres. T. I, p. 435.

1808 **J. D. Meyer**, † Mémoire couronné par l'Académie du Gard sur cette question : Déterminer le principe de l'intérêt et ses rapports avec la morale. Amsterdam, in-8° et dans les mémoires de l'Acad. du Gard.

1809 **L'abbé Rémi Pothier.** † Éclaircissement sur le prêt, l'usure et le trafic de l'argent. Reims.

1816 **Baradère**, curé de Pau. † Dissertation sur l'usure.

1816 **L'abbé Pagès**, — Dissertation sur le contrat de rente suivi de quelques observations sur deux décisions en matière d'usure, donnée à Paris par le cardinal Caprara. Lyon, 1823, 2 vol. in-8°. 5me édit. en 1858.

1817 **Aviau**, — archev. de Bordeaux. Réimpression de son livre de 1799, suivi d'une lettre pastorale.

1817 **E. B. Sugden**, † Considération on the rate of interest. London, in-8°.

1817 **L'abbé Burgé**, — supérieur du séminaire de Bayonne. Examen de la dissertation de M. Baradère, curé de Pau, sur l'usure.

1819 Report by and evidence taken before the select committe e of the house of commons on the usury law. Landon in-f°.

1819 **Anonyme.**— Conférences sur l'usure, adressées aux gens du monde. Lyon.

1819 **Bouvier,** — Institutiones theologicæ. Ad usum seminarii Cenomanensis, Tractatus de contractibus ad normam juris novi Galliæ redactus.

1820 **Faivre,** + Placement d'argent à intérêt ou examen critique d'un ouvrage intitulé : Dissertation sur le prêt à intérêt (Pagès). Lyon, in-8°.

1821 **Muller,** — Ratio et historia odii quo fœnus habitum est. Gotting.

1821 **Anonyme** (Nolhac). + Lettres sur le prêt à intérêt. Paris, br., in-8°.

1821 **L'abbé Villecourt,** — (aumônier de l'hospice de la Charité). Lettres à M. Faivre, précédées d'une analyse critique de sa réponse à M. Pagès. Lyon.

1822 **L'abbé Baronnat.** + Le prétendu mystère de l'usure dévoilé ou le placement d'argent connu sous le nom de prêt à intérêt, démontré légitime par l'autorité civile et l'autorité ecclésiastique. Paris, 2 vol. in-8°.

1822 **Desplasroques.** + Mémoire sur la légitimité du prêt lucratif. Montauban.

1823 **Cardinal de la Luzerne.** + Dissertations sur le prêt de commerce. Dijon, 3 vol. en 5 parties. In-8°.

1824 **Baconniere Salverte,** + Du taux de l'intérêt et de l'argent et sa réduction. Paris, in-8°.

1824 **P. Pélégrin.** + Réflexions sur le discours du rapporteur de la commission de la réduction de l'intérêt, Paris, in-8°.

1824 **Anonyme** — Réfutation du mémoire sur la légitimité du prêt lucratif. Castries, in-8°.

1824 **L'abbé Bouyon.** — Réfutation des systèmes de l'abbé Baronet et du cardinal de la Luzerne, sur la question de l'usure. Clermont-Ferrand, in-8°.

1825 **Lafon de Ladébat.** — Exposé d'un moyen simple de réduire le taux de l'intérêt des fonds publics en France. Paris, in-8°.

1825 **M' B.** (l'abbé Baston). + Précis sur l'usure attribuée aux prêts de commerce, suivi de l'opinion analogue de l'abbé Bergier, avec celle que lui prête un éditeur de Toulouse. Paris, in-8°.

1825 Exposition de la doctrine de l'Église sur le prêt à intérêt extraite des conférences d'Angers. — Éd. 1823. Paris, in-12.

1826 **Garnier,** + Traité de l'usure dans les transactions civiles et commerciales. Paris, in-12. La question est traitée au point légal.

1826 **Julliard ?** Questions sommaires sur ce qu'on nomme improprement prêt de commerce ou prêt à jour. Lyon, in-8°.

1826 **Bouyon,** — Examen des systèmes de feu M. le cardinal de la Luzerne sur le prêt de commerce. Clermont-Ferrand, in-8°.

1828 **Gousset,** — (devenu évêque de Périgueux). Doctrine de l'Église sur le prêt à intérêt. Br. in-8, 1828.

1829 **Charles Lucas,** + De l'usure considérée dans ses rapports avec l'économie politique, la morale publique et la législation, ou de la nécesssité d'abroger la loi du 3 sept. 1807 et de modifier l'article 1907 du Code civil. Paris, in-8°.

1829 **Capmas,** — L'intérêt de l'argent dans le prêt ou l'usure condamnée comme contraire au droit naturel, divin et politique pour toute l'antiquité depuis le treizième siècle. Paris, in-12.

1831 **Mario Mastrofini,** + Le usure, libri tre, discussione de l'abbate M... Rome, in-8°.

1834 **L'abbé Mastrofini,** + Discussion sur l'usure où l'on démontre que l'usure modérée n'est contraire ni à l'Écriture sainte ni au droit naturel. Traduit de l'italien par Chalamel, chanoine d'Annecy sur la 4ᵐᵉ éd., suivi du recueil des décisions du Saint-Siége, in-8°.

1836 **L'abbé Moralet,** — prêtre d'Annecy. Réponse au livre de M. Mastrofini, intitulé : Discussion sur l'usure. Lyon.

1836 **L'abbé Brionne,** — ancien professeur de théologie. Réfutation des défenseurs du prêt à intérêt et application des réponses de la Pénitencerie qui ont paru en ces derniers temps. In-12.

1837 **Un prêtre du diocèse de Bayeux**. — Reflexions sur la conduite à tenir au tribunal de la pénitence par rapport aux usuriers. Paris, in-12.

1837 **Blazy**, prêtre. — Questions neuves sur le prêt à usure, les intérêts du prêt et les décisions romaines du 18 août 1830. Montauban, in-12.

1838 **Anonyme** (Nolhac), ✝ Histoire de la marche des idées sur l'emploi de l'argent depuis Aristote jusqu'à nos jours. Paris, in-8°.

1838 Enquête faite par le parlement anglais sur les effets produits par les lois sur l'usure.

1839 **Boyer**, directeur du séminaire de Saint-Sulpice. — Défense de l'Église contre l'auteur de la Dissertation sur le prêt à intérêt. (le cardinal de la Luz.) Paris, in-8°.

1842 **Baronnat**, ✝ Histoire impartiale et critique du rigorisme moderne en matière de prêt de commerce. Paris, in-8°.

1843 **Blaise**. Des Monts-de-Piété et des banques de prêts sur nantissement. Paris.

1845 **J.-B. Byle**, sergeant at law. Observations on' the usury.

1850 **F. de Saint-Priest**. Questions sur l'usure.

1850 **Bastiat et Proudhon**. Gratuité du crédit. Discussion entre M. B... et P... Paris, in-16.

1850 **Le Moniteur**, différents discours prononcés sur la question d'usure par Aubery (des Vosges), Sainte-Beuve, Lherbette, Léon Faucher.

1850 **Albert Polonius**, Manuel pour les débats sur l'usure, le crédit foncier et la finance, etc. Résumé des travaux des plus grands penseurs, appliqué à la France par un système immédiatement praticable. Paris, Garnier, in-8°.

1850 **Paillet**. Rapport fait au nom de la commission chargée d'examiner la proposition de M. F. de Saint-Priest sur le délit d'usure.

1850 **Beauvais**. Des obstacles au crédit. Considérations soumises à la commission de l'Assemblée législative qui examine la proposition de M. de Saint-Priest sur l'usure. Paris, Guillaumin, in-8°.

1857 **Paillard de Villeneuve**. *Gazette des Tribunaux* des 9 et 23 décembre.

1857 **Romiguères.** Du prêt à intérêt, de l'usure et de la loi du 3 septembre 1807. Paris, broch. in-8°.

1858 **Clément Laurier.** La liberté de l'argent. Paris, broch. in-8°.

FIN DE LA BIBLIOGRAPHIE.

TABLE ALPHABÉTIQUE

DES NOMS D'AUTEURS CITÉS DANS LA BIBLIOGRAPHIE.

Ambroise (Saint)	397	Benoit XIV	1745
Ange de Chivas	1492	—	1748
Angers (Conférences d')	1825	—	1755
Anglicæ consuetudines	1699	Bentham	1787
Archdeacon	1734	Bergier	1788
Aristote (av. J.)	322	Beurrey	1786
Arroy	1674	Billuart	1640
Auguste de Saint-Lô	1775	Blaise	1843
Aviau	1799	Blazy	1847
Baconnière	1824	Bonald	1806
Bailly	1789	Bonnal	1675
Bail et Pontas	1741	Bossuet	1730
Baradère	1811	Bouvier	1819
Baronnat	1822	Bouyon	1824
—	1842	—	1826
Barthélemi	1585	Boyer	1839
Bastiat	1850	Brionne	1836
Baston	1825	Broedersen	1729
Bayeux (Un prêtre de)	1837	Buché de Pavillon	1756
Beauvais	1850	Bulteau (Dom)	1670
Bellarini	1747	Burgé	1847

Byle	1845	Gouget	1608
Calvin	1540	Gournay	1742
Capmas	1782	Gousset	1828
Carpuac	1779	Gouttes	1780
Carrel	1699	Grangier	1741
Cicéron	64	Gratiani	1790
Clément Laurier	1858	Grimaudet	1700
Collet	1690	Grotius	1624
Colonia	1674	Gua de Malves	1759
Concina	1746	Holden	1648
Conférences sur l'us.	1819	Hume	1760
Conférences d'Angers	1825	Julliard	1826
Consuetudines	1699	Laforest	1769
Culepaper	1623	Lafon de Ladebat	1825
Delau	1753	La Luzerne (Cardinal de)	1823
Desplaroques	1822	Laplacette	1692
Discussio responsionis	1710	Laporte	1769
Dogma Ecclesiæ	1730	—	1782
Domat	1673	—	1786
Duguet	1727	Lecoq	1767
Dumoulin	1566	—	1775
Dupuy de la Serra	1750	Lecorreur	1682
Dutertre	1676	—	1747
Encyclopédie	1765	Legros	1770
Enquête anglaise	1838	Lemaire	1702
—	1841	Leotardi	1661
Factum	1680	Liger	1774
Faignet de Villeneuve	1770	Lopez	1643
Faivre	1821	Lucas	1829
Fieux (J. de)	1679	Lucien (De Saint-)	1775
Formey	1754	Lugo	1650
Gaitte	1688	Luther	1519
Garnier	1826	—	1520
Gasquet	1788	Maffei	1744
Gastrumeau	1750	Maignan	1673
Gerson	1414	Mair	1516
Gibalin	1657	Malves	1757
Gibonays (De la)	1740	Mariolles	1675

Massie	1750	Prost de Royer	1770
Mastrofini	1834	Réfutation, etc.	1824
Maultrot	1782	Rendu	1806
Meyer	1808	Report by evid.	1818
Mignot	1730	Rodriguez	1628
Molina	1584	Romiguière	1837
Moneta	1743	Rossignol	1787
Moniteur	1850	Rouganc	1789
Moralet	1836	Rulié	1780
Muller	1821	Sainte-Beuve	1689
Navarre	1601	Saint-Priest	1850
Negotiatio, etc.	1678	Salverte	1824
Nicole	1720	Saumaise	1638
Nolhac	1821	—	1639
—	1836	—	1640
Noodt	1706	Sémélier	1717
Pagès	1816	Souchet	1769
Paillard de Villeneuve	1857	Sugden	1817
Paillet	1830	De Synodo diœc.	1748
Paucton	1780	Tacite	134
Pelegrin	1824	Thomas (Saint)	1274
Petitdidier	1748	Thomassin	1693
Petitpied	1730	Thorentier	1673
—	1731	Tite-Live	18
Philipones	1695	Tolet	1590
Plutarque	80	Tractatus brevis	1729
Polonius	1850	Traité sur l'Usure	1769
Pothier	1723	Turgot	1769
Précis, etc.	1825	Villecourt	1821
Prigent	1783	Valkenburg	1730
Principes, etc	1758	Zech	1751

FIN DE LA TABLE DES AUTEURS.

TABLE DES MATIÈRES

Introduction . . . .

PREMIÈRE PARTIE

Chapitre premier. Exposition de la question.	1
— II. De l'opinion religieuse.	21
— III. Opinion de l'économie politique.	57
— IV. Recherches sur la nature de l'usure.	67
— V. Termes qui ont servi à désigner l'usure et l'intérêt; leurs diverses acceptions.	77
— VI. Examen de l'opinion religieuse sur l'usure.	103
— VII. Examen des opinions des communions dissidentes.	143
— VIII. État de la question depuis la réforme jusqu'à nos jours.	147

SECONDE PARTIE

Chapitre premier. Examen de la question de l'usure dans ses rapports avec l'économie politique. 185
— II. Naissance de l'économie politique. — But. — Moyen. 190
— III. De la valeur et du prix. — De l'échange. — De la rémunération des services. 209
— IV. Le travail, fondement de la valeur de la monnaie. . 247
— V. Faits caractérisés d'usure. — Analyse du prêt. — Liberté des transactions. — Travail. — Naissance du prêt. 253
— VI. Intérêt. — Taux de l'intérêt. — Travail actif. — Travail muet. — Usure. 277
— VII. Turgot, son mémoire. — Bentham, sa défense de l'usure. 307
— VIII. Usure. — Absence de concurrence. — L'offre et la demande. Récapitulation. 325
— IX. Prodigues. — Héritage. — Hommes à projets. — Risque. — Haine contre celui qui a prêté. . . . 339
— X. L'usure, élément antiéconomique. 351
— XI. Résumé. 357
Note I. l'Encyclique, *Vix pervenit*, etc. 364
Note II. Sur la banque. 381
Bibliographie. 389
Table alphabétique des noms d'auteurs cités dans la bibliographie. 403

FIN DE LA TABLE.

ERRATA

PAGE	LIGNE	AU LIEU DE	LISEZ
6	23	et laisser-passer	et du laisser-passer.
11	12	prétendent!	prétendent;.
63	6	la partie sérieuse	la portée sérieuse.
161	17	l'esprit de tout esprit,	la pensée de tout esprit.
201	15	à la fin de l'existence;	l'existence à sa fin.
231	22	plus grande de leurs,	plus grande d'agrégation de leurs.
248	17	d'un banquier,	d'une banque.
248	26	vous atteindre,	l'atteindre.
259	19	s'il trouve,	s'il rencontre.
259	20	de l'emploi,	d'emploi.
271	22	des essais,	que des essais.
278	23	faits sociaux,	faits sociaux économiques.
285	12 et 13	différents états,	différentes professions.
299	16	et réussi,	s'il a réussi.
317	15	de l'action,	de l'acte.
326	10	usuraires.	usuriers.
329	5	ne peuvent effectuer,	ne peuvent en effectuer.
346	22	essayez de vous couvrir,	essayez de couvrir.

www.ingramcontent.com/pod-product-compliance
Lightning Source LLC
Chambersburg PA
CBHW051836230426
43671CB00008B/981